本书为国家社会科学基金青年项目"出租车行业政府规制效果评价及规制改革研究"（批准号：16CZZ030）研究成果

出租车行业政府规制
效果评价及规制改革研究

孙翊锋 著

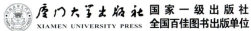

国家一级出版社
全国百佳图书出版单位

图书在版编目（CIP）数据

出租车行业政府规制效果评价及规制改革研究 / 孙
翊锋著. -- 厦门：厦门大学出版社，2023.3
ISBN 978-7-5615-8816-1

Ⅰ．①出… Ⅱ．①孙… Ⅲ．①出租汽车－运输企业－
行业管理－监督管理－研究－中国 Ⅳ．①F572.7

中国版本图书馆CIP数据核字(2022)第191212号

出 版 人　郑文礼
责任编辑　高　健
美术编辑　李嘉彬
技术编辑　朱　楷

出版发行　厦门大学出版社
社　　址　厦门市软件园二期望海路39号
邮政编码　361008
总　　机　0592-2181111　0592-2181406(传真)
营销中心　0592-2184458　0592-2181365
网　　址　http://www.xmupress.com
邮　　箱　xmup@xmupress.com
印　　刷　厦门市明亮彩印有限公司

开本　720 mm×1 000 mm　1/16
印张　13.5
插页　2
字数　240 千字
版次　2023 年 3 月第 1 版
印次　2023 年 3 月第 1 次印刷
定价　66.00 元

厦门大学出版社
微信二维码　　厦门大学出版社
微博二维码

序 言

过去三十多年以来,规制的话语已经渗透到越来越多的经济社会领域,以至于有学者宣称,我们生活在一个"规制国"(regulatory state)的时代。[①] 作为跨学科的研究领域,规制在经济学、政治学、法学、公共管理学等学科得到了广泛的研究,研究主题涉及什么是规制、为什么规制、怎样规制、规制效果如何等。近年来,受寻求有效规制实践的影响,如市场经济发达国家正在推行"更好的规制"(better regulation),规制效果评价越来越受到实务界和理论界的重视。在实践层面,许多国家将规制效果评价作为规制过程的重要环节,并予以制度化;在理论层面,学者将规制效果评价视为重要研究对象,产生了大量理论和经验研究成果。规制效果评价作为规制实践和规制研究中不可或缺的部分,在政策实践和学术研究中占据着日益重要的地位。

作为政策分析的一种重要方法,规制效果评价通过检验规制政策的优劣,可以为规制政策的设计、改进及优化提供客观依据和科学指导。[②] 随着我国市场化改革的不断深入以及规制实践的不断发展,国内学者开始对垄断产业政府规制的效果进行检验和评价,这为推动垄断产业的规制改革提供了有益启示。但是必须看到,规制效果评价在我国实践中尚处于起步阶段,学术研究成果也相对较少。《中华人民共和国国民经济和社会发展第十四个五年规划和2035年远景目标纲要》提出,要稳步拓展规则、规制、管理、标准等制度型开放,构建与国际通行规则相衔接的制度体系和监管模式,全面提高对外开放水平。可以预期,规制变革在极大激发市场活力的同时,也将对规制实践提出更高的要求。面对规制供给不足与规制需求

[①] 罗伯特·鲍德温,马丁·凯夫,马丁·洛奇.牛津规制手册[M].宋华琳,等译.上海:上海三联书店,2017:4.

[②] 肖兴志,齐鹰飞,郭晓丹,等.中国垄断产业规制效果的实证研究[M].北京:中国社会科学出版社,2010:3.

日益增长的矛盾,必须推动规制改革与创新,通过高质量的规制政策供给,实现高效能的规制治理。规制效果评价作为以实证为基础的政策分析工具,对改进规制绩效和提升规制质量等具有重要意义,要适应规制实践发展的现实需求,必须加强对规制效果的实证检验。

出租车是关系民生、服务城市的"窗口"行业,为社会公众提供个性化的出行服务,被称为"城市流动的风景线"和"城市的名片"。出租车行业本应该是经济学教科书中一个自由竞争的典范。在这个市场上,有大量卖者(司机)和买者(乘客),且进入成本和沉没成本几乎为零。然而,事实并非如此,世界上绝大多数国家或地区的出租车行业都或多或少地受到政府的规制,我国出租车行业更是长期受政府规制的深度嵌入。一般认为,政府对出租车行业施加规制的主要目标是矫正市场失灵(如外部性、不完全竞争、信息不对称等),维护和增进公共利益。但规制实践通常与理论设想存在落差,政府对出租车行业的规制经常引发服务供给短缺、牌照价格飙升等诸多问题,由此产生了使出租车经营者(尤其是出租车公司)受益而使消费者(乘客)乃至整个社会受损的结果,以至于有些学者将其列为规制失灵的一个典型案例。①

不受规制的出租车行业会带来明显的有害的经济和社会后果,放松规制的成本也会超过其收益。出租车行业的根本问题不是其是否应该受到规制,而是如何进行更好的规制。② 走出出租车行业的政府规制的现实困境,不是简单地放松或解除规制,而是急需通过规制改革,提升规制质量与效能。为了更好地推进出租车行业政府规制改革,需要加强对出租车行业政府规制效果评价及规制改革问题的系统研究。孙翊锋博士的《出租车行业政府规制效果评价及规制改革研究》一书对出租车行业政府规制效果评价及规制改革问题作了有益的尝试性探讨,但也存在需要进一步研究的问题:一是仅从公共利益理论视角检验出租车行业政府规制效果,忽视了该理论预期之外的其他效果,如部门利益理论所预期的效果;二是评价指标设计选取容易量化的客观性指标,忽视了不易量化的主观性指标;三是受数据资料、政策环境以及能力局限等主客观条件的限制,仅采用面板数据固定效应模型对出租车行业政府规制效果进行检验,而未能采用更多政策

① W.基普·维斯库斯,小约瑟夫·E.哈林顿,约翰·M.弗农.反垄断与管制经济学[M].4版.陈甬军,覃福晓,等译.北京:中国人民大学出版社,2010:490-493.

② DEMPSEY P S. Taxi industry regulation, deregulation and reregulation: the paradox of market failure[J]. Transportation law journal,1996,24(1):73-120.

评估的计量方法(如 DID 等)来多方面考察该行业的规制效果。

　　作为孙翊锋博士在厦门大学攻读博士学位期间的指导教师,其在学期间我就建议他关注出租车行业政府规制问题的研究,他以"出租车行业政府规制效果评价研究"为题完成了博士学位论文。参加工作以后,他以博士学位论文为基础申报国家社科基金青年项目并获得了立项资助。本书是基于博士学位论文和国家社科基金项目结项报告修改完善的成果,无论是成果篇幅还是研究的广度和深度,都在博士学位论文的基础上,得到了全面的拓展和丰富。学术研究是一个逐渐积累的过程,需要有恒心和毅力。期待他在规制领域持续进行深入的研究,相信他在这一领域会取得更丰硕的成果。

　　是为序。

黄新华

2022 年 7 月 25 日于厦门大学颂恩楼

前　言

　　出租车行业是政府规制的典型行业。在世界范围内,各国或地区或多
或少地对出租车行业施加了规制。我国出租车行业形成于改革开放初期,
其发展大致经历了计划管理、自由发展、全面规制、规制改革等四个阶段。
现阶段,我国确立了以市场准入规制、数量规制、价格规制以及服务质量和
安全规制为主要内容的规制框架。政府规制是国家管理出租车行业的一
系列制度性安排,在很大程度上决定着出租车行业的发展水平和质量。近
年来,政府规制下的出租车行业中暴露出各种问题与矛盾,使得出租车行
业政府规制受到广泛质疑和批评。那么,政府对出租车行业的规制到底产
生了哪些影响? 是不是真的出现了较为严重的规制失灵? 如果确实如此,
该如何推进出租车行业政府规制改革? 回答上述问题,关键是要加强对出
租车行业政府规制效果的科学评价。

　　20 世纪 70 年代末 80 年代初,理论驱动型评价在项目或政策评价领
域兴起,并备受评价理论家和实务工作者的青睐。理论驱动型评价强调运
用理论来指导评价活动,能够提供对促进组织学习、学术研究以及政策或
项目实践改进更加有用的信息,为出租车行业政府规制效果评价提供了一
种更好的评价策略。基于理论的出租车行业政府规制效果评价的关键在
于识别或建构出租车行业政府规制背后的主导理论,该理论必须阐明出租
车行业政府规制的预期目标、出租车行业政府规制的因果机制等问题。基
于根本性民主价值(公民身份价值)之上重构的公共利益理论,不仅构建了
一个有意义的公共利益概念,而且有助于政府规制实践的正当化。由此,
以维护和增进公共利益作为出租车行业政府规制的正当化理据可以得到
重新确认,具体表现在增进总体经济福利、保障公民基本权利和促进社会
团结三个方面。

　　在公共利益理论框架下,出租车行业政府规制效果评价的核心问题是
考察政府规制对公共利益的影响,而这种影响又集中体现在政府规制政策

所带来的效益、回应性和公平性方面。由此,公共利益理论视角下出租车行业政府规制效果评价可选取效益标准、回应性标准和公平性标准作为主要评价标准。基于这些标准,可以从行业发展水平、服务价格水平、服务质量水平和普遍服务水平等四个方面构建一套出租车行业政府规制效果评价指标体系。这套评价指标体系共包括行业发展水平、服务价格水平、服务质量水平、普遍服务水平4个一级指标,以及出租车数量、出租车万人拥有量等18个二级指标。运用这些指标,基本可以检验出租车行业政府规制是否实现了公共利益目标以及在多大程度上实现了公共利益目标。

本书选取1994—2013年35个城市的面板数据,运用固定效应模型方法,对出租车行业政府规制效果进行实证检验,结果表明政府规制对出租车行业发展水平构成了一定的抑制效应。从这个角度看,出租车行业政府规制并没有很好地实现公共利益目标。同时,本书选取2013—2018年36个城市的面板数据,运用固定效应模型方法,对2016年以来的出租车行业政府规制改革效果进行实证考察,结果表明出租车行业政府规制改革并没有有效提升行业发展水平。从这个意义上来讲,2016年以来的出租车行业政府规制改革也没有很好地增进公共利益。

上述实证结果也表明,现行出租车行业政府规制存在不同程度的失灵,因而迫切要求进一步深化出租车行业政府规制改革。同时,当前出租车行业中仍存在"打车难"问题较突出、整体服务质量不高、行业内各方矛盾难以调和等突出问题,与高质量发展目标仍有差距,客观上要求进一步深化出租车行业政府规制改革。此外,现行出租车行业政府规制存在规制体制机制仍未理顺、规制政策框架仍不合理、规制法制建设比较滞后、规制方式手段急需创新等问题,与行业规制治理现代化的要求仍有差距,急需进一步深化出租车行业政府规制改革。

西方发达国家对出租车行业的规制起步较早,且经历了多年的探索与调整,为我国出租车行业政府规制改革提供了一些有益启发,包括放松数量和价格管控、强化服务质量和安全控制等。总体而言,进一步深化出租车行业政府规制改革,应超越放松或解除规制的目标取向,通过改进和优化规制主体、规制政策、规制方式等来提升规制质量与绩效,走向"更好的规制"。为落实进一步深化出租车行业政府规制改革的各项改革任务并达成改革目标,应坚持以人民为中心、将有效市场和有为政府相结合等基本原则,立足优化和改进规制目标、规制主体、规制政策、规制工具等方面设计改革思路,并采取理顺政府规制体制机制、完善政府规制政策框架、健全政府规制法制体系、创新政府规制方式手段等具体改革举措。

目　录

第一章 出租车行业政府规制效果评价研究概述

第一节 出租车行业政府规制效果评价研究缘起

一、出租车行业政府规制效果评价研究的现实需求

长期以来,出租车行业政府规制问题一直是理论界与实务界一个颇具争议性的焦点话题。出租车行业本应该是经济学教科书中一个自由竞争的典范。在这个市场上,有大量的卖者(出租车司机)和大量的买者(乘客),且市场进入门槛很低(车辆购置成本很低)。① 但事实上,"出租车行业是政府规制的典型行业"。② 纵观全世界,也许没有哪一个行业像出租车行业这样受到如此全面的规制。那么,出租车行业为何会受到如此全面的规制呢? 主要是因为学理上人们普遍认为,出租车行业存在可能导致市场失灵的多重因素(如外部性、不完全竞争、信息不对称等),仅依靠市场机制并不能实现社会福利最大化,反而可能损害包括乘客安全在内的众多公共利益。③ 换而言之,市场失灵直接催生了政府规制。从现实情况来看,"世界各国或地区政府都或多或少地对出租车行业实施了规制"④。政府规制是国家管理出租车行业的一系列制度性安排,在很大程度上决定着出租车行业的发展质量和服务水平。由此可知,促进出租车行业高质量发展,更好满足人民群众日益增长的出行需求,关键在于不断改进和优化出租车行业政府规制。在这个意义上,政府规制(尤其

---

① GWILLIAM K M. Regulation of taxi markets in developing countries:issues and options[R]. World bank other operational studies,2005.

② 孙翊锋.出租车行业政府规制效果研究进展与前瞻[J].中共福建省委党校学报,2015(5):65-69.

③ 黄少卿.专车兴起背景下出租车监管改革的思路与建议[N].东方早报,2015-06-23.

④ 孙翊锋.部门利益理论视角下出租车行业政府规制效果评价研究:以长沙为例[J].湖南行政学院学报,2017(6):10-16.

是数量和价格管控)是出租车行业改革发展中特别需要研究和探索的重要问题。

出租车行业的规制实践最早可追溯到 1635 年英国国王查理一世出于减少交通拥挤、保障舒适性等考虑,通过皇家授权的方式对伦敦和威斯敏斯特地区的出租马车数量进行限制。19 世纪末 20 世纪初,在工业革命的推动下,工业化和城市化的进程加速,出租汽车相继在欧美发达国家的一些大城市诞生,并得到了快速发展。20 世纪 30 年代以来,伴随着出租车快速发展而产生的一些问题与矛盾不断凸显(如市场竞争无序等),美国等西方国家陆续开始对出租车行业实施规制,以期使出租车行业走上健康有序发展轨道。到 20 世纪 70 年代之前,几乎所有发达国家或地区的城市都对出租车行业进行较为严格的规制,主要包括数量规制、价格规制、服务质量与安全规制等内容。[1] 事与愿违,政府长期对出租车行业的规制似乎并没有收到预期的积极效果,反而使得出租车行业形成各种问题,如供求矛盾、价格僵化、劳工矛盾等。国外许多学者对出租车行业政府规制的大量实证研究表明,政府规制并不与出租车市场失灵完全相关,也不像所预期的那样完全服务于公共利益。20 世纪 70 年代末以来,受新自由主义和新公共管理改革浪潮的影响,西方发达国家的许多城市纷纷解除或部分解除了政府对出租车行业的规制。例如,1965—1983年,美国和加拿大 18 座城市废弃了出租车准入机制。然而,此次放松政府规制运动仅如昙花一现,由于在解除规制后普遍出现出租车数量过剩、司机收入大大降低等问题,随后许多城市迅速重新拾回了政府规制,出租车行业再次回到了政府规制的轨道上。尽管发达国家的出租车行业起步较早,在政府规制实践方面也一直处在探索和调整中,但各国在实施出租车规制时依然面临许多难题和挑战,尤其是近年来在网约车的冲击下,这些难题和挑战愈发严重。

我国的城市出租车最早可追溯到 1903 年,但由于战乱等原因,出租车发展极其缓慢,并没有像国外一样形成一个产业。新中国成立之后,我国实行社会主义计划经济体制,城市出租车几乎消失,只有在北京、上海等大城市才出现极少量国有企业或集体企业经营的出租车。我国真正意义上的出租车行业兴起于改革开放之后由计划经济向市场经济转型的时期,其发展历程更是深受政府影响。20 世纪 90 年代以前,出租车行业处于起步阶段,政府对出租车行业实行严格审批,出租车服务基本由国有和集体企业垄断供给,行业规模较小且发展缓慢。90 年代以后,随着市场化改革不断深入以及城市化进程快速推进,政府对出租车行业的政策全面放宽,出租车行业步入短暂的自由发展阶

---

① 杨开忠,陈良文,等.出租汽车业规制:国际经验与北京改革[M].北京:中国城市出版社,2008:30-31.

段,由此导致行业的井喷式发展。然而,自由发展在带来出租车行业规模急剧扩张的同时,也带来了服务质量下降、交通拥堵加剧、司机收入水平降低、市场竞争恶化等突出问题。为了促使出租车行业回归健康发展轨道,从1994年开始,全国许多城市纷纷对出租车行业实施严格规制。1997年,建设部和公安部联合颁布了《城市出租汽车管理办法》[①],明确了政府对出租车行业规制的基本原则和方式,我国出租车行业也正式步入真正意义上的政府规制时代。此后数十年,政府对出租车行业的规制政策不断完善、规制力度不断强化。长期以来,政府规制下的出租车行业总体上保持平稳发展,在促进城市经济发展、解决市民出行问题等方面发挥了极为重要的作用,但也出现了"打车难"问题长期存在、行业服务质量不高、行业矛盾十分突出等一系列问题。尤其是近年来网约车等新业态横空出世并快速发展,在丰富和改善人民群众出行体验的同时,也给传统出租车行业带来了巨大的冲击,行业问题和矛盾进一步凸显。

2013年,党的十八届三中全会开启了全面深化改革的大幕,各领域、各行业掀起了新一轮深化改革的浪潮。在此背景下,面对出租车行业长期积累的历史矛盾和互联网新业态带来的新问题,深化出租车行业改革也纳入政府的议事日程。2015年,国务院批转发展改革委《关于2015年深化经济体制改革重点工作的意见》,明确提出要出台深化出租汽车行业改革指导意见。同年,交通运输部起草并公布了《关于深化改革进一步推进出租汽车行业健康发展的指导意见(征求意见稿)》和《网络预约出租汽车经营服务管理暂行办法(征求意见稿)》。2016年,国务院出台了《关于深化改革推进出租汽车行业健康发展的指导意见》,交通运输部、工信部等7部委联合颁布了《网络预约出租汽车经营服务管理暂行办法》,从中央层面正式启动了深化出租车行业改革。随后,各地陆续出台了深化出租车行业改革的实施意见,在改革方面进行了积极探索,但也存在部分地方思想认识不到位、改革力度不大、改革成效不佳等问题。基于此,2018年,交通运输部又颁布了《交通运输部办公厅关于进一步深化改革加快推进出租汽车行业健康发展有关工作的通知》,对进一步深化出租车行业改革作出了重要部署。从上述政策文件来看,此阶段出租车行业改革在一定程度上放松了政府规制力度。例如,《关于深化改革推进出租汽车行业健康发展的指导意见》提出,在数量控制方面,要"建立动态监测和调整机制,逐步实现市场调节";《交通运输部办公厅关于进一步深化改革加快推进出租

---

① 2016年3月16日,住房城乡建设部和公安部发布《住房城乡建设部 公安部关于废止〈城市出租汽车管理办法〉的决定》,决定废止《城市出租汽车管理办法》(建设部、公安部令第63号)。

汽车行业健康发展有关工作的通知》明确提出,在价格管控方面,要"推动巡游车运价市场化改革,加快完善巡游车运价动态调整机制"。但是,从总体上看,政府对出租车行业规制的基本格局并未完全改变。

应当认识到,依赖市场力量带来的出租车行业诸多优势在非完美的市场环境中会失灵,政府规制是纠正市场失灵的必要手段。① 出租车行业经历了从规制化走向去规制化,又回到规制化的事实和行动这一过程,也证实了政府对出租车行业进行合理规制的必要性。但是,"市场'失灵'并不总意味着政府的有为"②。政府规制作为市场失灵的补救机制,并非完美无缺。由于"政府的有限信息、政府对私人市场反应的有限控制、政府对官僚的有限控制以及政治过程带来的局限性",政府对市场的规制时常会出现系统性失灵。在许多情况下,市场没办法解决的事情,政府也不一定能够解决,甚至"政府不仅没有解决问题,反而成了问题本身"③。长期以来,出租车行业不断暴露出各种问题与矛盾,在某种程度上表明政府对出租车行业的规制是失败的。④ 同时,"从理论上看,出租车行业运营存在这样一个悖论:依照公共产品理论和管制俘虏理论,政府应放开出租车行业管制,实行市场化运作。但根据市场失灵理论和公共利益管制理论,政府对出租车行业实行管制有其合理性和必要性"⑤。正因为如此,理论界长期围绕政府是否应该对出租车行业进行规制以及该如何规制等问题争论不休,其根源在于对目前出租车行业政府规制效果问题的认识还不够深刻。显然,政府规制效果的好与坏是政府规制是否存在的最根本的依据,无论是政府规制还是去政府规制,都应该立足于政府规制给利益相关者以及整个社会带来的影响的基础上。因此,解决理论界长期以来存在的分歧与争论问题,最好的办法是通过对出租车行业政府规制效果进行科学评价,明晰各项规制政策带来的实际效果。

2020 年,党的十九届五中全会审议通过的《中共中央关于制定国民经济和社会发展第十四个五年规划和二〇三五年远景目标的建议》提出,"十四五"

① 徐康明,苏奎.出租车改革必须面对两个机制失灵[EB/OL].[2022-01-10]. http://www.zgjtb.com/zhuanti/2015-10/12/content_53163.htm.

② 郭玉闪.管制成本与社会公正:透过北京市出租车业看政府管制的失败[M]//张曙光.中国制度变迁的案例研究:第 4 集.北京:中国财政经济出版社,2005:450.

③ 保罗·萨缪尔森,威廉·诺德豪斯.微观经济学[M].19 版.萧琛,译.北京:人民邮电出版社,2012:37.

④ 余晖.政府管制失败的经典案例:评《管制成本与社会公正——透过北京市出租车业看政府管制的失败》[M]//张曙光.中国制度变迁的案例研究:第 4 集.北京:中国财政经济出版社,2005:496-506.

⑤ 王家永.出租车行业改革:理论辨析与实践构想[J].财经问题研究,2012(11):111-115.

时期经济社会发展要"以满足人民日益增长的美好生活需要为根本目的",并强调要"改善人民生活品质"。2022年,党的二十大报告提出,"必须坚持在发展中保障和改善民生,鼓励共同奋斗创造美好生活,不断实现人民对美好生活的向往。"出租车行业是重要民生领域,与人民群众的吃穿住行里面的"行"息息相关,直接关系到人民群众的生活品质,事关人民日益增长的美好生活需要能否得到满足。正如有关评论所评说的那样,"一辆小小的出租车,既寄托了现实的民生期待,更关系到人们对改革能否深入、如何深入的信心红利"。2016年以来的出租车行业改革取得了一定成效,但制约出租车行业持续健康发展的瓶颈性问题(如份子钱问题、经营权问题、总量控制问题等)还没有得到根本性解决,出租车行业中"打车难""服务水平不高"等问题仍比较突出,从而难以满足人民群众日益增长的出行需求。为此,如何进一步深化出租车行业改革,加快推进行业高质量发展,更好地满足人民群众多样化出行需求,不断改善人民群众的生活品质,是各级政府面临的一项刻不容缓的重要任务。

综上所述,在理论层面,学术界对于政府是否有必要对出租车行业进行规制以及该如何进行规制等问题还存在较大争议,有必要进一步深化理论认识,而其中的关键还在于需对出租车行业政府规制效果进行研究。在实践层面,当前我国出租车行业正处于新老问题叠加、新旧矛盾交织的特定阶段,改革难度之大更是前所未有,有必要加强对问题的系统研究,为出租车行业改革尤其是规制改革提供决策参考。可见,在当前这样一种情况下,系统深入地研究出租车行业政府规制效果评价及规制改革问题是十分必要的。

二、出租车行业政府规制效果评价研究的重要意义

回应出租车行业政府规制中的各种理论和实践问题,关键在于系统深入地分析出租车行业政府规制效果及规制改革问题。毋庸置疑,研究"出租车行业政府规制效果评价及规制改革"这一主题具有重要理论和现实意义。

(一)理论意义

在学术研究层面,现有研究主要集中在是否应该进行规制、如何规制等方面,对出租车行业政府规制效果问题的关注较少,本书有助于进一步丰富和完善出租车行业政府规制的基础理论,从理论层面厘清出租车行业政府规制的一系列相关问题。同时,当前国内对规制效果评价的实证研究成果较少,未形成系统化的规制效果评价理论体系,加强对该主题的研究,有利于弥补规制效果评价研究的不足并进一步完善规制理论体系。此外,政府规制效果评价属于政策评估的研究范畴,加强对出租车行业政府规制效果评价研究,有利于丰富和拓展政策评估领域的研究。

（二）实践意义

理论来源于实践，反过来又指导实践。实践的正确发展需要科学合理的系统化的理论体系的指导。当前我国出租车行业政府规制中仍存在诸多弊端，进一步深化出租车行业政府规制改革迫在眉睫。但是，当前理论界对出租车行业政府规制的研究成果并未形成系统化、科学化的理论体系，使得深化出租车行业政府规制改革缺乏系统的理论支撑。因此，加强对出租车行业政府规制效果评价及规制改革研究，可以为规制机构制定科学合理的规制政策以及完善出租车行业政府规制体系提供系统的理论指导。

第二节　出租车行业政府规制的相关概念及研究进展

一、相关概念界定

（一）出租车

尽管出租车问题一直是学术界研究的热点话题，但学者并未对出租车的概念作出明确界定。出租车（taxi），顾名思义，指提供租赁服务的营业车辆。建设部、公安部1997年联合颁布的《城市出租汽车管理办法》规定，出租车"指经主管部门批准的按照乘客和用户意愿提供客运服务，并且按照行驶里程和时间收费的客车"。2008年建设部制定的《出租汽车服务》国家标准（已废止）指出，出租车指"由乘客意愿而被雇用的载运乘客并按行驶里程、时间计费的汽车"。交通运输部2017年出台的《出租汽车运营技术条件（征求意见稿）》提出，出租车指"经政府主管部门批准，由具有从业资格的人员驾驶，按乘客意愿行驶，并依据行驶里程和时间或约定价格计费的七座及以下经营性乘用车"。全国城市客运标准化技术委员会2019年发布的《城市客运术语第4部分：出租汽车》指出，出租车指"依法取得车辆运营资格，提供出租汽车服务的运输车辆"。由此，出租车可界定为经由相关政府部门许可批准，按照乘客意愿提供出行服务，并以行驶里程和时间计费的七座及以下的经营性车辆。

根据国务院2016年颁布的《关于深化改革推进出租汽车行业健康发展的指导意见》，出租车服务主要包括巡游、网络预约等方式。交通运输部2020年修正的《巡游出租汽车经营服务管理规定》规定："'巡游出租汽车经营服务'，是指可在道路上巡游揽客、站点候客，喷涂、安装出租汽车标识，以七座及以下乘用车和驾驶劳务为乘客提供出行服务，并按照乘客意愿行驶，根据行驶里程和时间计费的经营活动。"《网络预约出租汽车经营服务管理暂行办法》规定："网约车经营服务，是指以互联网技术为依托构建服务平台，整合供需信息，使用符合条件的车辆和驾驶员，提供非巡游的预约出租汽车服务的经营活动。"巡游出租车（简称"巡游车"）和网络预约出租车（简称"网约车"）作为出租车的两种不同业态，具有不同营运模式和服务特性。目前，我国对巡游出租车和网络预约出租车实行分类管理的模式，即针对巡游出租车和网络预约出租车采用不同规制方法。本书主要以巡游出租车行业为研究对象，集中探讨巡游出租车行业政府规制效果及规制改革问题。①

（二）政府规制

政府规制（government regulation）又简称规制（regulation）②，是近年来国内外学术研究中的一个热点话题。通常来讲，政府规制可以被认为是政府活动的一种可识别的、独立的模式，但究竟什么是政府规制，学者的界定却是众说纷纭。国外学者对政府规制的研究较早且研究成果颇丰，针对这一概念提出了众多不同的解释。史普博（Spulber）认为："管制是由行政机构制定并执行的直接干预市场配置机制或间接改变企业和消费者的供需决策的一般规则或特殊行为。"③植草益则认为，通常意义上的规制指依据一定的规则对构成特定社会的个人和构成特定经济的经济主体的活动进行限制的行为，包括私人规制和公的规制两种类型。其中，私人规制指由私人进行的规制，如父母约束子女的行动；公的规制则是由社会公共机构进行的规制，即社会公共机构依照一定规则对企业的活动进行限制的行为。④ 米尼克（Mitnick）认为："规制是针对私人行为的公共行政政策，是基于公共利益而制定的规则，它是与政治家寻求政治目的有关的政治过程。"⑤塞尔兹尼克（Selznick）认为："规制是由

---

① 在笔者开始本研究时，网约车还处于起步阶段，对其规制政策也还未出台，因此，本书主要以巡游出租车及其规制问题为研究对象。

② "规制"这一术语源于英文"regulation"，国内有些学者又将其译为管制、监管。实际上，规制、监管与管制在本质上是一致的，只是翻译和使用习惯的不同。在本书中，统一使用"规制"这个词。

③ 丹尼尔·F.史普博.管制与市场[M].余晖，等译.上海：上海人民出版社，1999：45.

④ 植草益.微观规制经济学[M].朱绍文，等译.北京：中国发展出版社，1992：1-2.

⑤ MITNICK B M. The political economy of regulation[M]. New York：Columbia university press，1980：7.

公共机构对社区(community)认为有价值的活动所施加的持续而集中的控制。"①斯科特(Scott)指出:"规制作为一种当代政策工具,其核心含义在于指导或调整行为活动,以实现既定的公共政策目标。"②鲍德温、凯夫、洛奇等探讨了规制的几种不同含义:一是作为一套具体的命令——其中规制涉及颁布一套有约束力的规则,由专门为此目的设立的机构实施;二是作为有意的国家影响——规制具有更广泛的含义,涵盖所有旨在影响商业或社会行为的国家行为;三是作为对社会或经济影响的全部形式——影响行为的所有机制——无论是基于国家的还是来自其他来源(例如市场)——都被认为是规制性的。③

近年来,国内学者在借鉴国外研究成果的基础上,也对政府规制的内涵展开诸多论述。余晖指出:"管制是指政府的许多机构,以治理市场失灵为己任,以法律为依据,以大量颁布法律、法规、规章、命令及裁决为手段对微观经济主体的不完全的市场交易行为进行直接的监控或干预。"④王俊豪认为:"政府管制是具有法律地位的、相对独立的政府管制者(机构),依照一定的法规对被管制者(主要是企业)所采取的一系列行政管理与监督行为。"⑤谢地认为:"规制是市场经济条件下国家干预经济政策的重要组成部分,是政府为实现某种公共政策目标,对微观经济主体进行的规范与制约,主要通过规制部门对特定产业和微观经济主体的进入、退出、价格、投资及涉及环境、安全、生命、健康等行为进行的监督与管理(监管)来实现。"⑥文学国认为:"政府规制是政府为了维护不同市场参与者之间的利益均衡与利益分配的公平合理,依照法律法规,对市场参与者实施的干预措施。"⑦黄新华认为:"规制指的是政府为控制市场运作而使用的一套特定的技术,目的是矫正市场失灵。"⑧马英娟"将监管界定为

① SELZNICK P. Focusing organizational research on regulation[M]//NOLL R G. Regulatory policy and the social sciences. Berkeley: University of california press, 1985: 363.
② 科林·斯科特.规制、治理与法律:前沿问题研究[M].安永康,译.北京:清华大学出版社,2018:3.
③ BALDWIN R, CAVE M, LODGE M.Understanding regulation:theory, strategy, and practice[M].London:Oxford university press,2012:2-3.
④ 余晖.管制与自律[M].杭州:浙江大学出版社,2008:25-29.
⑤ 王俊豪.政府管制经济学导论:基本理论及其在政府管制实践中的应用[M].北京:商务印书馆,2001:1.
⑥ 谢地.政府规制经济学[M].北京:高等教育出版社,2003:3.
⑦ 文学国.政府规制:理论、政策与案例[M].北京:中国社会科学出版社,2012:5.
⑧ 黄新华.从干预型政府到规制型政府:建构面向国家治理现代化的政府与市场关系[J].厦门大学学报(哲学社会科学版),2017(3):78-88.

政府行政组织为解决市场失灵问题,针对市场主体所采取的各种干预和控制手段,不仅包括许可、标准、处罚等命令控制型监管方式,而且包括经济激励型和合作型监管方式,比如,用目标标准取代大量的具体标准和绩效标准,更多地运用信息监管的方式,许可向认证转变;注重监管者与被监管者之间的合作,更多采用教育、建议、劝说、协商等非正式执行手段,强调公众参与在提高监管绩效方面的作用等"。①

综上所述,尽管学者对政府规制的理解不尽相同,但不难发现其中的一些共同要点:首先,规制的主体是特定的公共机构(主要是政府);其次,规制的客体是特定的市场或社会主体(主要是市场主体)行为;最后,规制通常要以特定的规则(主要是法律法规)为基本依据。事实上,对政府规制概念的完好界定,需要阐明谁来规制、规制什么以及如何规制三个基本问题。基于此,本书将政府规制界定为政府或政府授权其履行规制职能的机构或个人依据相关法律法规,对市场或社会主体行为施加的一种干预措施或制度安排。

(三)政府规制效果评价

公共政策评价是公共政策过程中的关键环节。近年来,学者对公共政策评价的研究越来越多,但对公共政策评价概念的界定并未达成共识。关于公共政策评价的定义,学者大致有三种观点:第一,公共政策评价是对政策方案的评价;第二,公共政策评价是对政策全过程的评价,既包括对政策方案的评价,也包括对政策执行及政策效果的评价;第三,公共政策评价是对政策效果的评价。② 在本书中,对公共政策评价的理解采用第三种观点,即公共政策评价是对政策效果的科学研究。由此,公共政策评价关注的是政策效果,其中政策效果通常可理解为政策实施后对政策客体及环境所产生的影响或效果。

政府规制效果评价是公共政策评价中的重要内容,关注的是对政府规制效果的科学研究。一般而言,政府规制效果评价可以界定为依据一定的标准和程序,从技术、事实、价值的角度对政府规制政策实施的效果或影响所作出的综合判断,并以此来指导政府规制实践。政府规制效果评价的对象是政府规制效果,可看成是政府规制政策实施后对规制客体状态及社会经济环境产生的影响程度。政府规制效果评价的目的是通过对政府规制政策所产生的各方面影响进行系统化评价,了解政府规制政策是否发挥作用和发挥了多大的作用,并进一步阐释政府规制政策与政府规制影响之间的因果关系,为政府规制政策改进或改革提供令人信服的依据,从而帮助修正政府规制失灵和改善

政府规制质量。

一般来讲，规制效果评价主要包括两个方面的内容：一是规制目标与实际效果之间的差距，主要衡量规制目标的实现程度；二是规制政策实施前后状态之间的差距，主要考察政府规制政策所产生的实际效果情况。通过对这两个方面的定性或定量考察，我们可以比较全面系统地了解政府规制效果。然而，由于政府规制目标的多样性和不确定性，其所产生的影响也是多种多样的，确定政府规制效果往往是一件极其困难的事情。因此，为了更好地评价政府规制效果，在实际评价中应该要着重考察以下几个方面的问题：第一，政府规制政策的实际效果是否达成了预期的规制目标；第二，是否存在非预期的效果，如果存在，该效果是正效果还是负效果；第三，进一步厘清目标领域效果的性质，即分析规制效果是长期效果还是短期效果，是明示效果还是潜存效果；第四，对目标效果的具体测量，包括区分和测定主要效果和次要效果，以及分析各自作用范围和影响程度；第五，对规制成本的测算，包括规制的行政成本、社会成本等；第六，分析规制本身与规制影响之间的相关性问题。①

二、研究文献述评

出租车行业政府规制一直是政府规制领域研究的焦点话题。长期以来，国内外众多学者围绕出租车行业是否应该规制、如何规制以及规制效果如何等主题进行了多层面的理论和经验研究。

（一）分析政府规制必要与否

出租车行业政府规制问题一直是一个充满争议的话题。长期以来，学者围绕出租车行业需不需要政府规制这一核心问题，形成了两种针锋相对的观点：一是支持政府规制的观点，即认为政府对出租车行业的规制是必要且合理的；二是反对政府规制的观点，即认为政府对出租车行业的规制不具备合理性和必要性。

1. 支持政府规制的观点

对于支持政府规制的研究者来说，主要基于市场失灵理论来论证政府规制的必要性与合理性，即认为市场失灵为政府介入出租车行业并实施规制提供了正当性理据。具体而言，出租车市场存在信息不对称、需求缺乏弹性、负外部性等市场失灵问题，必须对出租车市场进行规制，以弥补市场失灵，进而实现社会福利最大化。代表性的观点主要有：Douglas 通过对巡游出租车市

---

① 贠杰，杨诚虎.公共政策评估：理论与方法[M].北京：中国社会科学出版社，2006：130-132.

场中的需求、生产成本、市场均衡、福利特征、规模效应等分析发现,自由竞争条件下的市场均衡所形成的价格显然是低效率的,而政府规制下的价格能使出租车服务和社会福利实现最大化。因此,政府对出租车行业的价格规制是有必要的。① Shreiber 认为,在自由竞争的情形下,巡游出租车市场存在信息不对称、需求缺乏弹性、负外部性(如交通拥堵和环境污染等)等问题,会导致价格竞争机制失效、出租车服务质量无法保证、供需矛盾较为突出等问题。只有通过价格规制和进入规制才能有效解决这些问题。②

Cairns 和 Liston-Heyes 基于规制的公共利益理论,提出了垄断和次优模型,并考察了没有规制的市场。他们发现行业并不能满足自由竞争的条件,均衡的存在取决于费率规制,进入规制使得社会更加接近次优,次优的实现也要求规制出租车的牌照。因此,放松费率规制和进入规制可能并不理想,费率规制和进入规制是必要的。③ Flath 提出了一个在自由放任定价和自由进入条件下的巡游出租车行业模型,并与合谋票价设置、合谋进入限制或者两者皆有等替代性制度进行比较,发现放任定价比继续规制制度下形成合谋定价和限制进入产生更坏的效果,由此论证了政府规制的合理性。④ 杨仁法和杨铭指出,出租车行业具有公共产品、垄断性、信息不对称、外部性等特性,自由市场存在"失灵"现象,因而适当、合理的政府规制是完全必要的。⑤ 蒋洪与陈明艺从矫正负外部性(缓解交通拥挤、减少空气污染等)⑥、克服出租车市场信息不对称和需求缺乏价格弹性⑦等方面阐述了政府规制的合理性。

除了从市场失灵角度来论述政府规制的合理性和必要性,也有一些学者从法律层面探讨了政府规制的正当性。例如,王智斌认为,从管制与自治的机

---

① DOUGLAS G W. Price regulation and optimal service standards: the taxicab industry[J]. Journal of transport economics and policy, 1972, 6(2):116-127.

② SHREIBER C. The economic reasons for price and entry regulation of taxicabs [J]. Journal of transport economics and policy, 1975(3):268-293.

③ CAIRNS R D, LISTON-HEYES C. Competition and regulation in the taxi industry [J]. Journal of public economics, 1996(59):1-15.

④ FLATH D. Taxicab regulation in Japan[J]. Journal of the Japanese and international economics, 2006, 20(2):288-304.

⑤ 杨仁法,杨铭.基于服务质量招投标的出租车市场准入与退出机制[J].交通运输工程学报,2006(2):118-124.

⑥ 蒋洪,陈明艺.我国出租车行业价格管制的必要性及模式选择[J].中国物价,2005(4):17-22.

⑦ 陈明艺.出租车市场限制进入的理论与经验分析[J].生产力研究,2005(2):138-140.

制设计看,出租车数量管制是必要的;①胡承华提出,基于社会公共利益的需要,对经营组织形式进行适当限制,可以理解为一种预防性的干预措施,不能视为对营业自由权的侵犯;②王太高、任海青指出,出租车经营权属于公共资源配置类行政特许,应加强对出租车经营权的法律规制。③

2. 反对政府规制的观点

政府规制作为市场失灵的补救机制,并非完美无缺。正如弗里德曼所指出的那样,"利用政府来补救市场的失灵,常常只不过是以政府的失灵代替市场的失灵"。④ 对于此,"公共选择学者已经表明,政府并不能轻易地矫正市场失灵,实际上,他们常常把事情弄得更糟"。⑤ 在政府规制领域,"对19世纪末以来美国管制历史的回顾发现:管制并不是和市场失灵紧密联系的。至少直到20世纪60年代,一个经验规律是:管制是有益于厂商的,它总是趋向于提高产业利润"。⑥ 施蒂格勒(Stigler)在1971年发表的《经济规制论》一文中明确指出,"管制通常是产业自己争取来的,管制的设计和实施主要是为受管制产业的利益服务的"。⑦ 显然,经验证据表明,政府规制在实践中经常会失灵。政府规制失灵成为研究者反对政府规制的一个重要理由。基于此,学者纷纷对出租车行业政府规制提出疑问,并形成了一种反对政府规制以规避规制失灵的观点。他们认为,由于规制者无法掌握出租车营运方面的全部信息、规制者可能为出租车经营者俘获以及出租车市场本身是可竞争的等,政府对出租车行业的规制可能是无效率或不公正的,进而导致社会福利损失。代表性的观点主要有:Verkuil指出,由于出租车市场中价格规制、进入规制等规制制度的存在,出租车行业的效率低下和不充分利用,从而产生了资源分配不当、流动性损失(loss of mobility)、对公共交通的负担、交通拥堵等问题。为了更好地服务公众,出租车行业的运转必须尽可能地反映市场竞争。同时,要逐渐

---

① 王智斌.出租车数量管制模式之探讨[J].行政法学研究,2005(3):37-44.

② 胡承华.城市出租车经营组织形式规制的经济法学分析[J].兰州学刊,2013(5):167-171.

③ 王太高,任海青.客运出租汽车经营权立法规制之构想[J].山西大学学报(哲学社会科学版),2015(3):124-131.

④ 米尔顿·弗里德曼,罗斯·弗里德曼.自由选择:个人声明[M].胡骑,等译.北京:商务印书馆,1982:224.

⑤ 兰迪·T.西蒙斯.政府为什么会失败[M].张媛,译.北京:新华出版社,2017:56.

⑥ W.基普·维斯库夫,小约瑟夫·E.哈林顿,约翰·M.弗农.反垄断与管制经济学[M].4版.陈甫军,覃福晓,等译.北京:中国人民大学出版社,2010:322.

⑦ G.J.施蒂格勒.产业组织和政府管制[M].潘振民,译.上海:上海三联书店,1996:210.

地取消进入规制,打破出租车市场中的垄断地位。^① WILLIAMS 认为,巡游类市场和站点候车类市场不存在规模经济,市场竞争可以形成有效价格。^②

Frankena 和 Pautler 对出租车行业规制及其规制改革的经济学分析发现,对于大部分出租车规制而言,没有令人信服的经济学依据,限制公司和车辆总数引起资源浪费并给低收入人群带来不相称的负担。^③ Daly 指出,出租车市场自由化带来了大量的好处,如改善出租车的可用性、顾客更容易搭乘出租车等,竞争的改善使得市场实现更加优化的产出。为了确保市场的平稳运行,消除规制重新俘虏的威胁,提供自由化政策的典范,其他方面的改革也是必要的。^④ 张树全指出,出租车行业具有很强的竞争性,单纯依靠市场的自发调节就能够实现该行业的资源优化配置,因而放宽对出租车行业的数量管制才是增进社会福利的有效选择。^⑤ 庄序莹指出,基于自然垄断特性而对出租车行业进行准入管制的理由是不充分的。^⑥

同时,也有许多学者从法学视角探讨了政府规制的不合理性和非必要性。江琳指出,据相关文件以及特许方式的分析,出租车数量管制的措施是不合法的,也不符合比例原则。^⑦ 欧爱民、杨艳认为,从宪法学角度而言,出租车行业的准入歧视不但违背了法律保留原则、平等保护原则、不当联结之禁止原则、比例原则,也与宪法所规定的按劳分配的基本国策背道而驰。^⑧ 章亮亮认为,从行政法学视角看,出租车行业不属于《行政许可法》规定的行政特许范围,实施数量管制也违反了行政法学上的依法行政原则和比例原则。^⑨ 宣喆、何敏从经济法学视角入手,分析现行行政许可制度和总量控制制度的不合理性,并

---

　①　VERKUIL P R. The economic regulation of taxicabs[J]. Rutgers law review,1970(24):672.

　②　WILLIAMS D J. The economic reasons for price and entry regulation of taxicabs:a comment[J]. Journal of transport economics and policy,1977(11):288-297.

　③　FRANKENA M W,PAUTLER P A. An economic analysis of taxicab regulation[R]. Bureau of economics staff report,1984.

　④　DALY J. Taxi deregulation: three years on[J]. Student economic review,2004(18):225-232.

　⑤　张树全.出租车数量管制对社会福利的影响[J].城市问题,2011(4):74-78.

　⑥　庄序莹.出租车特许经营权管制评析[J].城市问题,2011(1):70-76.

　⑦　江琳.出租车数量管制的行政法分析:以北京市出租车行业为例[J].行政法学研究,2010(3):87-94.

　⑧　欧爱民,杨艳.我国出租车准入制度的宪法学检验[J].湖南科技大学学报(社会科学版),2011(2):76-81.

　⑨　章亮亮.对出租车行业特许模式的经济学和行政法学分析[J].上海经济研究,2012(2):70-76.

探讨出租车行业的市场化可能。① 尹华容、晏明科指出,出租车准入歧视政策能够通过适当性原则审查,但无法通过必要性原则审查和均衡性原则审查。② 王军认为,从宪法视角看,出租汽车经营行政许可制度禁止个人利用其非营运车辆从事有偿运送服务,构成了对公民财产权和劳动权的法律限制,且违背了法律保留原则、明确性原则、比例相当性原则。③

此外,一些学者也对政府规制弊端及可能产生的负面效应进行了探讨,认为政府规制限制出租车行业的市场竞争并形成垄断格局④,产生巨额的规制成本⑤,导致社会福利的损失⑥,引发黑车泛滥⑦,诱发寻租行为⑧,加剧利益主体(司机、公司、政府、乘客)之间的矛盾冲突⑨,造成出行业效率与公平的缺失⑩等。基于以上认知,研究者普遍认为,出租车行业应该重新回到自由竞争市场,这对所有者、司机、乘客等都是有益的。

(二)探寻有效规制的基本策略

除了政府是否应该对出租车行业进行规制,政府该如何对出租车行业进行规制也成为关注的焦点。虽然政府规制可能带来这样或那样的问题,但从出租车行业的基本特性来看,来自政府的适度规制是有必要的。问题的关键在于,明确政府规制的边界,适度放松政府规制,并对政府规制进行改进与优化。近年来,学者围绕着这一问题进行了重点论述。

---

① 宣喆,何敏.放宽出租车市场准入和价格管制的经济法学分析[J].价格月刊,2016(6):33-37.

② 尹华容,晏明科.出租车准入歧视与比例原则[J].湘潭大学学报(哲学社会科学版),2016(4):24-27.

③ 王军.出租汽车经营行政许可之合宪性分析[J].行政法学研究,2016(2):36-48.

④ 张月友,刘志彪,叶林祥.出租车运营模式之争:北京模式或温州模式[J].上海经济研究,2012(12):101-109.

⑤ 劳潮惠,吴群琪.城市出租客运行业特性与政府规制分析[J].公路交通科技,2013(6):131-135.

⑥ 唐睿.北京市出租车政府管制分析[J].国家行政学院学报,2005(2):64-66.

⑦ 宣喆,何敏.放宽出租车市场准入和价格管制的经济法学分析[J].价格月刊,2016(6):33-37. 庞世辉.政府在出租车市场的管制缘何失效[J].中国改革,2006(12):12-14.

⑧ 常健,饶常林.城市客运出租汽车行业的政府管制及其改革:兼论"十一五规划"指导下的管制创新[J].法学评论,2007(3):107-114.

⑨ 刘乃梁.出租车行业特许经营的困境与变革[J].行政法学研究,2015(5):61-73.

⑩ 孔繁斌,孟薇.公共利益实现的"情境—行动"逻辑:基于成本—利益分布结构理论的阐释[J].中国行政管理,2020(7):95-103.

1. 放松规制与规制改革相结合的路径

尽管学术界对出租车行业政府规制尚存诸多争议,但世界各地的出租车行业或多或少地受到政府的规制却是一个不争的事实。一般来讲,政府对出租车行业的规制,旨在矫正出租车市场失灵,促进该行业健康发展。然而,长期以来,在价格管制与数量管制的双重约束下,出租车市场供需失衡,利益分配扭曲①,反映出典型的规制失灵甚至规制悖论现象。② 针对出租车行业政府规制的种种弊端及由此可能带来的规制失灵问题,许多学者开出了这样一张政策处方,即在放松或解除不合理规制的同时,采取调整规制内容、转变规制方式等多种举措来构建有效规制体系。代表性的观点有:何添生认为监管可能由于缺乏信息而被证明是不成功的,但他提出了一个具有可能性的监管框架——将出租车费用的不同部分与经济成本联系起来,以及将每次出行的固定费用部分与出租车的年执照费联合确定。③ 郭玉闪提出,要致力于构建出租车行业的可竞争格局,并加强对司机的素质要求、车辆标准以及安全标准等方面的规制,强化对出租车服务质量的控制。④ 王斐民、申嘉认为,建立健全总量控制的可调控性制度、准入和退出的社会性规制标准制度、真正贯彻民主法治精神的听证磋商制度、制度内异常利益的调整制度等有效制度,促进经济性规制向社会性规制转型。⑤ 常健、饶常林针对管制过程中出现的问题提出,应该在理顺管理体制的基础上,采用激励性、协商性的管制方式,对管制内容进行调整,在管制与放松管制之间寻求平衡(如取消准入歧视,实施动态的数量规制,加强质量规制和安全规制等)。⑥ 王军认为,要因地制宜地放松数量规制,实行最高费率制或费率备案制,建立必要的、最大限度的安全和服务标准,解除对经营者组织形式的限制……⑦

① 王学成,荣朝和.出租车行业管制下的出行服务平台发展研究[J].经济与管理研究,2016(6):90-97.

② 陈时国,曹旭东.规制空间、规制过程与规制失灵:基于出租车数量规制的分析[J].山东大学学报(哲学社会科学版),2019(4):73-86.

③ HO L S. An optimal regulatory framework for the taxicab industry[R]. Departmental working papers,1992.

④ 郭玉闪.管制成本与社会公正:透过北京市出租车业看政府管制的失败[M]//张曙光.中国制度变迁的案例研究:第4集.北京:中国财政经济出版社,2005:449-496.

⑤ 王斐民,申嘉.论城市出租车业的竞争与管制[J].法学杂志,2007(3):125-128.

⑥ 常健,饶常林.城市客运出租车汽车行业的政府管制及其改革:兼论"十一五规划"指导下的管制创新[J].法学评论,2007(3):107-114.

⑦ 王军.为竞争而管制:出租车业管制改革国际比较[M].北京:中国物资出版社,2009:202-204.

庄序莹认为,要在促进有效竞争的基础上,转变规制方式,减少对经营主体和经营模式的直接干预,同时要逐步放松数量规制。[①] 韦长伟认为,促进该行业健康发展,政府要逐步放松管制,畅通利益表达和诉求沟通渠道,理顺政府监管与行业自律的关系。[②] 陈明艺、熊红星提出放松个体进入限制措施、提高司机执业标准、强化进入退出机制等管制制度与政策的改革措施。[③] 杨向前基于交通可持续发展与公共福利的视角,提出建立以动态数量控制、区间价格竞争机制和严格质量管制为主体的出租车管制框架。[④] 邵燕斐、王小斌认为,政府应适当放松价格管制,实行弹性价格机制,并把精力放在出租车的安全与服务水平的标准管制。[⑤] 于左、高玥认为,要适时放开对出租车的行业准入,完善出租车行业的安全与质量规制,完善价格规制机制。[⑥] 王学成、荣朝和提出,应放松对出租车行业的严格管制,改革准入制度,建立更加灵活的价格调节机制和全面的安全管理办法。[⑦]

2. 法制建设与政府规制优化

法律法规在政府规制过程中扮演着重要角色。可以说,政府规制的实质是一项法律制度安排,政府规制的实施必须以法律法规为基础。[⑧] 由此,一些学者从法制建设视角对出租车行业政府规制提出了改进思路。代表性观点主要有:张树全提出,要加快行政程序立法,建立一套包括听证、信息公开、回避制度等系统化的行政程序制度,规范规制行为,加强对规制者规制过程的监督。[⑨] 江琳指出,要尽快制定和修改相关法律法规,逐步放开数量规制,把出

① 庄序莹.出租车特许经营权管制评析[J].城市问题,2011(1):70-76.

② 韦长伟.强化出租车行业的政府监管:基于24起罢运事件的分析[J].理论探索,2012(5):108-112.

③ 陈明艺,熊红星.出租车市场组织形式管制效果分析:上海市出租车市场调查[J].城市问题,2012(6):81-86.

④ 杨向前.中国特大型城市出租车行业管制改革研究:以交通可持续发展和公共福利为视角[J].国家行政学院学报,2012(6):46-50.

⑤ 邵燕斐,王小斌.基于博弈论视角的出租车价格管制困境破解[J].开发研究,2014(2):139-143.

⑥ 于左,高玥.出租车行业规制的困境摆脱及其走势判断[J].改革,2015(6):119-129.

⑦ 王学成,荣朝和.出租车行业管制下的出行服务平台发展研究[J].经济与管理研究,2016(6):90-97.

⑧ 黄新华.政府规制研究:从经济学到政治学和法学[J].福建行政学院学报,2013(5):1-8.

⑨ 张树全.政府管制动机对出租车经营模式的影响[J].云南财经大学学报,2009(6):146-150.

租车行业的配额全面还给市场,并实行严格的资质准入。① 杨萌、郑志柱提出了解决出租车经营垄断问题的法律路径,主要包括反垄断执法机构的执法和法院反垄断司法。② 李玉娟针对出租车数量管制导致社会福利受损提出,逐步放松数量管制,取消出租车行业的准入歧视,并加快完善出租车行业立法。③ 刘乃梁提出,要从放开行业准入、依法行政和改良管制政策等方面入手,提升出租车市场的竞争性和透明度,构建激励性规制。④ 罗清和、张畅、潘道远认为,要建立出租车行业经营分类标准,允许地方政府有自主规制权力,对"约租车"服务实施严格的质量规制,并补充修订适宜"约租车"行业的保险条例。⑤ 蒋岩波、黄娟指出,应充分发挥司法机构执行公共规制政策的作用,在确认城市出行服务行业产权边界的基础上,建立起以侵权责任为中心的网约车合作规制体系。⑥

3."互联网＋"与政府规制重塑

移动互联网技术的快速发展和推广应用,既对出租车行业政府规制提出了严重挑战,也为改进出租车行业政府规制提供了良好契机。尤其是随着移动互联网快速接入出租车行业,在缓解"打车难"问题、给乘客带来新体验的同时,也导致新旧矛盾交织、利益关系碰撞,甚至引发了一系列行业问题。为此,一些学者纷纷就"互联网＋"背景下出租车行业政府规制改革问题进行了探讨,并提出了充分利用互联网技术来重塑政府规制模式的主张。代表性观点主要有:陈东进指出,互联网专车时代的出租车行业政府规制应呈现如下新范式:管制对象上把出租车嵌入城市整体交通网络;管制主体从单一政府管制过渡到政府与社会的合作;管制方式从原先侧重的微观管理向中观与宏观管理过渡。⑦ 王军武、冯儒、吴阳芬认为,以互联网专车为代表的"互联网＋租车"模式的快速发展,引发了传统出租车行业与互联网专车间的尖锐矛盾,应逐步推动传统出租车行业市场化进程,改变原有的机械式管制;同时基于"互联网＋"

---

① 江琳.出租车数量管制的行政法分析:以北京市出租车行业为例[J].行政法学研究,2010(3):87-94.

② 杨萌,郑志柱.论出租车经营中的垄断问题[J].政法学刊,2010(2):48-52.

③ 李玉娟.出租车行业经营模式与管理制度存在的弊端及其治理见解[J].现代财经(天津财经大学学报),2010(8):48-53.

④ 刘乃梁.出租车行业特许经营的困境与变革[J].行政法学研究,2015(5):61-73.

⑤ 罗清和,张畅,潘道远.我国"约租车"规制研究:兼及国外经验[J].北京交通大学学报(社会科学版),2016(3):31-37.

⑥ 蒋岩波,黄娟.网约车行业规制路径的选择:从行政规制走向合作规制[J].江西财经大学学报,2020(3):138-147.

⑦ 陈东进.互联网专车时代政府管制的范式变迁[J].浙江社会科学,2016(6):56-64.

视角制定新的法律法规,从市场维度加强对以互联网专车为代表的"互联网＋租车"模式的规制。① 许明月、刘恒科认为,网络预约出租车的兴起,对出租车市场的法律监管提出了挑战,应以消费者利益保护为制度设计的出发点,通过市场准入和运行环节的制度调适,建立以消费者利益维护为基本导向的、统一的地方出租车市场法律监管体系。② 肖赟、魏朗结合互联网专车给出租车运价带来的影响,提出从放松运价管制、实施多元化运价体系、优化运价内部结构、建立运价与服务质量联动机制等四个方面的出租车运价改革思路。③ 易婷婷梳理了近年来主管部门对打车软件所持态度和采取措施,分析其存在不足,并针对准入机制、价格管理、数量管理和质量监管等核心问题对出租车行业政府规制进行内容设计,提出"角色定位—方案设计—试点推行—成果推广"的实现路径。④

金通、朱晓艳、郑凌浩根据"技术创新—市场演化—监管优化"的演绎逻辑,重构了"互联网＋"时代的出租车行业规制模式,即应放弃出租车业态相互割裂的规制思维,建立各种业态统一的出租车规制体系,充分考虑平台型出租车企业的重要作用,实行"政府—平台"双层嵌入式规制模式。⑤ 魏巍、张慧颖指出,互联网打车软件可以在一定程度上矫正出租车行业的市场失灵,应该逐步取消出租车行业的政策性壁垒,加快推进出租车行业市场化改革。⑥ 李豪、彭庆、高祥认为,政府应建立网约车和传统出租车的合作平台,推动出租车行业的"互联网＋"升级,并创新行业管理模式,实行"政府监管合作平台,平台管理车辆与驾驶员"的管理模式。⑦ 徐天柱提出,网约车给出租车带来了挑战与契机,出租车管制制度需要进行市场化变革,逐步放松车辆数量管制和价格管

① 王军武,冯儒,吴阳芬.我国出租车行业新模式与发展路径及其政府规制改革[J].贵州社会科学,2016(4):134-139.

② 许明月,刘恒科.网约车背景下地方出租车市场法律监管的改革与完善[J].广东社会科学,2016(5):249-256.

③ 肖赟,魏朗."互联网＋"背景下我国出租车运价体系改革路径研究[J].价格理论与实践,2016(7):79-81.

④ 易婷婷."互联网＋"时代出租车行业政府规制研究:基于打车软件应用的分析[J].价格理论与实践,2016(1):101-104.

⑤ 金通,朱晓艳,郑凌浩."互联网＋"下的出租车:市场演化与嵌入式监管[J].财经论丛,2017(10):107-113.

⑥ 魏巍,张慧颖.互联网专车矫正出租车行业市场失灵的机制分析:以易到用车等为例[J].新疆大学学报(哲学·人文社会科学版),2017(5):39-45.

⑦ 李豪,彭庆,高祥.基于互联网新技术的出租车行业多方博弈与管理创新[J].广西社会科学,2018(7):97-102.

控,强化服务质量和安全管制,并联动考虑网约车的管制制度。[1] 张羽琦指出,互联网时代推进新业态网约车的盛行,也给传统出租车行业带来冲击,同时也激发了传统出租车改革。对于传统出租车,应推行运力与运价动态调整机制,强化企业主体责任,改善监管范围与幅度;对于网约车,应引入行业协会,行业监管辅以自我监管。[2]

此外,网约车等新业态在快速发展过程中暴露出乘客的安全保护、市场公平竞争等方面的突出问题,引发了学者对其监管的思考。唐清利提出,政府对"专车"这类共享经济的治理,应采取合作监管与自律监管相结合的混合规制模式。[3] 王静认为,网约车监管面临法律冲突和监管空白等困境,应建立适应新发展的新监管模式。[4] 张效羽提出,现行网约车规制存在市场准入门槛过高、各地规制细则妨碍公平竞争等问题,应采用试验性规制探索构建符合新业态特点的规制模式。[5] 赵光辉、李玲玲提出,应从加强自律监管、强化技术赋能以及构建合作监管制度等方面来重构网约车监管的逻辑路径。[6]

(三)检验规制或规制改革的效果

20世纪80年代以来,研究者开始将重心转向出租车行业政府规制效果领域,从不同的视角切入,围绕着该主题作了多层面的探讨,为出租车行业政府规制调整与变革提供了有力的经验证据。

第一,根据地域差异来考察出租车行业政府规制效果。不同地区由于地理环境、人口规模、经济发展水平、交通服务供给、出租车市场特征以及政府规制政策不同,出租车行业政府规制效果也存在较大的差异性。基于此,许多学者对不同地区出租车行业政府规制效果所呈现的差异性进行了探讨。Gaunt从出租车数量(出租车公司)与价格两个维度考察了新西兰小城市和城镇放松规制的影响,他认为新西兰小城市出租车行业放松规制在产出和价格调整方面与新西兰的四个大城市是不一样的。当这些大城市经历了大量的新的进入和真实费用的削减时,在中等城市仅有适度的进入增加和微小的真实费用削

---

① 徐天柱.网约车崛起背景下出租车规制制度改革探讨[J].新疆大学学报(哲学·人文社会科学版),2018(1):16-23.

② 张羽琦."互联网+"背景下传统出租车改革与网约车发展[J].当代经济管理,2018(4):46-51.

③ 唐清利."专车"类共享经济的规制路径[J].中国法学,2015(4):286-302.

④ 王静.中国网约车的监管困境及解决[J].行政法学研究,2016(2):49-59.

⑤ 张效羽.试验性规制视角下"网约车"政府规制创新[J].电子政务,2018(4):32-41.

⑥ 赵光辉、李玲玲.大数据时代新型交通服务商业模式的监管:以网约车为例[J].管理世界,2019(6):109-118.

减,而小城市中则出现了行业规模轻微的缩小和真实费用的少量上涨。[1]
Marell 和 Westin 运用出租车日志和出租车计量器所提供的相关数据,对瑞典不同地区特别是乡村地区出租车市场放松规制效果进行了考察。研究发现,瑞典出租车行业自实行放松规制政策以来,无论在城市地区还是在农村地区,并没有产生预期的效果。特别是在农村地区,放松规制之后,出租车的数量并未持续增加,价格并未下降,效率并未提高甚至出现降低的情况,大规模的企业数量也没有增加,唯独在多样化服务方面有所改善。此外,放松规制所产生的影响在城市地区和农村地区也是不一样的,如农村地区的价格上涨幅度比城市大,农村地区效率下降幅度比城市大,但城市地区的效率普遍比农村高等。[2] Bekken 和 Longva 从出租车数量(供给方面)、费用、服务水平以及组织四个方面,对爱尔兰、荷兰、新西兰、挪威、瑞典、美国以及加拿大等不同国家的出租车行业规制改革效果进行了评估。结果表明,这些国家在规制改革方面呈现出较大的差异性,规制改革所取得的实际效果也不尽相同。在出租车数量方面,放松或取消进入限制,使得出租车数量(出租车的可用性)有所增加,乘客的等待时间减少;在费率和服务水平方面,改革的效果难以确定,且各国呈现较大的差异性;在组织方面,取消进入限制之后,新进入者大多是个体经营户和小公司,因而在一定程度上削减了现有大公司的力量。[3]

第二,按照时间维度来检验出租车行业政府规制效果。根据规制政策实施时间的长短,可以将规制效果分为短期效果、中期效果以及长期效果,且这三种效果往往具有较大的差异性。政策实施是一个循序渐进的过程,以时间维度来考察政府规制效果,有利于了解规制政策在各个阶段的目标实现程度和政策所产生的影响,从而能够比较全面客观地评价规制政策效果。Gärling、Laitila、Marell、Westin 通过采用出租车日志和乘客访谈方法,从出租车服务供给、费用(价格)、乘客需求、乘客满意度、服务多样化、车辆生产效率等五个方面,对瑞典出租车行业放松规制的短期效果进行了深入考察。结果表明,瑞典出租车行业放松规制只实现了 1989 年交通运输政策法案中所提出的部分目标,如所有城市的出租车服务供给有所增加,乘客感觉等车时间和乘车时间也有所缩短,但是,出租车的费用(价格)却呈现上涨趋势,对出租车

---

① GAUNT C. The impact of taxi deregulation on small urban areas: some new Zealand evidence[J]. Transport policy,1996,2(4):257-262.

② MARELL A, WESTIN K. The effects of taxicab deregulation in rural areas of Sweden[J]. Journal of transport geography,2002(10):135-144.

③ BEKKEN J T, LONGVA F. Impact of taxi market regulation: an international comparison[R]. TOI report,2003.

的需求也没有明显变化,多样化服务也没有明显改善,甚至出租车的生产率或者效率还有所下降。[①] Barrett 对爱尔兰出租车行业放松规制的持续效果作了评估。研究发现,爱尔兰出租车行业放松规制 9 年之后,并没有产生交通事故增加、出租车司机的收入减少、郊区的出租车短缺、车辆标准下降等消极影响,而是使出租车继续扩大产出,给乘客带来了巨大收益,因此爱尔兰出租车行业放松规制在经济上取得了巨大成功。[②]

第三,围绕牌照价格来考量出租车行业政府规制效果。对于政府规制与牌照价格的关系,大部分学者认为,政府规制特别是进入限制是产生牌照价格最直接的原因。正是由于进入规制限制了牌照供给数量,而牌照需求数量却一直居高不下,牌照供需严重失衡,从而导致牌照价格一路飙升。Gaunt 和 Black 以布里斯班(Brisbane)为例评估了出租车行业规制的经济影响。研究表明,对出租车行业的进入限制和价格控制,导致了出租车牌照数量的急剧下降,并通过出租车牌照价格大幅度上涨而形成了垄断租金,而且使得社会福利由乘客或公众向牌照拥有者转移。但放松出租车行业规制无疑有利于降低费用,提升服务水平和加强服务创新,这对公众和社会的好处是十分明显的。[③] Çetin 和 Eryigit 使用结构突变协整模型(cointegration model with structural breaks)对纽约出租车市场政府规制的经济效果(economic effects)进行了实证分析。研究发现,在纽约出租车市场中,政府规制引起了牌照价格的上涨,当政府对出租车数量进行规制时,这种牌照价格的上涨又促使出租车费用的增加(根据纽约出租车市场推断出,市场上出租车数量减少 1% 引起牌照价格上涨 0.45%,真实牌照价格上涨 1% 引起出租车价格上涨 0.12%)。[④] Çetin 和 Eryigit 构建了一个进入限制对真实牌照价格和通货膨胀的影响的评估模型,并运用该模型对伊斯坦布尔出租车市场进行分析。研究发现,当牌照数量一直保持不变时,牌照价格会上涨,出租车千人拥有量与牌照价格呈负相关关系,也即准入限制将会使牌照价格上涨到更高水平,并且产生起源于规制的人为租金或福利损失。在伊斯坦布尔,出租车数量减少 1% 将导致真实牌照价

① GÄRLING T, LAITILA T, MARELL A, et al. A note on the short-term effects of deregulation of the Swedish taxi-cab industry [J]. Journal of transport economics and policy, 1995, 29(2): 209-214.

② BARRETT S D. The sustained impacts of taxi deregulation [J]. Economic affairs, 2010, 30(1): 61-65.

③ GAUNT C, BLACK T. The economic cost of taxicab regulation: the case of Brisbane [J]. Economic analysis and policy, 1996, 26(1): 45-58.

④ ÇETIN T, ERYIGIT K Y. The economic effects of government regulation: evidence from the New York taxicab market [J]. Transport policy, 2013(25): 169-177.

格上涨 0.71％,这可以说是一种长期存在的牌照价格弹性。此外,准入规制间接地对通货膨胀产生影响,准入规制引起牌照价格上涨,牌照价格的上涨也对通货膨胀形成压力。通货膨胀相对于牌照价格变化的灵敏性是 0.32,换句话说,真实牌照价格上涨 1％会引起通货膨胀率上涨 0.32％。[①] Lagos 构建了一个关于相遇冲突(meeting friction)的动态均衡模型,并运用它来量化纽约放松规制政策对牌照价格和城市广泛的相遇频率的影响。该模型表明,放松规制政策没有对城市广泛的相遇频率或数量有显著的影响。同时,该模型预测到,费率的上涨引起了牌照价格上涨 24％,而牌照数量增加 3％导致牌照价格下降约 5％。放松规制政策实施后,牌照价格呈现更高的趋势。根据这个模型,可以认为,牌照价格上涨,超过六成归因于放松规制政策的综合影响。[②]

第四,根据市场特征来检测出租车行业政府规制效果。出租车市场一般可分为电话预定(无线电派遣)市场、站点候客市场和街道巡游市场,每个市场具有不同的市场结构和市场特征,因而对每个市场实施规制所产生的影响也是不一样的。Schaller 基于美国和加拿大 43 个城市的实践,从出租车的可用性(taxicab availability)和服务质量两个方面评估了进入规制的效果(影响),并指出进入政策的效果(影响)取决于出租车市场的市场特征,进入政策在电话预定(无线电派遣)市场和站点候客/街道巡游市场所产生的效果(影响)是不同的。在站点候客/街道巡游市场,自由进入政策导致出租车服务供给过剩和服务质量恶化,进入限制政策则并未减少出租车服务供给,且提升了出租车服务的质量。在电话预定(无线电派遣)市场,如果站点候客/街道巡游市场也实行自由进入政策,则自由进入政策对电话预定(无线电派遣)市场会产生消极影响,因为新进入者主要集中在站点候客/街道巡游市场,电话预定(无线电派遣)市场中车辆数量减少,回应时间增加,顾客抱怨也不断增加;如果站点候客/街道巡游市场实行进入限制而电话预定(无线电派遣)市场实行自由进入政策,则会产生积极的效果(影响);如果电话预定(无线电派遣)市场实行进入限制政策,则电话预订服务(派遣服务)供给减少,出租车的可用性降低,服务质量也随之恶化。此外,进入资格(条件)也会对服务结果产生影响,派遣营运、服务标准、技术要求以及最低车队规模等公司层面的进入资格(条件)能够促进形成有效的派遣营运,但是进入资格(条件)不能解决站点候客/街道巡游

[①] ÇETIN T, ERYIGIT K Y. Estimating the effects of entry regulation in the Istanbul taxicab market[J]. Transportation research part A: policy and practice, 2011(6): 476-484.

[②] LAGOS R. An analysis of the market for taxicab rides in New York city[J]. International economic review, 2003, 44(2): 423-434.

市场中的供给过剩问题。[①]

第五，根据规制模式来评估出租车行业政府规制效果。出租车行业政府规制体系主要由进入规制、价格规制、质量规制三大规制构成。在规制实践中，这些规制政策可以自由组合形成不同的规制模式，如"进入规制＋价格规制＋质量规制"模式、"价格规制＋质量规制"模式等。不同规制模式下的政府规制对出租车行业的影响也是不同的。Foerster 和 Gilbert 构建了一个涉及不同的价格、进入和行业集中度因素的八种规制情况的分析框架来探讨出租车行业放松规制的效果。研究发现，在自由进入的情况下，没有令人信服的证据表明，如果价格和进入在无组织的行业中未受到规制，任何独特的价格—产出组合会产生，其中价格告知是不切实际的。价格在没有任何反补贴下降压力下会上涨，低的车辆利用率会出现。由于公司大到足以有效地进行价格竞争，一个比垄断产出更高的产出水平的市场均衡会出现，这也将产生比垄断情况下更高的服务水平。如果价格固定而进入没有被限制，垄断将比竞争行业产生更低的产出水平。在限制进入的情况下，如果限制进入是有效的，将可能增加垄断价格。在没有垄断情况下限制进入要么价格更低，要么价格上涨，这取决于限制的程度和价格竞争的有效性。在价格和进入都被限制的情况下，规制可能成为决定性因素。[②] Rouwendal、Meurs、Jorritsma 通过整合理论视角和实证信息构建了一个模型来模仿一系列放松规制政策的效果。在最大限度降低价格同时保持出租车数量不变的政策情况下，对出租车服务的需求增加，出租车每公里的成本减少，回应时间增加，每辆车的载客里程和成本上升，每辆车的销售额下降；在保持现行价格同时自由进入的政策情况下，出租车数量大量增加，刺激着需求的增加，回应时间减少，每辆车的载客里程和销售额减少，每辆车的成本略微减少；在适当地降低价格和自由进入的政策情况下，出租车服务需求增加，出租车数量增加，回应时间减少，每辆车的载客里程基本保持不变，每辆车的销售额减少。在他们看来，第二种政策优于第一种政策，而第三种政策给出了一个比其他两种情况更有吸引力的组合，且服务于放松规制政策的主要目标。[③]

第六，运用福利经济学理论来分析出租车行业政府规制效果。出租车行

①　SCHALLER B. Entry controls in taxi regulation: implications of US and Canadian experience for taxi regulation and deregulation[J]. Transport policy, 2007(14): 490-506.

②　FOERSTER J F, GILBERT G. Taxicab deregulation: economic consequences and regulatory choices[J]. Transportation, 1979(8): 371-387.

③　ROUWENDAL J, MEURS H, JORRITSMA P. Deregulation of the dutch taxi sector[C]. Public transport planning & operations seminar F held at the European Transport Conference, 1998.

业政府规制的主要目标是规避出租车市场失灵,实现社会福利最大化。一个良好的规制体系必然有利于增加社会福利,反之,则会使社会福利蒙受损失。通过对出租车市场生产者福利和消费者福利的分析,我们可以明晰政府规制给整个社会福利带来的影响,从而判断政府规制的好坏。Toner 运用艾尔弗雷德·马歇尔的消费者剩余理论对出租车市场的价格和进入规制的社会福利效果进行分析。研究表明,与价格水平相比,服务质量相对没那么重要,改善社会福利应该集中在价格水平方面。现行的法律要点没有理会价格与服务水平的关系,而仅把等待时间作为决定规制政策的唯一标准,这是不合理的,可能会导致生产者福利的大量损失,而只会增加一点点消费者福利。实现社会福利最大化的方案是通过降低价格和准许更多的出租车进入市场来取消牌照费用,政府的最优策略应该是设置价格使载客量最大化,并允许市场决定出租车的最优数量。也就是说,最优价格设置和自由进入以及质量控制的组合是出租车行业规制的最优策略,能够有效地增加社会福利。① 张树全运用经济学的研究方法对出租车行业的数量管制问题进行了考察。研究发现,对出租车行业的数量管制,不但影响了出租车行业的自身发展,而且造成了社会福利损失。②

第七,其他关于出租车行业政府规制效果的论述。Frankena 和 Pautler 探讨了出租车行业政府规制的经济效果及其规制改革的效果。在行业结构方面,规制促长出租车行业的市场力量,形成了行业垄断结构。在行业绩效方面,规制引起了更高的费率水平,减少了出租车服务时间,增加了乘客等车时间,减少了出租车运载数量(number of trips),增加了出租车服务供给成本,扭曲了出租车的配置,导致了服务形式单一化等。在资源配置效率方面,规制使得成本和收益失衡,引起了资源配置的低效率。在福利分配方面,乘客、司机、纳税人是主要的福利损失者,而那些获得许可或者牌照以及拥有垄断经营权的人是主要的福利获得者。在牌照价格方面,规制使得牌照价格大幅度上涨,但牌照价格并未与福利损失有着正相关关系。由此可见,规制带来了一系列消极影响,妨碍出租车市场的健康有序发展。同时,规制改革给出租车市场(主要是无线电派遣市场)带来了一系列积极的效果,如出租车公司数量的增加和最大公司市场份额的减少、出租车服务时间的增加、费率水平的降低和回应时间的减少等,也带来了一些新的问题,如乘客投诉率上升等,但在出租车站点候客市场,放松规制改革引起了许多问题,如索要高价或者价格歧视、排

---

① TONER J P. The welfare effects of taxicab regulation in English towns [J]. Economic analysis and policy,2010,40(3):299-312.

② 张树全.出租车数量管制对社会福利的影响[J].城市问题,2011(4):74-78.

队过长等。[1]

Çetin 和 Oğuz探讨了伊斯坦布尔出租车市场规制情况及其产生的后果。进入限制和价格规制给伊斯坦布尔出租车市场带来了一系列消极的后果,经济性规制直接影响着牌照价格和出租车费用,并间接影响着服务质量和安全性以及负外部性等,且社会性规制的缺乏使得出租车市场的情况变得更加糟糕。放松出租车市场的经济性规制和加强出租车市场的社会性规制可以增加社会福利提高出租车市场的效率,如增加出租车的数量和改善竞争、减少黑车的数量等。[2] Teal 和 Berglund以进入与退出、服务水平、价格、生产率以及创新为标准,对美国出租车行业放松规制的效果进行了评估。结果表明,美国出租车行业放松规制并没有产生所预期的积极影响。尽管出租车行业的规模有所扩大,但是,出租车服务价格呈现上升的趋势,出租车服务水平并没有得到改善,出租车服务创新也未出现,甚至出租车的生产率还大幅度下降。[3]

Flores-Guri 对纽约出租车市场进行实证分析表明,出租车服务需求是价格缺乏弹性的(demand is price-inelastic),其估计弹性为−0.72,且需求对空车数量增加的反应是正相关但无弹性的,并对经济活动水平的变化非常敏感。同时,他把这些结果用于分析规制环境下政策变化的影响,受规制的价格的改变增加了每辆出租车的收入,增加出租车牌照的数量增加了出租车的需求,但不足以阻止每辆出租车收入的减少。可以说,出租车牌照数量增加 1%,出租车的服务需求将增加 0.47%,每辆出租车的收入将降低 0.53%。[4] 郭锐欣、张鹏飞基于黑车的角度,构建数理模型,分析"北京模式"下的出租车规制政策所造成的影响。研究发现,现有的、固定不变的数量和价格规制使出租车缺乏应对需求变化的灵活性,从而使得歧视性进入规制政策和僵硬的数量规制政策直接导致了严重的黑车问题。[5] 郭锐欣、毛亮以北京市实地观察数据,探讨了规制对高峰期出租车需求、等待时间和空车率等变量的影响。研究发现,出租车对北京市交通拥堵所造成的影响并不大,单靠控制出租车数量的方法不能有效解决北京交通拥堵问题,现有的规制政策使出租车缺乏应对需求变化

① FRANKENA M W,PAUTLER P A. An economic analysis of taxicab regulation[R]. Bureau of economics staff report,1984.

② ÇETIN T, OĞUZ F. The effects of economic regulation in the Istanbul taxicab market[J]. Economic affairs,2010,30(3):59-64.

③ TEAL R F,BERGLUND M. The impacts of taxicab deregulation in the USA[J]. Journal of transport economics and policy,1987,21(1):37-56.

④ FLORES-GURI D. An economic analysis of regulated taxicab markets[J]. Review of industrial organization,2003(23):255-266.

⑤ 郭锐欣,张鹏飞.进入管制与黑车现象[J].世界经济,2009(3):59-71.

的灵活性。[①]

(四)进一步研究的必要

出租车行业的规制是个持久的研究议题,吸引一大批研究者的关注。现有研究对出租车行业政府规制问题展开系统性研究,取得丰硕的研究成果。一方面,现有研究主题比较全面,基本涵盖了为何规制、规制什么、如何规制以及规制效果等相关主题;另一方面,研究视角颇为宽广,学者从经济学、法学、交通运输学、政治学等视角对该问题作了比较全面而深入的分析。此外,各种研究方法在研究过程中得以广泛应用。

然而,现有研究仍存在一定的不足,主要表现在以下几点:首先,现有研究主要集中在出租车市场要不要规制、放松规制及其影响等领域,而对规制效果的关注则比较少。即使有相关研究,也未能构建一个规范化的出租车行业政府规制效果评价理论体系。其次,关于出租车行业政府规制的理论研究成果较多,而实证研究成果偏少。其中,缺乏来自中国层面的经验证据的支撑。再次,既有研究侧重于描述性分析,缺乏一定的解释性。很多研究满足于细枝末节的纯粹描述,很难上升为变量与变量之间的关系,更难以给出因果性解释。最后,现有研究在研究方法上也有所欠缺,缺乏对出租车行业政府规制的定量分析。

最为重要的是,从已有的关于出租车行业政府规制效果研究的成果来看,尽管国外学者以出租车数量、价格水平、服务质量以及生产率等为标准,对部分城市的出租车行业政府规制效果和放松规制效果进行了实证探讨,但是并未设计一个全面系统的评价指标体系,也未构建一个系统化的评价出租车行业政府规制效果的理论模型。国内学者对出租车行业政府规制效果的研究更是停留在一种粗浅性的分析层面,既缺乏科学合理的评价标准和指标体系,也未明确评价内容和构建评价的理论模型,更缺乏实证探讨。

因此,本书试图拓展和深化这一领域的研究,以定量分析为主,构建出租车行业政府规制效果评价的理论框架,并对其进行实证检验,客观公正地评价当前出租车行业政府规制的效果,为出租车行业政府规制改革提供科学合理的依据和系统化的理论指导。

---

① 郭锐欣,毛亮.特大城市出租车行业管制效应分析:以北京市为例[J].世界经济,2007(2):75-83.

第三节　出租车行业政府规制效果评价
研究的思路方法

一、研究思路

本书按照"提出问题—分析问题—解决问题"的研究思路,采取理论与实证相结合、定性与定量相结合的整合范式展开研究,其基本研究思路安排如下:

(一)问题提出

首先介绍本书的研究背景及意义,明确需要解决的主要问题和研究目的。其次,对出租车、政府规制、规制效果评价等核心概念进行界定,明确研究边界。再次,对国内外相关文献进行系统回顾,进一步提炼研究议题。最后,对出租车行业基本情况(特性、定位、作用)、出租车行业政府规制的历史演进及政策框架进行阐释,进一步凝练研究主题,为后续研究奠定基础。

(二)理论阐释

在上述研究的基础上,将理论驱动评价模式引入出租车行业政府规制效果评价之中,构建出租车行业政府规制效果评价的理论框架。首先,阐明出租车行业政府规制背后的主导理论是公共利益理论,并明确以该理论来指导出租车行业政府规制效果评价实践。其次,以公共利益理论为基础,设计出租车行业政府规制效果评价的主要标准、具体指标,并阐明出租车行业政府规制效果评价的基本方法。

(三)实证检验

根据上述理论框架,分别对出租车行业政府规制效果和出租车行业政府规制改革效果进行实证检验,得到出租车行业政府规制及改革效果的经验证据,从而为深化出租车行业政府规制改革提供某些参考。

(四)政策建议

立足于出租车行业政府规制效果评价的理论与经验研究基础之上,阐明出租车行业政府规制效果的现实需求,分析当前出租车行业政府规制中存在的主要问题,探讨出租车行业政府规制改革的实践路径。

本书研究的技术路线如图 1-1 所示。

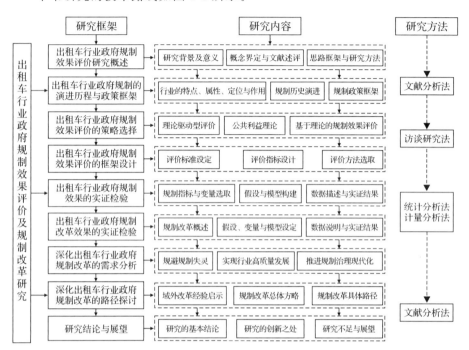

图 1-1　研究技术路线图

二、研究方法

工欲善其事,必先利其器。为使本书研究能够顺利开展,在研究过程中主要采取以下研究方法。

（一）文献分析法

文献分析法是本书研究的主要方法之一,主要是充分利用现有文献来进行研究。在本书研究过程中,为使概念准确、理论完备、资料翔实,笔者充分利用图书馆和互联网,对相关期刊、网站、图文等文献资源进行查找和搜集。同时,对所搜集到的相关文献资料进行阅读、整理、归纳与分析,为本书的研究奠定坚实的基础。

（二）访谈研究法

通过实地访谈和电话访谈的方式,紧密围绕出租车行业政府规制效果评价及规制改革这一主题,对相关城市出租车行业管理部门主要负责人及其相关工作人员、出租车公司负责人、出租车司机、公众以及专家学者等利益相关者进行访谈,力争获取这些城市出租车行业基本情况、政府规制现状、政府规制政策影响等各方面的信息,从而为本书研究提供一系列有价值的资料。

（三）统计分析法

由于本书致力于对出租车行业政府规制效果进行定量分析,需要借助统计分析方法来分析相关数据。通过运用描述性统计分析、相关分析等对出租车行业中的原始数据进行分析,既可以帮助对原始数据进行处理,从而确保数据的准确性,也可以为后面计量分析奠定基础。

（四）计量分析法

近年来,计量经济分析方法广泛用于描述经济现实、检验某种经济理论假设、预测未来的某种经济活动、检验某项政策效果等。在出租车行业政府规制效果的实证检验中,本书运用计量经济学方法构建了回归模型,并选取固定效应模型方法进行估计,从而得到出租车行业政府规制效果的定量结果。

第二章 出租车行业及政府规制的 演进历程与政策框架

出租车行业是近代城市发展的产物。我国出租车行业起步较晚,20 世纪 90 年代以前一直发展比较缓慢。90 年代之后,随着城市化进程不断加快、市场化改革不断深化,以及政府政策的支持,出租车行业迎来了一个飞速发展时期。然而,出租车行业在迅速发展过程中产生了各式各样的问题与矛盾,为政府规制的介入提供了依据。20 世纪 90 年代中期以后,全国各地陆续开始对出租车行业实施全面规制。此后数十年,出租车行业一直处于政府规制之下。本章主要对我国出租车行业及政府规制的基本情况进行系统梳理,为后续研究奠定基础。

第一节 出租车行业的特点、性质、定位与作用

一、出租车行业的主要特点

出租车作为一种不定时、不定点、不定线运输服务方式,能够充分根据乘客的意愿,提供灵活、方便、快捷、舒适的出行服务。现代城市客运交通系统主要包括公共汽电车、轨道交通、出租车、私家车等,这些不同的交通工具有不同的优势和劣势,共同为城市提供多层次、差异化的出行服务。出租车作为现代城市综合交通运输服务体系的重要组成部分,其主要特点是在与大容量公共交通或私家车的比较中展现出来的。相对于公共汽电车和轨道交通,出租车具有更为快捷、便利、舒适等优势,但也呈现出占用资源(道路资源)较多、支付价格较高等劣势。[①]

具体而言,与大容量公交相比,出租车具有以下特点:第一,灵活性,出租车主要是根据乘客意愿提供出行服务,其营业路线、时间、距离等都由乘客决定,基本可以实现"路到门"甚至"门到门"服务;第二,快捷性,出租车具有直达

---

① 杨开忠,陈良文,等.出租汽车业规制:国际经验与北京改革[M].北京:中国城市出版社,2008:2-3.

特点,中途没有停靠和上下客(除拼车),且可以自由选择行驶路线,并由熟悉路线的专业驾驶员服务,从而可以将乘客以最快速度送达目的地;第三,舒适性,除了私家车,出租车应该是城市客运系统中最舒适的运输服务工具,出租车行驶过程基本不会受到其他乘客的限制和影响(合乘服务除外);第四,便利性,出租车可以在指定的站点或路边招手停车,也可以通过电话和网络方式预约,还可以进行包车服务,极大方便了乘客乘车;第五,低效性,出租车共享程度相对较低,不仅会占用大量道路资源,还会带来更多空气污染、交通拥堵等负外部效应,从而产生较高的社会成本。[①]

当然,相比于私家车而言,出租车则又呈现出一些不同的特点,主要表现为出租车占用资源相对较少,支付价格较低,产生的社会成本低,但在舒适性、自由度和私密度等方面则相对较差。

二、出租车行业的本质属性

出租车作为城市客运交通不可或缺的组成部分,为社会公众提供个性化的运输服务,被称为"城市流动的风景线"和"城市名片"。近年来,城市综合交通运输体系不断完善,尤其是公共电汽车、地铁等大容量公共交通的快速发展,对出租车形成了一定的"挤出效应"。但应当认识到,出租车依然是满足人民群众出行需求尤其是个性化需求的重要方式,在城市客运交通系统中占据一席之地。随着经济社会的快速发展和人民生活水平的不断提高,社会公众对出租车服务水平的期盼也会越来越高。那么,为何出租车行业会如此重要呢?回答这个问题,关键是要对出租车行业的本质属性进行深入分析。

一般而言,社会需要通常分为公共需要和私人需要,由此满足这些需要的社会产品和服务可以分为公共物品和私人物品。公共物品一般指既无排他性又无竞争性的物品,而私人物品则指既有排他性又有竞争性的物品。[②] 进一步地,根据公共物品的特性,又可以分为纯公共物品和准公共物品,前者同时具备非竞争性和非排他性两个特征,而后者可能只具备其中的一个特性,另一个则可能表现不充分。现实中,纯公共物品和纯私人物品并不常见,更为普遍的是居于纯公共物品和纯私人物品之间的准公共物品。[③]

出租车行业到底是公共物品还是私人物品呢? 当前学者对出租车行业属

①　韩彪,聂伟,何玲.出租车市场体系研究:理论与实践[M].北京:人民交通出版社,2010:3-5.

②　N.格里高利·曼昆.经济学原理:微观经济学分册[M].5版.梁小民,梁砾,译.北京:北京大学出版社,2009:233.

③　黄新华.公共部门经济学[M].厦门:厦门大学出版社,2010:59-63.

性界定还存在一定的分歧。一些学者认为出租车呈现出明显的私人产品特征,集中表现为出租车消费具有竞争性、出租车具有受益的排他性、出租车效用具有可分割性、出租车营运具有营利性等方面。[①] 同时,也有些学者认为,出租车接近于私人物品,与公共交通有一定区别,但又不是纯粹的私人物品。理论和实践都表明,在出租车上安装计时收费系统可以使停车收费成为可能,但鉴于城市空间尤其是街道容量有限,出租车又不是纯粹的可收费物品,也不是纯粹的私人物品,对出租车的定位应介于大型公共交通和私人交通工具之间,是更为下游的公共物品,也就是说,政府把出租车经营垄断性特权给予企业或个人,让它们在一定范围和一定条件下为城市居民提供服务。[②]

对于出租车的本质属性,应根据公共产品理论,从两个层面展开分析:一是出租车具有准公共物品的属性。一方面,出租车服务具有一定的非排他性特征,这集中表现为在某一城市内,一个乘客乘坐出租车,并不太会影响别人乘坐其他出租车;另一方面,出租车服务具有一定的竞争性特征,这集中表现为在出租车服务供给总量有限的情况下,当乘客获得出租车服务时,在一定程度上会影响其他人对出租车服务的可获得性。二是出租车具有明显的私人物品特性。当乘客乘坐一辆出租车时,排除了那些未付费的人乘坐该出租车,具有收益的排他性;其他乘客即使有意愿也无法乘坐同一辆出租车,具有一定的消费竞争性。而且出租车通常是按照乘客意愿提供出行服务,具有一定的私人物品的特性。[③]

上述分析表明,从出租车行业层面来看,出租车具有一定的公共物品属性,可视同为一种准公共物品。但是,从出租车单车层面来看,出租车又具有明显的私人物品属性,更接近于私人物品。更为重要的是,出租车属于关乎公众利益的城市公用事业,在满足城市居民出行方面发挥着极为重要的作用,尤其是在许多公共交通不太完善的中小城市,出租车在很大程度上承担着公共交通的功能。由此,需要从城市交通系统的视角去思考出租车行业本质属性,而不是简单地从出租车本身来界定其公私属性。在城市综合交通运输体系中,城市公共交通是由政府提供的满足公众普遍出行需求的基本服务,更偏向于公共物品;私人交通是满足个人生活品质追求的私人物品;出租车应是介于

---

① 王家永.出租车行业改革:理论辨析与实践构想[J].财经问题研究,2012(11):111-115.

② 丁元竹.我国准公共服务管理体制的完善:以出租汽车行业管理为例[J].人民论坛,2010(9):14-16.

③ 交通运输部道路司.中国出租汽车发展问题理论研究[M].北京:人民交通出版社,2013:21.

公共交通和私人交通之间的,满足公众个性化出行需要的准公共物品。[①]

三、出租车行业的基本定位

出租车行业的科学定位是行业健康发展和有效管理的前提基础。从理论层面看,当前理论界对于如何定位出租车行业仍有分歧,主要有三种观点:第一,根据出租车属于公共交通的范畴、出租车具有与公共交通相似的服务特征以及出租车承担了公共交通的功能,主张将出租车定位为城市公共交通的组成部分。该观点认为,出租车明显不是"私人交通"而是"公共交通"。第二,依据出租车具有不经济性、出租车具有不可替代性以及出租车作为公共交通的补充有其历史渊源,主张将出租车定位为城市公共交通的补充。该观点认为,出租车与公共电汽车、地铁等都属于公共交通,只是分工不同。公共电汽车、地铁等大容量公共交通在城市客运中扮演"主角",处于主导地位;出租车则只是为具有一定消费能力的人或社会公众特殊出行需求提供运输服务,运输能力也相对较小,处于次要地位。第三,依据出租车不具有公用性特征、出租车的服务对象能力相对较强、出租车提供的是个性化出行服务以及与其他运输方式共同构成城市综合交通运输体系,主张将出租车定位为城市综合交通运输体系的组成部分。该观点认为,出租车与公共交通存在本质差异,不属于公共交通,属于高端运输服务,不属于社会公益性行业,但与公共交通、私人交通一样,都是城市综合交通运输体系的组成部分。[②]

从实践层面看,我国出租车行业定位呈现出明显的阶段性变化特征,即出租车行业定位是随着我国国情和发展阶段变化而不断变化的。早在1993年建设部出台的《城市公共客运交通经营权有偿出让和转让的若干规定》就提出,城市公共交通包括公共汽车、电车、地铁、轻轨、出租汽车、轮渡等。1997年建设部、公安部联合颁布的《城市出租汽车管理办法》明确规定:"出租汽车是城市公共交通的重要组成部分。出租汽车的发展,应当与城市建设和城市经济、社会发展水平相适应,并与其他公共交通客运方式相协调。"1999年,建设部、交通部、财政部、国家计委、公安部联合颁布的《关于清理整顿城市出租汽车等公共客运交通的意见》指出,"城市公共客运交通是由城市公共汽车、电车、小公共汽车、出租汽车等交通方式组成的客运体系,其正常运行对于促进国民经济发展,保持社会稳定,方便人民生活具有重要作用",并提出,"实行公

---

① 交通运输部道路司.中国出租汽车发展问题理论研究[M].北京:人民交通出版社,2013:22.

② 交通运输部道路司.中国出租汽车发展问题理论研究[M].北京:人民交通出版社,2013:22.

共交通优先发展的战略,发挥国有公共客运交通骨干企业主导作用,形成以公共汽车、电车为主体,小公共汽车、出租汽车为补充的城市公共客运交通格局"。此后数十年,出租车行业的定位一直没有变化,如建设部 2007 年颁布的《城市公共交通分类标准》(CJJ/T114-2007)和 2008 年出台的《城市公共交通工程术语标准》(CJJ/T119-2008),都将出租车划入城市公共交通的范畴。应当认识到,我国最初将出租车定位为城市公共交通的组成部分,与当时的经济社会发展阶段是基本相适应的。20 世纪 90 年代以来,随着市场化改革的不断深入和城市化进程的快速推进,人民群众的出行需求日益增长,而城市公共交通发展又相对滞后,导致出行难问题比较突出。同时,当时的经济社会发展水平还不高,人民群众的生活水平普遍偏低,对高品质、个性化的出行需求较低。在这种情形下,将出租车纳入城市公共交通系统,无论是对于还在起步阶段的出租车行业,还是对于缓解人民群众出行难问题,都具有非常重要的意义。

21 世纪以来,随着经济社会的快速发展,城市出行市场发生了极大的变化。一方面,城市交通尤其是公共交通快速发展,逐渐形成了涵盖公共汽车、轨道交通、出租车、私家车等在内的城市综合交通运输体系,人民群众出行方式日益多元化;另一方面,人民生活水平得到极大改善,对高品质、个性化的出行需求大幅度增加。此外,出租车本身存在运输效率低、不够经济环保、造成交通拥堵等问题,与新形势下经济社会发展要求(如低碳出行等)越来越不相适应。正是在这样的背景下,对出租车行业的定位需要重新思考。2014 年交通运输部颁布的《出租汽车经营服务管理规定》提出:"出租汽车是城市交通的组成部分,应当与城市经济社会发展相适应,与公共交通等客运服务方式协调发展,满足人民群众个性化出行需要。"2016 年国务院出台的《关于深化改革推进出租汽车行业健康发展的指导意见》进一步明确提出,"出租汽车是城市综合交通运输体系的组成部分,是城市公共交通的补充,为社会公众提供个性化运输服务",并强调"城市人民政府要优先发展公共交通,适度发展出租汽车,优化城市交通结构"。在此基础上,2021 年交通运输部修正后的《巡游出租汽车经营服务管理规定》明文规定,"出租汽车是城市综合交通运输体系的组成部分,是城市公共交通的补充,为社会公众提供个性化运输服务。优先发展城市公共交通,适度发展出租汽车",并强调,"巡游出租汽车发展应当与城市经济社会发展相适应,与公共交通等客运服务方式协调发展"。

综上所述,我国对出租车行业的定位经历了从"城市公共交通的组成部分"向"城市公共交通的补充"的转变。现阶段,出租车被定位为"城市综合交通运输体系的组成部分"和"城市公共交通的补充",承担着"为社会公众提供个性化运输服务"的基本功能。这种定位与当前我国经济社会发展现状及出租车行业发展状况是基本相适应的。尽管现行政策法规将出租车定位为"公共交通的补充",而不是"公共交通的组成部分",但不应该忽视出租车的公共交通属性,出租车行业依旧承担着公共交通的服务职能,并且出租车在政府的规制下,运营时间、空间、信息、运力覆盖性等方面不同程度地体现了公共交通属性。① 应当认识到,出租车作为一种定制化、个性化、便捷化的运输服务方式,通过个体出行方式为全体社会公众提供营运服务,是城市客运交通系统的重要组成部分,是城市公共交通系统的重要补充,在一定程度上也代表着城市的现代化水平。需要指出的是,在现代城市交通系统中,出租车并非市民出行的首选,市民出行主要以公共汽电车、轨道交通等大容量公共交通为主。② 因此,健全城市综合交通运输体系,要始终坚持"优先发展公共交通,适度发展出租汽车"的战略,形成以公共汽车、轨道交通为主体,出租汽车为补充的城市公共客运交通格局。

四、出租车行业的重要作用

出租车是伴随城市化进程出现的交通方式,承担着为人民群众提供出行服务尤其是个性化出行服务的基本功能。出租车行业是重要的服务窗口行业,在促进城市经济发展、方便群众出行、扩大社会就业、树立城市形象等方面具有十分重要的作用。

一是方便人民群众出行。出租车与公共汽车、轨道交通等其他交通方式,共同构成了城市综合交通运输体系,为社会公众提供不同层次的出行服务,可以满足人民群众多样化、多层次的出行需求,丰富了城市交通系统的服务内容。这是在人民群众"衣、食、住"等方面生活质量明显改善的同时,在"行"方面的有效改善。改革开放以来,我国出租车行业得到快速发展,基本覆盖到所有大中小城市乃至发达地区的小城镇,在缓解人民群众出行难、改善人民出行质量方面发挥了极为重要的作用。

二是提升城市服务能力。出租车的兴起和发展,满足了人民群众"门到门""点到点"的出行服务需求,其方便快捷的服务优势,更加适应现代城市快节奏运行的特点。出租车与其他交通方式各自分工、互为补充、协调发展,进一步提升了城市出行服务的保障能力,提高了城市的运行效率。

三是助力解决社会就业问题。出租车客运是交通运输业的分支,属于服

---

① 翟翌.中国出租车行业的行政法分类规制:以"行政特许"和"普通许可"的区分为视角[J].政治与法律,2017(10):126-137.

② 任其亮.新旧业态融合发展视角下大城市网络约车规制研究[M].成都:西南交通大学出版社,2018:21-22.

务业范畴,是第三产业的一部分。一般来讲,出租车实行全天候营运,驾驶员轮班上岗,这就为社会创造了大量的就业机会。据统计,当前出租车行业中直接从业人员就达 270 万人左右。同时,出租车行业的发展也带动了汽车制造、汽车维修等相关产业的发展,创造了大量衍生岗位。

四是促进经济社会发展。出租车行业在为社会公众提供出行服务的时候,虽然不直接增加社会有形产品的数量,但它作为经济活动中争取时间、提高效益的工具,使社会产品的价值量增加。同时,出租车行业的快速发展,进一步完善了城市交通系统,可以扩大民众活动范围,加快人口流动,从而激发经济社会发展活力。①

五是帮助树立城市形象。出租车行业是城市重要的窗口服务行业,通常被称为"城市流动的风景线"和"城市的名片"。对于城市外来人员来讲,首先接触的可能就是出租车,而出租车服务水平直接影响他们对城市的印象。一名文明礼貌的司机、一个干净整洁的车厢会让初来乍到的乘客率先感受到这座城市的文明程度。

第二节 出租车行业政府规制的演进历程

出租车行业政府规制实践由来已久,最早可追溯到 1635 年英国政府对伦敦和威斯敏斯特出租马车数量的限制。② 回顾欧美发达国家出租车行业政府规制的历史,大致经历了自由发展、严格规制、放松规制以及重新规制等几个阶段。我国出租车行业形成于改革开放初期,其发展大致经历了计划经济管理(1978—1991 年)、市场化发展(1992—1996 年)、全面规制(1997—2013 年)、规制改革(2014 年至今)等四个阶段。

一、计划经济管理阶段(1978—1991 年)

我国真正意义上的出租车行业形成于改革开放初期,主要依托国营交通运输企业和旅游公司而发展起来。这一时期,由于我国城市化进程缓慢、城市居民收入水平较低,普通大众对出租车行业的有效需求明显不足,而出租车行业也主要为政府高级官员、国外来宾以及部分高收入者等少数群体服务。因

---

① 交通运输部道路司.中国出租汽车发展问题理论研究[M].北京:人民交通出版社,2013:22.

② 陈明艺.国外出租车市场规制研究综述及其启示[J].外国经济与管理,2006(8):41-48.

此,出租车企业数量和出租车数量都非常少,且主要集中在北京、上海、广州等大城市。在出租车行业发展的起步阶段,由于沿袭了传统的计划经济体制,形成了出租车计划经济管理模式。具体而言,一方面,政府严格限制进入的经营主体,出租车行业基本由国有企业垄断经营;另一方面,政府对出租车经营权的配置实行严格的行政审批。这种带有计划经济色彩的政府规制政策的形成与当时的制度环境等因素是密切相关的。20世纪80年代,"放权让利式改革没有超越计划体制,而是在计划体制中注入某些灵活性,着眼于'搞活'"①。换而言之,计划经济体制是80年代经济社会运行的制度基础。出租车行业根植于计划经济体制下的现实土壤,其早期发展深深刻下了计划经济体制的烙印。

20世纪80年代中期,受城市经济领域放权、让利和松绑式改革的影响,出租车行业的管理政策出现了一些微调。1985年,国务院出台了一项发展城市公共交通服务的政策,其核心是号召"社会办公交",尤其是小巴和出租汽车服务。② 1988年,建设部、公安部和国家旅游局联合颁布了我国第一部出租车管理规章——《城市出租汽车管理暂行办法》,随后1989年交通部又发布了《出租汽车旅游汽车客运管理规定》。这些部门规章明确了出租车行业的主管机构和职责,并对出租车开业停业、出租车车辆、出租车经营者、出租车驾驶员等作了规范要求,重点在于加强和规范处于快速发展阶段的出租车行业的管理,如明确由当地人民政府主管公共交通的部门统一管理等,而并没有在出租车进入、数量、价格方面予以限制。因此,这一时期,政府实际上适度地放宽了对进入出租车行业的限制,政府机关、事业单位以及其他行业的国有企业和集体企业等各类社会组织只要符合经营出租车业务的资质条件,经管理部门审批并获得出租车经营权均可进入出租车行业。这样,出租车行业经历一个较快发展的阶段,出租车企业和数量不断增加。但是,该时期出租车行业政府规制政策并没有完全跳出计划经济体制的思维框架,放宽进入出租车行业的对象也仅限于带有国有或集体成分的组织,而对个体和民营企业仍采取诸多限制措施。

二、市场化发展阶段(1992—1996年)

1992年年初,邓小平的南方谈话和中央随后的方针政策(如1992年10

① 萧冬连.放权、让利和松绑:中国经济改革的起步[J].中共党史研究,2018(3):20-35.

② 郭文玲.出租汽车行业的政府规制1978—1999:北京市出租汽车行业案例研究[J].生产力研究,2000(Z1):97.

月党的十四大提出了建立社会主义市场经济体制的改革目标），使得体制内外各方就市场化改革达成基本共识，将更多的注意力投入改革开放实践之中，而不是停留在姓"资"和姓"社"的意识形态之争上。自此，市场化改革的政策理念在各行各业中受到广泛接受与支持，出租车行业尤为如此。与此同时，政府长期对出租车行业的严格准入政策直接导致出租车服务有效供给不足、价格高，从而难以满足人民群众不断增长的日常出行需求。这种供需缺口在 20 世纪 90 年代初被进一步拉大，以至于"乘车难，乘出租车更难"的说法在当时广为流传。正因为如此，社会各界对推进出租车行业市场化改革的呼声不断高涨，这也引起了决策者的高度关注。在上述多种因素的合力推动下，出租车行业政府规制政策发生了重大变迁。

1992 年，政府全面放松了对出租车行业的规制，并出台了一些扶持鼓励出租车行业发展的政策。一方面，进一步放宽了经营者的进入条件，凡是符合政府规定条件的个人和企事业单位均可以无偿从政府获得出租车经营牌照；另一方面，为了解决融资困难，允许民间资本进入出租车行业。此外，对车辆的限制也有所放松，并在融资方面出台了一些优惠政策，如放宽信贷支持个人进入出租车行业。自此，出租车行业经历了一个短暂的、急剧扩张的市场化发展阶段，并带来了出租车行业的井喷式发展，出租车数量和种类在短期内迅速增加。据统计，1992 年全国出租车总量为 19.03 万辆，1996 年暴增至 58.54 万辆（如图 2-1 所示）。出租车行业的高速发展不仅有效解决了长期存在的"打车难"问题，基本满足了人民日益增长的出行需求，而且附带产生了一系列正面效应，如增加就业机会、盘活城市经济活力、缓解城市化快速推进所带来的交通紧张等。然而，在出租车行业迅猛发展的同时，也衍生了恶性竞争、服务质量差等一些行业失范问题。为此，1993 年，交通部颁布了《出租汽车客运服务规范（试行）》，对出租车服务规范问题提出了明确要求。同时，部分城市尤其是大城市从 1993 年起开始将出租汽车作为城市公共资源按照特许经营方式进行管理，陆续采取了数量管制、经营权有偿使用和公司化运营等管理办法。[①] 但是，从国家层面来看，数量控制和进入限制等政策议题并未被纳入议事日程之中。

①　国务院发展研究中心发展战略和区域经济研究部课题组.我国出租汽车行业管理和发展面临问题及对策建议[J].改革,2008(8):128-138.

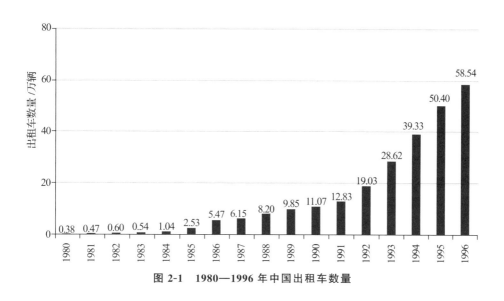

图 2-1　1980—1996 年中国出租车数量

三、全面规制阶段（1997—2013 年）

由于市场经济的不完善以及出租车行业的大发展，许多"新的问题"和负面效应在 20 世纪 90 年代中期开始凸现出来，主要表现为出租车司机行为失范（宰客、拒载、乱收费等）导致乘客投诉率急速上升、挤占有限的城市道路资源造成严重的交通拥堵、市场恶性竞争导致出租车司机收入下降和服务质量恶化以及行业内部矛盾纠纷此起彼伏等。而出现这些问题的首要原因被认为是出租车数量迅猛增加，市场供需失衡，竞争过于激烈。[①] 在这种情形下，出租车行业政府规制政策也发生了较大的变化。1997 年，建设部和公安部联合颁布了《城市出租汽车管理办法》，明确提出："出租汽车是城市公共交通的重要组成部分。出租汽车的发展，应当与城市建设和城市经济、社会发展水平相适应，并与其他公共交通客运方式相协调。出租汽车的发展规划和计划，由城市建设行政主管部门会同有关部门编制，纳入城市总体规划，报当地人民政府批准后实施。""出租汽车行业实行统一管理、合法经营、公平竞争的原则。城市的出租汽车经营权可以实行有偿出让和转让。"并对出租车经营资质管理、客运服务管理等作出了详细的规定，为加强出租车行业管理提供了基本依据。从 1998 年起，国家相关部门陆续出台了一系列加强出租车行业政府规制的政策法规，政府对出租车行业的全面规制格局逐步确立。1999 年，国务院办公

---

① 王军.政府管制的经济和法律问题：北京市出租汽车业个案分析[M]//张曙光.中国制度变迁的案例研究：第 3 集.北京：中国财政经济出版社,2002:417-449.

厅发布了《国务院办公厅转发建设部、交通部等部门关于清理整顿城市出租汽车等公共客运交通意见的通知》,针对出租车行业发展和管理中存在的非法营运、政府管理部门乱收费、经营权有偿出让和转让不规范等问题进行清理整顿。2000 年,国务院办公厅出台了《关于切实加强出租汽车行业管理有关问题的通知》,要求继续抓好出租汽车行业清理整顿工作,依法取缔非法经营活动,坚决清理各种不合理收费;同时要求适当调整出租汽车运价水平和计价结构,适当降低出租汽车经营企业内部承包费、管理费,加强对出租汽车营运规模的总量控制。2002 年,建设部、交通部、公安部等部门联合颁布了《关于进一步加强城市出租汽车行业管理工作的意见》,提出实行总量调控、严格规范经营权有偿出让和转让、坚决遏制乱收费、加大对经营企业管理的力度以及进一步改善经营环境等举措。上述政策文件明确了出租车行业政府规制的原则和方式,基本确立了数量规制、价格规制、市场准入规制以及服务质量规制等四大规制政策的基本格局。自此,出租车行业短暂的自由发展阶段终结,出租车行业进入缓慢发展阶段。图 2-2 为 1998—2012 年中国出租车数量及增长率变化。

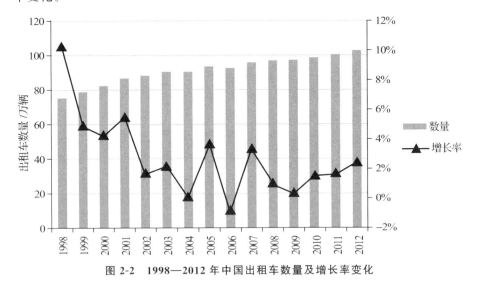

图 2-2　1998—2012 年中国出租车数量及增长率变化

为了进一步加强和规范对出租车行业的政府规制,2004 年,国务院办公厅出台了《关于进一步规范出租汽车行业管理有关问题的通知》,强调城市人民政府对出租汽车行业的管理,并就控制出租车的总量、清理出租汽车经营权有偿出让、严禁各种乱收费行为、加强对出租汽车企业的监督管理等提出了规范要求。2006 年,建设部、监察部、交通部等部门联合颁布了《关于规范出租汽车行业管理专项治理工作的实施意见》,从严格清理出租汽车经营权有偿出让、严格清理针对出租汽车的各项收费、严格规范出租汽车企业经营行为等方面加强和规范出租车行业管理。同年,建设部、交通部等颁布《关于进一步加强出租车行业管理 切实减轻出租汽车司机负担的通知》,就规范出租汽车企业经营行为、合理调整出租汽车运价等提出规范要求。2007 年,建设部出台了《关于进一步做好规范出租汽车行业管理专项治理工作的通知》,强调要理顺出租汽车行业管理体制,进一步加强出租汽车行业法规建设,进一步完善出租汽车行业服务标准等。2011 年,交通运输部颁布了《出租汽车服务质量信誉考核办法(试行)》《出租汽车驾驶员从业资格管理规定》,分别对出租汽车企业及驾驶员服务质量信誉考核和出租汽车驾驶员从业资格作出了具体的规定。2013 年,交通运输部出台了国家标准《出租汽车运营服务规范》(GB/T 22485-2013),对出租汽车运输车辆、服务人员要求、服务流程、运输安全都提出了明确的标准规范。总而言之,上述政策法规基本延续了此前确立的规制格局,只是在规制力度方面有所强化。

四、规制改革阶段(2014 年至今)

长久以来,在数量规制、价格规制等规制政策的多重约束下,出租车行业内各种问题与矛盾层出不穷,集中表现为"市民打车难,司机收入降低,出租车公司被视为'暴利寄生虫',地方政府遭受指责,形成了尴尬的'四输'局面"[1]。鉴于此,社会各界将矛头直指这些规制政策,甚至认为其是引发各种问题和矛盾的罪魁祸首。同时,2012 年以来,网约车的横空出世和迅猛发展,引发的新老问题和矛盾交织叠加在一起,将出租车行业推向风口浪尖,助推了政府以及社会各界对出租车行业的集中关注,"'专车'事件引发的出租车行业发展思辨成为 2015 年两会的热点提案"[2]。此外,2013 年党的十八届三中全会通过的《中共中央关于全面深化改革若干重大问题的决定》提出,"全面深化改革的总目标是完善和发展中国特色社会主义制度,推进国家治理体系和治理能力现代化"。党的十八届三中全会开启了全面深化改革的新征程,助推出租车行业改革的宏观政治环境逐渐形成,且改革的方向也日益明晰,于是正处于风口浪尖的出租车行业被迅速卷入这股深化改革潮流之中。正是上述各种因素的合力推动,出租车行业政府规制政策进入一个快速变革时期。

2014 年,交通运输部颁布了《出租汽车经营服务管理规定》,从经营许可、运营服务、运营保障、监督管理等方面对出租汽车的经营服务予以规范,构建

---

①　金通,朱晓艳,郑凌浩."互联网十"下的出租车:市场演化与嵌入式监管[J].财经论丛,2017(10):107-113.

②　刘乃梁.出租车行业特许经营的困境与变革[J].行政法学研究,2015(5):61-73.

了出租车行业管理的总体框架,确立了出租车行业管理的基本制度,实际上取代了《城市出租汽车管理办法》,在具体规制实践中发挥着指导作用。2014年,交通运输部颁布了《交通运输部办公厅关于促进手机软件召车等出租汽车电召服务有序发展的通知》,就出租汽车电召服务发展与管理等相关事项作了规范要求。2014年年底,交通运输部发布了《交通运输部关于全面深化交通运输改革的意见》,明确提出"推进出租汽车行业市场化改革"。2015年,《中共中央国务院关于推进价格机制改革的若干意见》提出,进一步完善出租汽车运价形成机制,发挥运价调节出租汽车运输市场供求关系的杠杆作用。

2016年,国务院办公厅颁布了《关于深化改革推进出租汽车行业健康发展的指导意见》,提出了深化出租车行业改革的目标任务和重大举措,涉及出租车行业如何定位、巡游出租车如何改革、网约车和私人小客车合乘如何规范、市场环境如何完善等。其中提出:"要根据大中小城市特点、社会公众多样化出行需求和出租汽车发展定位……建立动态监测和调整机制,逐步实现市场调节";"新增出租汽车经营权一律实行期限制,不得再实行无期限制";"建立出租汽车运价动态调整机制,健全作价规则,完善运价与燃料价格联动办法,充分发挥运价调节出租汽车运输市场供求关系的杠杆作用";"提供网约车服务的驾驶员及其车辆,应符合提供载客运输服务的基本条件。对网约车实行市场调节价,城市人民政府认为确有必要的可实行政府指导价"……这些改革举措既为推动出租车行业结构性改革(尤其是市场化改革)指明了基本方向,也对网约车监管提出了明确要求。同时,交通运输部联合工业和信息化部、公安部、国家网信办等部门出台《网络预约出租汽车经营服务管理暂行办法》,首次明确网约车合法地位,并对运营平台、驾驶员、车辆的准入条件进行了明确规定,对网约车行业的有序、规范发展起到重要作用。

同年,交通运输部颁布《交通运输部关于修改〈出租汽车经营服务管理规定〉的决定》《交通运输部关于修改〈出租汽车驾驶员从业资格管理规定〉的决定》,根据《关于深化改革推进出租汽车行业健康发展的指导意见》《网络预约出租汽车经营服务管理暂行办法》的相关规定,对原《出租汽车经营服务管理规定》《出租汽车驾驶员从业资格管理规定》中的有关条款进行了相应的修订。对《出租汽车经营服务管理规定》加以修改后形成了《巡游出租汽车经营服务管理规定》,调整了适用范围,并对出租汽车行业定位、经营者与驾驶员利益分配等方面作出了一系列规定。修订后的《出租汽车驾驶员从业资格管理规定》对适用范围进行了明确,出租汽车驾驶员从业资格包括巡游出租汽车驾驶员从业资格和网络预约出租汽车驾驶员从业资格等,并结合网约车新业态的特点,对驾驶员条件、考试内容、证件类别、注册管理、继续教育以及法律责任等方面作了相应适应性调整。紧接着,交通运输部发布了《网络预约出租汽车运营服务规范》《巡游出租汽车运营服务规范》两项交通运输行业标准。前者规定了网络预约出租汽车经营者、驾驶员、运输车辆、经营者服务流程、驾驶员服务流程及服务评价与投诉处理的要求;后者规定了巡游出租汽车经营者、服务人员、运输车辆、服务站点、运营服务及服务评价与投诉处理的要求。

2018年,交通运输部出台《网络预约出租汽车监管信息交互平台运行管理办法》,明确要求对网约车交互信息加强监管。紧接着,交通运输部等七部门联合印发《关于加强网络预约出租汽车行业事中事后联合监管有关工作的通知》,就加强网约车行业事中事后联合监管作出部署,具体涉及联合监管工作机制、联合监管工作事项、联合监管处置流程等方面。同年底,《交通运输部办公厅关于进一步深化改革加快推进出租汽车行业健康发展有关工作的通知》针对2016年深化出租车行业改革中存在的问题与不足,从加快推进巡游车转型升级、规范网约车行业健康发展、提升行业治理能力、营造良好市场环境等方面对进一步深化出租车行业改革作了重要部署。其中对"理顺巡游车经营权管理""健全运力动态调节机制""推动巡游车'＋互联网'""落实网约车平台公司主体责任""提升行业监管水平""加快出租汽车驾驶员从业资格管理改革""强化信用体系建设"等方面提出了明确要求,为进一步深化出租车行业改革指明了方向。

2019年,交通运输部、工业和信息化部、公安部等6部门联合颁布《关于修改〈网络预约出租汽车经营服务管理暂行办法〉的决定》,对《网络预约出租汽车经营服务管理暂行办法》进行了第一次修订,废除了规章中有碍优化营商环境、扩大对外开放的规定和做法。2021年,交通运输部出台《关于修改〈巡游出租汽车经营服务管理规定〉的决定》和《关于修改〈出租汽车驾驶员从业资格管理规定〉的决定》,分别对《巡游出租汽车经营服务管理规定》和《出租汽车驾驶员从业资格管理规定》进行了修订。对《巡游出租汽车经营服务管理规定》中安全风险较小、危害后果不严重的违法情形的罚款数额予以适当降低;对随车携带证件等可以通过信息化监管手段、优化政府管理与服务职能解决的事项,不再设置罚款。

2021年,交通运输部又印发《关于维护公平竞争市场秩序加快推进网约车合规化的通知》,就加快推进网约车合规化进程、进一步维护公平竞争市场秩序等作了明确要求。2022年,交通运输部、工业和信息化部、公安部、人力资源社会保障部、中国人民银行、国家税务总局、国家市场监督管理总局、国家网信办等8部门联合颁布了《关于加强网络预约出租汽车行业事前事中事后全链条联合监管有关工作的通知》,对进一步完善联合监管工作机制,加强事前事中事后全链条联合监管等进行部署,并对多部门事前事中事后全链条联合监管事项进行完善,对处置措施和操作流程进行细化。2022年,交通运输部、工业和信息化部、公安部、商务部、市场监管总局、国家网信办公布《关于修改〈网络预约出租汽车经营服务管理暂行办法〉的决定》,对《网络预约出租汽车经营服务管理暂行办法》进行第二次修正,删除了未按照规定携带网络预约出租汽车运输证、驾驶员证行为的罚款规定,对未取得网络预约出租汽车运输证、驾驶员证从事网约车经营活动等行为的罚款数额予以下调。

总而言之,该时期出租车行业政府规制一直处于变革调整之中,其变革的基本趋势是放松规制与强化规制并举,集中表现为逐步放松出租车总量和价格规制,不断强化出租车服务质量和安全规制(见表2-1)。

表2-1 出租车行业政府规制政策的演进历程(1978—2022年)

颁发时间	颁发部门	政策文件	核心内容	阶段特征
1988年6月15日	建设部、公安部等	《城市出租汽车管理暂行办法》	明确了出租车行业的管理机构及职责,并对出租车开业停业、车辆管理、经营者、驾驶员、站点管理等作出了规范要求	计划经济管理阶段:国有企业垄断经营,实行严格行政审批
1989年12月18日	交通部	《出租汽车旅游汽车客运管理规定》	明确各级交通主管部门是出租车行业的行政管理机关,并对出租车开业停业、车辆管理、客运管理、站点管理等提出了规范要求	
1993年6月21日	交通部	《出租汽车客运服务规范(试行)》	对出租车经营服务规范、车容仪容规范、业务受理及调度规范、运行服务规范等作了明确规定	自由发展阶段:相对宽松的进入政策
1997年12月23日	建设部、公安部	《城市出租汽车管理办法》	对出租车发展规划、经营资质管理、客运服务管理等作了规范要求,如"出租汽车的发展规划和计划,由城市建设行政主管部门会同有关部门编制,纳入城市总体规划,报当地人民政府批准后实施"	全面规制阶段:确立了市场准入规制、数量规制、价格规制、服务质量与安全规制四大规制政策,且规制举措和力度呈现出逐渐强化的特征
1999年11月14日		《关于清理整顿城市出租汽车等公共客运交通意见的通知》	明确要求打击非法营运,清理收费项目,规范经营行为,进一步规范经营权的有偿出让和转让等	
2000年8月8日	国务院办公厅	《关于切实加强出租汽车行业管理有关问题的通知》	在继续抓好取缔非法经营活动、清理不合理收费项目等工作的同时,明确要求适当调整出租车运价水平和计价结构,适当降低出租车经营企业内部承包费、管理费,对出租车营运规模实施总量控制	

续表

颁发时间	颁发部门	政策文件	核心内容	阶段特征
2002 年 2 月 20 日	建设部、交通部等	《关于进一步加强城市出租汽车行业管理工作的意见》	对实行总量调控、严格规范经营权有偿出让和转让、坚决遏制乱收费、强化经营企业管理等作了进一步要求	
2004 年 11 月 12 日	国务院办公厅	《关于进一步规范出租汽车行业管理有关问题的通知》	明确提出"所有城市一律不得新出台出租汽车经营权有偿出让政策"，"逐步推广采用以服务质量为主要竞标条件的经营权招投标方式，建立科学合理的出租汽车经营权配置机制"等	
2006 年 5 月 12 日	建设部、监察部、交通部等	《关于规范出租汽车行业管理专项治理工作的实施意见》	要求严格清理出租车经营权有偿出让，严格清理针对出租车的各项收费，集中开展打击非法运营专项整治行动，严格规范出租车企业经营行为等	
2006 年 5 月 19 日	建设部、交通部等	《关于进一步加强出租汽车行业管理 切实减轻出租汽车司机负担的通知》	要求规范出租汽车企业经营行为，清理整顿对出租汽车的各类收费，开展打击非法运营专项整治行动，合理调整出租汽车运价，适时采取临时性补贴措施等	
2007 年 6 月 22 日	建设部	《关于进一步做好规范出租汽车行业管理专项治理工作的通知》	要求理顺出租车行业管理体制，完善出租车行业管理制度，加强对从业人员的教育和培训工作等	
2011 年 8 月 26 日	交通运输部	《出租汽车服务质量信誉考核办法(试行)》	对服务质量信誉考核等级、企业服务质量信誉考核、驾驶员服务质量信誉考核等作了明确规定	
2011 年 12 月 26 日	交通运输部	《出租汽车驾驶员从业资格管理规定》	对出租车驾驶员从业资格考试、从业资格注册、继续教育以及从业资格证件管理等作了明确规范	

续表

颁发时间	颁发部门	政策文件	核心内容	阶段特征
2014 年 9 月 30 日	交通运输部	《出租汽车经营服务管理规定》	从经营许可、运营服务、运营保障、监督管理等方面对出租车的经营服务进行了规范,涉及出租车发展定位和发展方向、出租车经营资格及车辆许可条件和程序、出租汽车车辆经营权管理、出租车运营服务、电召及预约出租车服务发展等方面	规制改革阶段:放松规制与规制强化并举,表现为数量和价格规制逐步放松,服务质量和安全规制进一步趋紧
2014 年 7 月 9 日	交通运输部	《交通运输部办公厅关于促进手机软件召车等出租汽车电召服务有序发展的通知》	就促进出租车电召服务有序发展的有关事项作了明确要求,包括出租车服务管理信息共享、驾驶员终端软件发放与使用管理、出租车电召服务安全规范、手机软件召车服务市场监管等	
2014 年 12 月 30 日	交通运输部	《交通运输部关于全面深化交通运输改革的意见》	提出"推进出租汽车行业市场化改革",具体包括"完善运力投放机制";"完善出租汽车价格动态调整机制";"加强对手机召车等新型服务模式的规范管理"等	
2016 年 7 月 28 日	国务院办公厅	《关于深化改革推进出租汽车行业健康发展的指导意见》	提出了出租车行业改革的主要目标和基本思路及重点任务,如"逐步实现市场调节";"新增出租汽车经营权一律实行期限制","全部实行无偿使用";"对巡游车运价实行政府定价或政府指导价","建立出租汽车运价动态调整机制"等	
2016 年 7 月 27 日	交通运输部、工业和信息化部、公安部等	《网络预约出租汽车经营服务管理暂行办法》	明确了网约车的合法地位,并对网约车平台公司、网约车车辆和驾驶员、网约车经营行为等提出了规范要求,构成了网约车监管的基本依据	
2016 年 8 月 26 日	交通运输部	《巡游出租汽车经营服务管理规定》	调整了适用范围,并对出租车行业定位、经营者与驾驶员利益分配等方面作出了一系列规定	

续表

颁发时间	颁发部门	政策文件	核心内容	阶段特征
2016年8月26日	交通运输部	《出租汽车驾驶员从业资格管理规定》	对适用范围进行了明确,并结合网约车新业态的特点,对驾驶员条件、考试内容、证件类别、注册管理、继续教育以及法律责任等方面作了相应适应性调整	
2016年10月21日	交通运输部	《网络预约出租汽车运营服务规范》	规定了网络预约出租汽车经营者、驾驶员、运输车辆、经营者服务流程、驾驶员服务流程及服务评价与投诉处理的要求	
		《巡游出租汽车运营服务规范》	规定了巡游出租汽车经营者、服务人员、运输车辆、服务站点、运营服务及服务评价与投诉处理的要求	
2018年2月13日	交通运输部	《网络预约出租汽车监管信息交互平台运行管理办法》	要求及时传输更新信息数据;对传输质量作出具体明确要求;对信息传输结果和信息公开等作了明确规定	
2018年5月30日	交通运输部、中央网信办等	《关于加强网络预约出租汽车行业事中事后联合监管有关工作的通知》	对建立健全事中事后联合监管机制、明确联合监管工作流程、建立联合监管应急机制、创新监管手段和多元治理机制等方面作了明确要求	
2018年12月20日	交通运输部	《交通运输部办公厅关于进一步深化改革加快推进出租汽车行业健康发展有关工作的通知》	针对2016年深化出租车行业改革中存在的问题与不足,从加快推进巡游车转型升级、规范网约车行业健康发展、提升行业治理能力、营造良好市场环境等方面对进一步深化出租车行业改革作了重要部署,如要"健全运力动态调节机制""落实网约车平台公司主体责任"等	
2019年12月28日	交通运输部、工业和信息化部等	《关于修改〈网络预约出租汽车经营服务管理暂行办法〉的决定》	删去《网络预约出租汽车经营服务管理暂行办法》中有关外商投资企业还应当提供外商投资企业批准证书的规定	

续表

颁发时间	颁发部门	政策文件	核心内容	阶段特征
2021年8月25日	交通运输部	《关于修改〈巡游出租汽车经营服务管理规定〉的决定》	对安全风险较小、危害后果不严重的违法情形的罚款数额予以适当降低	
		《关于修改〈出租汽车驾驶员从业资格管理规定〉的决定》	对随车携带证件等可以通过信息化监管手段、优化政府管理与服务职能解决的事项,不再设置罚款	
2021年9月7日	交通运输部	《关于维护公平竞争市场秩序加快推进网约车合规化的通知》	对加快网约车合规化进程、维护公平竞争市场秩序、保障司乘人员合法权益、维护行业安全稳定等提出了明确要求,如强调"加快建立全方位、多层次、立体化监管体系,加强对网约车平台公司的事前事中事后全链条全领域监管"等	
2022年2月7日	交通运输部、工业和信息化部、公安部等	《关于加强网络预约出租汽车行业事前事中事后全链条联合监管有关工作的通知》	增加事前联合监管要求;完善全链条联合监管事项;细化全链条联合监管流程	

第三节　出租车行业政府规制的政策框架

　　"出于出租车行业存有的信息不对称、公共交通安全以及环境污染等因素的综合考量,各国政府对出租车行业都进行了不同程度行业管制"[1],包括总量控制、价格规制、服务质量规制等。我国政府对出租车行业实施全面规制始于20世纪90年代末,并逐步形成了以市场准入规制、数量规制、价格规制、服务质量与安全规制为主要内容的规制格局。[2]

---

　　[1]　章亮亮.对出租车行业特许模式的经济学和行政法学分析[J].上海经济研究,2012(2):70-76.

　　[2]　杨仁法,杨铭.基于服务质量招投标的出租车市场准入与退出机制[J].交通运输工程学报,2006(2):118-124.

一、市场准入规制

市场准入规制是政府规制最常用的规制工具或手段之一。所谓市场准入(即许可进入市场),指"政府以什么条件准许什么人进入哪一市场"。[①] 市场准入规制作为一种人为设定的进入障碍,通常以法律、行政法规、部门规章等合法形式设置行业准入标准或分配特许权利。出租车行业市场准入规制可理解为相关政府部门依据一定的法律法规对进入出租车行业的市场主体(企业或个人)加以规范和限制,以解决乘客在车辆安全情况、驾驶员的资格和服务行为等方面可能存在的信息问题,从而保障乘客的基本权益。"在多数国家,政府对出租汽车市场实行市场准入许可制度,即拟进入出租汽车市场提供服务的人员和企业必须取得政府的许可才能进行营业。"[②]在我国,市场准入规制是出租车行业政府规制的重要内容之一。在准入规制下,只有经由行业主管部门许可批准,依法取得出租车经营权(即出租车经营牌照),方可从事出租车经营服务。

根据出租车行业相关法律法规,我国当前对出租车行业的准入规制具体表现为:一是限制经营主体。政府通过制定相关法律法规对经营主体的资质条件提出要求,申请从事出租车经营服务的企业或个人,只有符合这些资质要求,才能获得出租车经营权。[③] 2021 年修订的《巡游出租汽车经营服务管理规定》第二章第八条明确规定:"申请巡游出租汽车经营的,应当根据经营区域向相应的县级以上地方人民政府出租汽车行政主管部门提出申请,并符合下列条件:(一)有符合机动车管理要求并满足以下条件的车辆或者提供保证满足以下条件的车辆承诺书:1.符合国家、地方规定的巡游出租汽车技术条件;2.有按照第十三条规定取得的巡游出租汽车车辆经营权。(二)有取得符合要求的从业资格证件的驾驶人员。(三)有健全的经营管理制度、安全生产管理制度和服务质量保障制度。(四)有固定的经营场所和停车场地。"原则上,所有符合法定要求的经营主体获得出租车牌照的机会是均等的。但实际上各地在发放出租车牌照时却采取区别对待的政策,对企业特别是国有企业和集体企业较为宽松,而极力限制个体经营。在这个意义上,我国出租车市场准入规制也被称为"准入歧视"政策,即"政府在发放出租车经营牌照的时候对不同的对象有不同的政策"。[④]

---

① 廖志雄.市场准入法律制度研究[M]//史际春,邓峰.经济法学评论:第5卷.北京:中国法制出版社,2004:250.

② 张卿.出租车市场准入许可制度的经济学分析[N].经济观察报,2006-05-15.

③ 常健,饶常林.城市客运出租汽车行业的政府管制及其改革:兼论"十一五规划"指导下的管制创新[J].法学评论,2007(3):107-114.

④ 郭玉闪.管制成本与社会公正:透过北京市出租车业看政府管制的失败[M]//张曙光.中国制度变迁的案例研究:第4集.北京:中国财政经济出版社,2005:458.

二是限制经营模式。出租车经营模式主要包括承包经营、挂靠经营、雇佣经营、个体经营等四种经营模式,前三种是公司化经营模式,第四种属于个体化经营模式。尽管出租车营运独立性和单车成本核算决定了它最适合个体化经营,但各地出于"便于管理"的需要,在实践中主要推行公司化经营而限制个体化经营的政策,实际上剥夺了个人直接从事出租车经营的权力,无疑又构成了进入出租车行业的一道门槛。据了解,目前全国大部分城市的出租车行业都以公司化经营模式为主。[①] 尽管公司化经营模式(尤其是承包经营模式)一直为社会各界所诟病,但其仍是出租车行业改革发展的主要趋势。2016 年颁布的《关于深化改革推进出租汽车行业健康发展的指导意见》明确提出:"鼓励巡游车经营者、网络预约出租汽车经营者通过兼并、重组、吸收入股等方式,按照现代企业制度实行公司化经营,实现新老业态融合发展。"同时,2021 年修订的《巡游出租汽车经营服务管理规定》也强调:"国家鼓励巡游出租汽车实行规模化、集约化、公司化经营。"

二、数量规制

出租车数量规制指行业主管部门根据社会公众出行需求以及城市公共交通发展状况,对出租车数量及出租车牌照发放数量加以管理和控制。[②] "由于出租车主要在城市营运,占用的是城市公共道路资源,营运的车辆多了,会发生交通拥挤和空气污染(外部不经济);营运的车辆少了,又满足不了社会需要。市场机制无法解决自由竞争带来的问题,或者说解决问题的代价太大。"[③]因此,政府对出租车行业实施适度的数量规制被普遍认为是必要的和合理的。出租车数量规制可回溯至 17 世纪的英国,随后美国等发达国家从 1930 年代开始纷纷对出租车行业实施数量规制。尽管西方发达国家的许多城市在 20 世纪 70 年代末经历了一股放松出租车数量规制浪潮,但由于放松规制并未取得预期效果,这些城市又陆续重新拾回了出租车数量管制。这些事实和行动也无疑再次证实了出租车数量规制的必要性和合理性。我国对出租车行业的数量规制始于 20 世纪 90 年代中期。20 世纪 90 年代初,在宽松政策的鼓舞下,出租车行业迎来了大发展,有效缓解了长期存在的"打车难"问题,但由此也带来许多新问题和负面效应,如司机收入减少、服务水平下降、行

---

① 常健,饶常林.城市客运出租汽车行业的政府管制及其改革:兼论"十一五规划"指导下的管制创新[J].法学评论,2007(3):107-114.

② 陈明艺.出租车数量管制的合理性分析及评估机制研究[J].中国物价,2006(8):45-49.

③ 王智斌.出租车数量管制模式之探讨[J].行政法学研究,2005(3):37-44.

业内部纠纷增多等。而出现上述问题的首要原因被认为是出租车数量大幅度增加,市场供过于求,竞争过于激烈。① 由此,一些城市从1994年开始实行了总量控制政策,以确保出租车行业有序发展。

中央层面对数量规制的要求可追溯到1997年颁布的《城市出租汽车管理办法》,该法规明确提出:"出租汽车是城市公共交通的重要组成部分。出租汽车的发展,应当与城市建设和城市经济、社会发展水平相适应,并与其他公共交通客运方式相协调。出租汽车的发展规划和计划,由城市建设行政主管部门会同有关部门编制,纳入城市总体规划,报当地人民政府批准后实施。"2000年出台的《关于切实加强出租汽车行业管理有关问题的通知》进一步明确要求,"地方各级出租汽车管理机构要通过对出租汽车营运规模的总量控制,提高出租汽车营运效率,降低营运成本"。此后,国务院及中央部委出台的一系列规范出租车行业的政策文件多次强调了"总量控制"原则。2021年修订后的《巡游出租汽车经营服务管理规定》也明确规定,"巡游出租汽车发展应当与城市经济社会发展相适应,与公共交通等客运服务方式协调发展";"县级以上地方人民政府出租汽车行政主管部门应当根据经济社会发展和人民群众出行需要,按照巡游出租汽车功能定位,制定巡游出租汽车发展规划,并报经同级人民政府批准后实施";"县级以上地方人民政府出租汽车行政主管部门应当按照当地巡游出租汽车发展规划,综合考虑市场实际供需状况、巡游出租汽车运营效率等因素,科学确定巡游出租汽车运力规模,合理配置巡游出租汽车的车辆经营权"。在实践中,各地一般对出租车总量实行较为严格的控制,许多城市数年甚至近十年没有新增出租车数量。以北京、上海、广州、深圳为例,从1997年至2013年近二十年间,出租车数量增加的幅度非常小,尤其是北京,在2006—2013年间没有增加一辆出租车(见图2-3)。

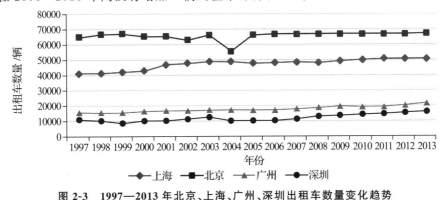

图 2-3　1997—2013 年北京、上海、广州、深圳出租车数量变化趋势

----

① 王军,李静,沈鹏.管制政策下的北京出租汽车业[J].比较法研究,1999(3-4):483-495.

然而,近年来,我国出租车行业中"打车难""服务水平不高"等问题不断凸显,而导致这些问题的根源被认为是严格的总量控制政策,因此,近年来我国对出租车行业的总量控制有所松动。2016 年颁布的《关于深化改革推进出租汽车行业健康发展的指导意见》明确提出,"要根据大中小城市特点、社会公众多样化出行需求和出租汽车发展定位,综合考虑人口数量、经济发展水平、城市交通拥堵状况、出租汽车里程利用率等因素,合理把握出租汽车运力规模及在城市综合交通运输体系中的分担比例,建立动态监测和调整机制,逐步实现市场调节"。2018 年出台的《交通运输部办公厅关于进一步深化改革加快推进出租汽车行业健康发展有关工作的通知》也强调:"各城市交通运输主管部门要准确把握出租汽车在城市交通体系中的发展定位,原则上至少每 3 年开展一次出租汽车运力规模评估,建立运力动态调节机制,使运力规模与市场需求相适应。有条件的中、小城市,应更好发挥市场机制的作用,调节巡游车供需关系。"显然,尽管完全解除总量控制并不可取,但建立健全运力动态调节机制是未来出租车数量规制变革的基本趋势。

三、价格规制

价格规制与准入规制、数量规制三者是具有系统性特征的规制综合体系,尤其是价格规制与数量规制二者通常是相伴而生的。出租车价格规制主要指政府对出租车服务的价格水平、计价方式(价格结构)以及价格调整等方面进行控制。"出租车市场的经济特征决定了消费者对出租车的需求缺乏弹性、消费者与经营者之间信息不对称、过度竞争等市场失灵问题的存在,因而需要对出租车市场实施价格管制。"[①]当前,出租车价格规制在世界绝大多数国家中仍然大范围存在着,但各国对出租车行业的价格规制是趋于放松的,基本发展方向是在给予市场适当的竞争、充分发挥市场的价格机制的基础上,实行适当的价格规制。例如,在实行最高费率限制的基础上,逐步实现市场主体根据市场供求关系自主定价,行业管理部门根据实际情况实行价格指导,对运价进行及时合理调整以解决市场失灵问题。[②]

在我国,出租车行业的价格一直受到政府不同程度的规制,即由各城市人民政府依据当地经济发展水平、物价水平、交通状况等因素,依照《价格法》的

---

①　陈明艺.进入限制、价格管制与黑车泛滥:来自北京、上海出租车市场的经验分析[J].山西财经大学学报,2007(11):66-72.

②　李志明,邢梓琳.国外如何规制出租车行业[N].中国经济时报,2015-10-12.

规定实行政府定价。[①] 早在 1988 年出台的《城市出租汽车管理暂行办法》就明确规定，"出租汽车经营者必须执行当地物价部门制定的统一收费标准，使用统一票据。任何单位和个人不得擅自定价、改变收费方法或印制票据"。1997 年颁布的《城市出租汽车管理办法》也明确提出，出租车经营者应"执行由城市的物价部门会同同级建设行政主管部门制定的收费标准，并且使用由城市客运管理机构会同税务部门印制的车费发票"。2021 年修订后的《巡游出租汽车经营服务管理规定》明文规定，"县级以上地方人民政府出租汽车行政主管部门应当配合有关部门，按照有关规定，并综合考虑巡游出租汽车行业定位、运营成本、经济发展水平等因素合理制定运价标准，并适时进行调整"。

　　然而，由于各地对价格规制过于僵化，无法有效调节市场需求，难以反映真实营运成本等问题，适度放松价格规制也被提上了议事日程。2016 年颁布的《关于深化改革推进出租汽车行业健康发展的指导意见》明确提出："各地可根据本地区实际情况，对巡游车运价实行政府定价或政府指导价，并依法纳入政府定价目录。综合考虑出租汽车运营成本、居民和驾驶员收入水平、交通状况、服务质量等因素，科学制定、及时调整出租汽车运价水平和结构。建立出租汽车运价动态调整机制，健全作价规则，完善运价与燃料价格联动办法，充分发挥运价调节出租汽车运输市场供求关系的杠杆作用。"2018 年出台的《交通运输部办公厅关于进一步深化改革加快推进出租汽车行业健康发展有关工作的通知》也明确强调，要"推动巡游车运价市场化改革，加快完善巡游车运价动态调整机制，健全作价规则，根据市场供需关系和运营成本，科学制定、及时调整巡游车运价水平和结构，更好实现巡游车网约车公平竞争融合发展"。总而言之，我国对出租车行业的价格规制正由政府直接定价的方式逐步向政府指导定价或市场定价的方式转变。

四、服务质量与安全规制

　　出租车行业的服务质量及安全规制是区别于准入、价格、数量等经济性规制手段的社会性规制手段，主要指政府对出租车经营者及其在服务态度、服务意识、服务行为等方面提出的严格要求或采取的一系列措施，其出发点在于保证出租车服务和安全水平。"关于安全和服务质量管制的理由，主要是因为出租车服务涉及乘客及第三者的生命财产安全，确保客运过程安全是消费者首

---

　　① 文学国，何辉.政府规制：理论、政策与案例[M].北京：中国社会科学出版社，2012：218-219.

要考虑的目标。"①近年来,随着政府规制领域中经济性规制逐渐放松和社会性规制持续增强,世界上绝大多数国家都非常重视出租车市场的安全与服务质量,在出租车服务和安全规制方面所采取的规制措施是趋紧的。② 在西方发达国家,20 世纪 90 年中期以来出租车行业政府规制变革的基本趋势是:在总量控制、价格管制等方面逐步放松的同时,在出租车经营者、司机执业标准以及车辆安全标准等方面却得到了全面加强。③

在我国,尽管相关法律法规对出租车经营者、车辆设备、出租车驾驶员以及营运过程中的监督和检查等提出了明确规范和要求,但在各地的规制实践中,不同程度地存在着重总量控制和价格管制、轻服务质量和安全规制的现象。④ 2004 年颁布的《关于进一步规范出租汽车行业管理有关问题的通知》首次明确要求,"逐步推广采用以服务质量为主要竞标条件的经营权招投标方式,建立科学合理的出租汽车经营权配置制度,防止单纯追求提高经营权收益的行为"。这意味着我国开始把出租车服务质量与经营权有效配置结合起来,在服务质量和安全方面的规制举措越来越完善,规制力度也日趋加强。2011年,交通运输部出台《出租汽车驾驶员从业资格管理规定》和《出租汽车服务质量信誉考核办法(试行)》⑤,分别对出租车驾驶员从业资格和出租车企业及驾驶员服务质量作出了具体的规定,加强并规范了对出租车服务质量和安全方面的监管。

2016 年颁布的《关于深化改革推进出租汽车行业健康发展的指导意见》明确提出:"建立完善以服务质量信誉为导向的经营权配置和管理制度,对经营权期限届满或经营过程中出现重大服务质量问题、重大安全生产责任事故、严重违法经营行为、服务质量信誉考核不合格等情形的,按有关规定收回经营权。"同时,该文件又从"完善服务设施""加强信用体系建设""强化市场监管""加强法制建设"等方面对进一步完善出租车服务质量和安全规制举措作出了

---

① 黄少卿.互联网专车兴起语境下,出租车监管改革的思路与建议[J].互联网金融法律评论,2015(2):130-147.

② 李志明,邢梓琳.国外如何规制出租车行业[N].中国经济时报,2015-10-12.

③ 陈明艺.国外出租车市场规制研究综述及其启示[J].外国经济与管理,2006(8):41-48.

④ 杨向前.中国特大型城市出租车行业管制改革研究:以交通可持续发展和公共福利为视角[J].国家行政学院学报,2012(6):46-50.

⑤ 2018 年,交通运输部组织修订了《出租汽车服务质量信誉考核办法》,将网约车纳入出租车考核体系,并进一步优化完善了传统出租车企业和司机服务质量信誉考核指标,细化了出租车企业考核等级。2022 年,交通运输部发布了《出租汽车服务质量信誉考核办法》,此次并未对该办法的内容进行调整,而是以规范性文件重新印发实施。

重要部署。2018年,《交通运输部办公厅关于进一步深化改革加快推进出租汽车行业健康发展有关工作的通知》再次提出"严格落实服务质量信誉考核工作要求,强化结果运用,全面建立和完善以服务质量信誉为导向的经营权配置、管理和退出制度",并从"加快出租汽车驾驶员从业资格管理改革""强化信用体系建设""发挥社会监督作用"等方面对出租车服务质量和安全规制作了明确要求。此后,交通运输部又发布了《网络预约出租汽车运营服务规范》《巡游出租汽车运营服务规范》两项交通运输行业标准,对出租车经营服务行为提出了具体规范。

现阶段,服务质量和安全规制已成为我国出租车行业政府规制中的重心。根据相关法律法规,我国对出租车行业的服务质量和安全规制主要表现在以下方面:一是建立以服务质量信誉为导向的经营权配置和管理制度。如2021年修订后的《巡游出租汽车经营服务管理规定》规定:"国家鼓励通过服务质量招投标方式配置巡游出租汽车的车辆经营权。县级以上地方人民政府出租汽车行政主管部门应当根据投标人提供的运营方案、服务质量状况或者服务质量承诺、车辆设备和安全保障措施等因素,择优配置巡游出租汽车的车辆经营权,向中标人发放车辆经营权证明,并与中标人签订经营协议。"

二是对出租车经营者进行规范。如2021年修订后的《巡游出租汽车服务管理规定》要求:"巡游出租汽车经营者应当为乘客提供安全、便捷、舒适的出租汽车服务。""巡游出租汽车经营者应当遵守下列规定:(一)在许可的经营区域内从事经营活动,超出许可的经营区域的,起讫点一端应当在许可的经营区域内;(二)保证营运车辆性能良好;(三)按照国家相关标准运营服务;(四)保障聘用人员合法权益,依法与其签订劳动合同或者经营合同;(五)加强从业人员管理和培训教育;(六)不得将巡游出租汽车交给未经从业资格注册的人员运营。"

三是对出租车车辆车况进行规定。如2021年修订后的《巡游出租汽车经营服务管理规定》规定:"巡游出租汽车运营时,车容车貌、设施设备应当符合以下要求:(一)车身外观整洁完好,车厢内整洁、卫生,无异味;(二)车门功能正常,车窗玻璃密闭良好,无遮蔽物,升降功能有效;(三)座椅牢固无塌陷,前排座椅可前后移动,靠背倾度可调,安全带和锁扣齐全、有效;(四)座套、头枕套、脚垫齐全;(五)计程计价设备、顶灯、运营标志、服务监督卡(牌)、车载信息化设备等完好有效。"

四是明确出租车服务标准。如2021年修订后的《巡游出租汽车经营服务管理规定》规定:"巡游出租汽车驾驶员应当按照国家出租汽车服务标准提供服务,并遵守下列规定:(一)做好运营前例行检查,保持车辆设施、设备完好,车容整洁,备齐发票、备足零钱;(二)衣着整洁,语言文明,主动问候,提醒乘客系好安全带;(三)根据乘客意愿升降车窗玻璃及使用空调、音响、视频等服务设备;(四)乘客携带行李时,主动帮助乘客取放行李;(五)主动协助老、幼、病、残、孕等乘客上下车;(六)不得在车内吸烟,忌食有异味的食物;(七)随车携带道路运输证、从业资格证,并按规定摆放、粘贴有关证件和标志;(八)按照乘客指定的目的地选择合理路线行驶,不得拒载、议价、途中甩客、故意绕道行驶;(九)在机场、火车站、汽车客运站、港口、公共交通枢纽等客流集散地载客时应当文明排队,服从调度,不得违反规定在非指定区域揽客;(十)未经乘客同意不得搭载其他乘客;(十一)按规定使用计程计价设备,执行收费标准并主动出具有效车费票据;(十二)遵守道路交通安全法规,文明礼让行车。"

五是规范营运保障和监管管理。一方面,建立出租车营运保障制度。如2021年修订后的《巡游出租汽车经营服务管理规定》对巡游出租车综合服务区的建设、安全生产管理制度的建立、驾驶员的合法权益的保障、车辆技术管理制度的建立、从业人员的培训教育和监督管理等都作出了明确规定。另一方面,建立日常监督管理及责任追究制度。《巡游出租汽车经营服务管理规定》对出租车经营行为的监督检查、出租车服务质量信誉考核、乘客投诉及处理、非法行为的责任追究等都作出了规定。

第三章　出租车行业政府规制效果评价的策略选择

20 世纪 70 年代末 80 年代初,理论驱动型评价(theory-driven evaluation)在项目或政策评价领域兴起,并在教育、健康、医疗卫生等领域得到广泛地应用。理论驱动型评价能够提供更有用的信息,这些信息对于促进组织学习、学术研究以及实践改进或发展是至关重要的。本章主要对理论驱动型评价的相关知识进行简要梳理,并运用该评价方式来构建出租车行业政府规制效果评价的分析框架,从而为下一阶段的评价工作提供系统的指导。

第一节　理论驱动型评价概述

一、理论驱动型评价的兴起

在早期评价理论与实践中,"项目评价是一项多学科的、(不幸的是)很大程度上是非理论的活动"[①],即早期的项目评价是本质上是一种方法导向型评价(method-oriented evaluations)。这种评价方式的主要特征是只强调方法与技术的作用而忽视理论的指导,社会研究方法与技术的使用被当作评价过程中的核心要素,任何一项评价活动是围绕特定的方法与技术来进行设计的非理论性活动。过去很长一段时间内,方法导向型评价一直在评价领域中占据主导地位,对早期评价理论与实践的发展具有重要意义。可以说,早期评价科学的形成与快速发展是以研究方法为基础的,早期评价理论与实践的演进也是以评价方法与技术的发展为主线的。然而,单纯的方法导向型评价过于强调研究方法与技术的作用,忽视了评价活动中其他因素尤其是理论因素,使得该评价方式本身存在诸多难以克服的内在缺陷,越来越难以适应评价理论与实践创新与发展的需求。

首先,各种方法本身存在缺陷。无论是以定量研究方法为主的实验研究

---

① WORTMAN P M. Evaluation research: a methodological perspective[J]. Annual review of psychology, 1983(34):224.

范式（experimental paradigm），还是以定性研究方法为主的自然主义途径（naturalistic approaches），或者是定量研究方法与定性研究方法并行的整合范式，其本身都存在着一些难以克服的缺陷，如实验范式无法融入利益相关者的观点，自然主义途径难以避免主观性，整合范式未能真正整合定性与定量之间的沟痕。其次，评价活动的范围受限。方法导向型评价只关注那些适合特定方法的评价领域，而忽视了那些缺乏特定方法相匹配的评价领域，这不仅严重限制评价人员的关注视野，而且与纷繁复杂的、多元化的现代社会也是格格不入的。① 最后，未能提供更有用的信息。方法导向型评价通常只关注项目影响，而对项目过程漠不关心，既难以确定项目是否按预期实施以及是否其产生了预期影响，也无法提供对改善项目有价值的信息，更不利于将评价结果推广到其他项目行动。②

方法导向型评价忽视了项目评价中的理论因素，使得项目评价的有效性大打折扣，甚至使得项目评价失效或无效。正如一些学者指出的那样，"项目的失败反映了评价方法的失败，所使用的研究范式中包含着一些影响结果有效性的障碍"。③ 因此，许多评价领域的理论家和实践工作者开始意识到评价过程中理论的重要性，并通过把理论吸收到项目评价过程中来提升评价的有效性。20 世纪 80 年代以来，西方评价领域正兴起一种新的评价方式——理论驱动型评价（theory-driven evaluation），强调运用理论来指导评价活动。理论驱动型评价最早可追溯到 20 世纪 30 年代 Tyler 为评价目的而提出的构建和检验项目理论概念，其后在 60—70 年代 Suchman、Weiss 等学者的研究中也有所提及，80 年代以来，Chen&Rossi、Chen、Bickman 等学者对理论驱动型评价做了一些探讨。1990 年，Chen 的著作《理论驱动型评价》（Theory-Driven Evaluations）问世，极大地促进了理论驱动型评价的发展。④ 自此，理论驱动型评价的基本理论雏形逐步形成，其在评价实践领域的应用也得到了更为广泛的回应。进入 21 世纪以来，理论驱动型评价更是方兴未艾。

与方法导向型评价或其他评价方式相比，理论驱动型评价通过将关于项

---

① CHEN H T. Theory-driven evaluations [M]. Thousand oaks: Sage publications, 1990:17-35.

② COLE G E. Advancing the development and application of theory-based evaluation in the practice of public health[J]. The American journal of evaluation, 1999,20(3):453-470.

③ CHEN H T, ROSSI P H. The multi-goal, theory-driven approach to evaluation: a model linking basic and applied social science[J]. Social force, 1980,59(1):106-122.

④ CORYN C L S, NOAKES L A, WESTINE C D, SCHROTER D C. A systematic review of theory-driven evaluation practice from 1990 to 2009 [J]. American journal of evaluation, 2010,32(2):199-226.

目的系统化理论框架整合到评价之中，可以帮助改善评价研究设计、提供对政策制定者或利益相关者更有用的信息、促进知识的形成、规避方法导向型评价中各种方法之间的冲突以及克服传统评价活动中事实与价值是相分离的缺陷等。正如 Chen 所强调的那样，理论驱动型评价不仅"能够全面深刻地意识到诸如项目执行、项目因果关系机理、项目治疗或干预设计、项目结果等重要评价问题，而且能够处理多元主义之间的冲突"[①]，因而对提高项目评价的有效性具有重要意义。由方法导向型评价向理论驱动型评价的转变，是评价领域的一种重要变革与创新，对于评价理论与实践的发展具有重要意义。

二、理论驱动型评价的基本内涵

尽管理论驱动型评价已经越来越多地被众多的评估学者和理论家、实践者和其他实体作为评估实践的首选方法，但目前在术语表达和内涵界定上并未达成共识。在术语表述上，理论驱动型评价有时又被称为理论指导的评价（theory-guided evaluation）、项目理论评价（program theory evaluation）、理论导向型评价（theory-oriented evaluation）、基于理论的评价（theory-based evaluation）、与理论相关的评价研究（theoretically relevant evaluation research）、现实主义或现实评价（realistic or realist evaluation）、干预机制评价（intervening mechanism evaluation）、项目理论驱动型评价科学（program theory-oriented evaluation science）等。在内涵界定上，学者的理解也不尽相同。Chen 指出，理论驱动型评价是一种以项目理论为基础的全面的社会项目或干预评价，其中项目理论包括社会科学理论、利益相关者理论以及二者之间的组合理论，且必须提供改善项目的基本依据。[②] Donaldson 认为，项目理论驱动评价科学是系统地运用大量关于调查研究现象的知识和科学方法改善与生产知识，反馈与判断诸如社会、教育、社区以及组织项目等评价对象的好处、价值和意义。[③] Coryn、Noakes、Westine、Schröter 指出，理论驱动型评价指在概念化、设计、实施、解释以及应用评估时，明确整合和使用利益相关者、社会

① CHEN H T. Theory-driven evaluations [M]. Thousand oaks: Sage publications, 1990:28-35.

② CHEN H T. Theory-driven evaluations [M]. Thousand oaks: Sage publications, 1990:37-52.

③ DONALDSON S I. Program theory-driven evaluation science: strategies and applications [M]. New York: Psychology press, 2007:9-10.

科学以及一些组合或其他类型的理论的任何评估策略或方法。①

从上述定义可以看出,理论驱动型评价的核心要义在于强调理论在评价活动中的主导作用。基于此,将理论驱动型评价界定为系统运用来自社会科学、利益相关者以及项目本身等相关领域的知识或理论来构建关于项目及其影响的理论,并以此来指导项目评价实践的一种评价策略或途径。理论驱动型评价是以理论构建为基础,理论贯穿于评价过程的始终,具有以下几个方面的重要特征:第一,理论驱动型评价的核心或关键是项目理论(干预理论)。该理论必须详细阐明项目为什么运转、怎样运转等问题,明确解释项目实际行动与预期结果之间的因果关系链。第二,理论驱动型评价由理论(conceptual)和实证(empirical)两个关键部分构成。理论层面,详细阐述项目怎样引起预期或想要的结果的项目理论或逻辑模型;实证层面,运用项目理论或逻辑模型指导项目评价实践,包括评价设计、实施等各个环节。第三,理论的核心部分是机制(mechanism)及其与环境、结果的关系,机制是使关系(项目与结果)存在的齿轮和方向盘(cogs and wheels),一般被界定为“一系列以某种方式联系两个东西或部分的实体(entities)和活动,这种方式一般会有规律地产生一些特殊形式的结果”。在构建项目理论中,最重要的是要解释项目实际行动与预期结果之间的因果机制或干预机制。第四,理论驱动型评价为了构筑(重构)和检验假设以及改善这些假设而采用许多不同的方法。理论驱动型评价并不忽视评价方法,而是强调运用合适的方法。更为重要的是,理论驱动型评价可以很好地整合各种方法的使用。②

三、理论驱动型评价中的项目理论

项目理论是理论驱动型评价的关键,又被称为项目模型、逻辑模型、因果关系图、行动理论、干预机制理论等。Chen 认为,项目理论是对为达到预期目标必须做什么、哪些其他重要的影响可能会产生以及这些目标和影响是如何产生的等重要问题的详细说明。③ Roger 认为,项目理论指对致力于想要的结

① CORYN C L S, NOAKES L A, WESTINE C D, SCHRÖTER D C. A systematic review of theory-driven evaluation practice from 1990 to 2009 [J]. American journal of evaluation, 2010, 32(2):199-226.

② LEEUW F L. Linking theory-based evaluation and contribution analysis: three problems and a few solutions[J]. Evaluation, 2012, 18(3):348-363.

③ CHEN H T. Theory-driven evaluations[M]. Thousand oaks: Sage publications, 1990:40-41.

果的项目活动机制的详细阐述。① Weiss 指出,项目理论建立了项目活动预计产生什么结果与项目活动实际产生了什么结果之间的联系。② Donaldson 认为,项目理论应该说明在项目过程有效运行的情况下项目组成部分怎样影响结果的过程。③ 综上所述,项目理论应阐明项目预期目标是什么、项目为什么运转、怎样运转等问题,特别是要解释项目行动与项目预期目标或结果之间的因果关系。基于此,本书将项目理论界定为阐述项目行动、结果以及其他因素之间的关系的逻辑框架。

项目理论通常可用表格、图形、叙述或其他形式来表示,但学者"对于项目理论模型如何被描述到最佳程度并没有形成统一的意见"。④ 根据复杂程度和细节层次的不同,项目理论模型可以分为线性项目理论模型和非线性项目理论模型两大类。前者简单明了且主线清晰,后者则呈现出更加情景化、广泛化、生态化、系统化等特征。Donaldson 描绘了一个十分精炼的标准线性项目理论模型(见图 3-1)。这个理论模型由项目过程理论和项目影响理论两部分组成。项目过程理论描述了项目运转的内部程序,主要由投入、行动、产出等三个要素构成。其中投入指一个项目所需要的各种资源(如人力、物力、财力等),行动指为实现既定目标而采取的一系列行动(如培训、服务等),产出指行动的直接结果。项目影响理论描述了特定项目活动(诱因)与特定社会收益(效益)之间的因果关系,即项目的诱因—效果关系链,其主要构成要素包括近期成果、中期成果和长期成果。其中成果是投入、行动、产出所引起的直接的或间接的预期改变,近期成果指知识、技能和能力以及其他特点(如对于实践性知识的增长),中期成果指最终导致长期成果的行为改变(如减少某些社会问题或满足社会群体的某种需求),长期成果是项目最终给社会带来的影响(如促进社会进步)。概言之,一个典型的项目影响理论模型阐述了项目被预

① MADAUS G F, SCRIVEN M, STUFFLEBEAM D L. Evaluation models: Viewpoints on educational and human services evaluation[M]. Springer science & business media, 2000:209-232.

② WEISS C H. Which links in which theories shall we evaluate?[J]. New directions for evaluation, 2000(87):35-45.

③ DONALDSON S I. Mediator and moderator analysis in program development [M]//SUSSMAN S Y. Handbook of program development for health behavior research and practice. Thousand oaks:Sage publications, 2000:470-496.

④ 彼得·罗希,马克·李普希,霍华德·弗里曼.评估:方法与技术[M].7 版.邱泽奇,等译.重庆:重庆大学出版社,2007:98.

期怎样达成重要且想要的成果、解决利益问题、满足目标群体的需求。①

图 3-1　项目理论的标准逻辑模型框架

资料来源：DONALDSON S I. Program theory-driven evaluation science：strategies and applications[M]. New York：Psychology press，2007：25.

　　Chen 系统地描述了一个典型的非线性项目理论模型（参见图 3-2）。该理论模型主要由改变模型（change model）和行动模型（action model）两个部分构成。改变模型描述项目所产生的因果过程，其构成要素主要包括结果（outcomes）、影响因素（determinants）、干预或治疗（intervention or treatment）等。其中结果指项目的预期影响，影响因素主要指介于干预和结果之间的杠杆或机制，干预或治疗主要指集中改变影响因素和结果的一系列项目行动。改变模型认为干预或治疗的实施影响着影响因素，然后再改变结果。图 3-2 中的实线箭头表示各组成部分之间的因果关系。行动模型表示为影响目标人群和提供干预服务而设计的关于人员安排、资源、环境以及支持组织的系统计划，其构成要素主要包括：执行组织（implementing organization）、项目执行者（program implementers）、联合组织与社区伙伴（peer organizations/community partners）、生态环境（ecological context）、干预和服务供给协议（intervention and service delivery protocols）以及目标人群（target population）等六个方面。其中执行组织在实施项目中负责组织人员、分配资源和协调行动，组织的能力影响着项目实施的质量，评价者能够评价组织的能力和/或为利益相关者提升和确保执行组织能力提供有效的信息。项目执行者指那些负责为顾客提供服务的人员，如项目管理者、推广人员等，评价者通过评价招募和培训过程以及确定执行者的资格和能力，从而能够为利益相关者提供有用的信息。项目常常从项目执行组织、联合组织以及社区伙伴之间的合作中受益，评价者通过评价项目是否建立了必要的合作（协助），从而为利益相关者提供有效的信息。生态环境指直接与项目相关联的环境因素，项目的成功需要良好环境的支持，评价者通过评价是否有必要的环境支持来为利益相关者提供有用的信息。干预协议指一份详细陈述干预性质、内容以及行

① DONALDSON S I. Program theory-driven evaluation science：strategies and applications[M]. New York：Psychology press，2007：21-26.

动方面的说明书或计划书,提供服务协议指一系列提供干预的特殊措施。目标人群指项目想要为之服务的人群,建立良好的资格标准来明确目标人群、影响有资格的人群的可行性和有效地服务于他们、潜在顾客参与或与项目合作的意愿等都会影响到项目的成功,评价者可以通过评价项目在辨识、筛选以及服务目标人群的适当性来为利益相关者提供有用的信息。图 3-2 中行动模型内的双束箭头(double-banded arrows)表示各组成部分之间的连续次序,也就是说一个部分的完成为下一个部分的实现奠定基础,如从执行组织到执行者的双束箭头表明有能力的执行组织能有效地招募和培训执行者。改变模型与行动模型相互关联且共同服务于项目的成功。总之,改变模型与行动模型相互关联且共同服务于项目的成功。一方面,改变模型用于对为实现特定目标和/或结果的干预选择进行评判,并提供形成行动模型的基础。另一方面,行动模型提供组织项目行动、鞭策和激励改变模型实现项目目标的蓝图。[①]

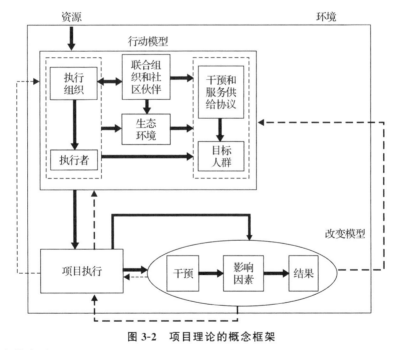

图 3-2　项目理论的概念框架

资料来源:Chen H T. A theory-driven evaluation perspective on mixed methods research[J]. Research in the schools,2006,13(1):77.

在理论驱动型评价中,项目理论对评价设计与应用至关重要。那么,项目

---

① CHEN H T. A theory-driven evaluation perspective on mixed methods research [J]. Research in the schools,2006,13(1):75-83.

理论是如何构建的呢？Donaldson 认为,项目理论主要有四个潜在来源,即先前的理论和研究,那些与项目接近的隐含理论,对运行中的项目的观察,以及为检验关于假定的项目理论的关键假设的探索性研究。① Patton 提出采用演绎(即学术理论)、归纳(即基于对项目观察的理论)或面向用户(即利益相关者派生的理论)的方法来构建项目理论。② Chen 阐述了构建项目理论的三种途径:一是利益相关者途径,即以高度回应利益相关者的主张、观点、想法和期望的方式来构建项目理论;二是社会科学途径,即运用现有社会科学理论和知识、项目运行原理信息来构建项目理论;三是整合途径,即整合利益相关者途径和社会科学途径来构建项目理论。③ 显然,项目理论一般根源于会科学理论或知识、利益相关者的主张(观点、思想、偏好、期望等)、项目本身的相关知识或理论以及上述三者之间的整合或混合理论等。

四、理论驱动型评价的核心原则

理论驱动型评价不仅在术语表达方面千差万别,而且在具体内容和表现形式等方面也不尽相同,这无疑给理论驱动型评价的进一步发展和应用带来了一些困难和障碍。幸运的是,通过运用归纳和演绎的思维方式,对 Chen、Donaldson、Rogers、Weiss、Rossi 等杰出理论家的研究成果进行反复地归纳、整理、分析,可以得出理论驱动型评价的一系列共同原则。这些核心原则如下:

1. 理论构建

即理论驱动型评价中评价者应该构建一个合理的项目理论。具体包括:(1)根据现有理论和研究(如社会科学理论)来构建项目理论;(2)根据隐性理论(如利益相关者理论)来构建项目理论;(3)根据对正在运行/调查研究的项目的观测(如突发性理论)来构建项目理论;(4)根据以上三者之间的任意组合理论(如混合/整合理论)来构建项目理论。

2. 理论指导评价问题设计

即理论驱动型评价中评价者应该围绕项目理论来构建和排序评价问题。这就要求根据项目理论来设计评价问题,并对评价问题进行排序。

---

① DONALDSON S I. Mediator and moderator analysis in program development [M]//SUSSMAN S Y. Handbook of program development for health behavior research and practice. Thousand oaks: Sage publications, 2000: 470-496.

② PATTON M Q. Utilization-focused evaluation [M]. Thousand oaks: Sage publications, 2008.

③ CHEN H T. Theory-driven evaluations [M]. Thousand oaks: Sage publications, 1990: 57-76.

3. 理论指导评价设计、计划和执行

即在考虑到相关偶然性情况下,项目理论被用于指导计划、设计和执行评价。具体包括:(1)根据合理的项目理论计划、设计和执行评价;(2)在考虑到相关偶然情况下(如时间、预算等)计划、设计和执行评价;(3)判断评价是否是量身定做的(如仅作为项目理论的一部分)或全面综合的。

4. 理论指导进行测量

即理论驱动型评价/评价者应该检测项目理论中所阐述的执行情况。这主要包括:(1)检测项目理论中所阐述的执行过程;(2)检测项目理论中所阐述的执行结果;(3)检测项目理论中所阐述的执行环境。

5. 因果关系描述与解释

即理论驱动型评价/评价者应该明晰故障、边际影响,确定项目效果(或效能),解释理论构建之间的因果的联系。这主要涉及:(1)明确可能存在的故障(如执行不力、环境不利、理论失败等);(2)明晰预期(和非预期的)结果,以及项目理论中没有陈述的结果(积极的和消极的);(3)描述理论构建之间的原因—影响联系(如因果关系描述);(4)解释理论构建之间的原因—影响联系(如因果关系解释)。仅从理论层面来看,前四项核心原则可以被看作评价过程,最后一项核心原则则可以被看作评价结果。[①]

尽管这些核心原则可能不是详尽的,也可能不是其所专属的或独有的,甚至是过度简化的,但它们基本呈现出理论驱动型评价的最突出的核心特质,在某种程度上提供了理论层面和操作层面的基本框架。毋庸置疑,这些核心原则的确立,不仅有利于更好地理解理论驱动型评价的基本内涵,厘清理论驱动型评价与非理论驱动型评价,而且为构思、设计、应用理论驱动型评价方式提供了系统的指导。

第二节　出租车行业政府规制的理论逻辑

一、公共利益理论:一种经济学的分析进路

早期的政府规制理论主要是从公共利益的视角来解释政府规制的,由此形成了规制的公共利益理论(public interest theory of regulation),简称公共

---

① CORYN C L S,NOAKES L A,WESTINE C D,SCHROTER D C. A systematic review of theory-driven evaluation practice from 1990 to 2009[J]. American journal of evaluation,2010,32(2):199-226.

利益理论。尽管公共利益理论的观点和思想自 19 世纪以来就散见于微观经济学、福利经济学、产业组织理论等相关文献中,但直到 20 世纪 70 年代波斯纳(Posner)和施蒂格勒在创立新的规制经济理论(economic theory of regulation)时才明确提出这一概念。随后,经乔斯科(Joskow)、诺尔(Noll)等众多学者努力,公共利益理论的核心思想、主要内容、理论性质与归属等问题逐步确立,最终形成了一个比较成熟的、系统化的理论。

(一)公共利益理论的前提假设

公共利益理论强调,自由放任的市场容易产生低效率或不公正,即出现市场失灵,政府作为公共利益的代表,理应通过引入规制矫正市场失灵,以维护公共利益和实现社会福利最大化。由此可知,公共利益理论实际上隐含着以下三个假设前提:第一,市场是脆弱的、有缺陷的,如果放任自流,易产生低效率或不公正,即市场容易失灵,由此带来社会福利的受损。第二,政府是仁慈的,完全服务于公共利益。政府是个大公无私的"道德人",公共利益最大化是其追求的唯一目标。第三,政府规制是有效率的、无成本的。政府是个无所不知和无所不能的"理性人",拥有完全的信息并总能采取正确的规制行为,从而总能够实现社会福利最大化。同时,政府规制几乎不需要付出任何代价,即无成本(零交易成本)。基于以上假设,政府规制过程被视为直接产生于市场失灵和在公共利益方面政府行为的必要性。[①]

(二)公共利益理论的主要内容

公共利益理论以政府代表并保护公共利益为前提,立足福利经济学和市场失灵理论基础之上,聚焦于"市场失灵与政府的矫正措施"这一主题的探讨,概括地解释了"规制寻求的是对公众的保护和利益"[②]。由此可知,公共利益理论主要包括以下两大内容:

1. 对市场失灵的认定

"市场失灵是公共利益理论主张政府规制的基本理由。"[③]公共利益理论正是基于对市场失灵的深入分析,阐明了政府规制的必要性和合理性。"当市场失灵时——不论是由于自然垄断、外部性还是其他一些原因——为政府干

---

① 张红凤.西方规制经济学的变迁[M].北京:经济科学出版社,2005:31.

② HANTKE-DOMAS M. The public interest theory of regulation:non-existence or misinterpretation?[J]. European journal of law and economics,2003,15(2):165-194.

③ 徐德信,曹世华,虞维华.规制的经济、法律和政治维度[M].合肥:中国科学技术大学出版社,2020:253.

预提供了潜在的理由。"①在理论和实践层面,市场失灵主要有自然垄断、不完全信息、公共物品、外部性以及过度竞争等原因。

其一,自然垄断。"政府规制企业定价和利润的最传统和最持久的理据,在于'自然垄断'的存在。"②所谓自然垄断,一般指一种特殊的产品或服务,只有在由一家企业生产时才能使生产成本最低。自然垄断的问题在于分配效率和生产效率之间存在根本性冲突。生产效率要求由一家企业生产才能实现成本最小化,但单一的生产企业在追求利润最大化时倾向于使定价高于成本,从而无法实现分配效率。因此,当市场出现自然垄断时,政府干预的正当理据就存在了。③

其二,不完全信息。由于市场中生产和传播信息的激励机制可能被扭曲、交易中的一方当事人可能会处心积虑地通过传递虚假信息或遗漏关键性信息来误导另一方、市场的竞争性或许不足以保证供给者提供给消费者愿意购买的全部信息等原因,信息市场无法有效运转④,导致不完全信息会出现。"在信息不完全的条件下存在着不确定性时,便不能达到帕累托效率。"⑤由此,不完全信息所导致的市场失灵为政府规制提供了正当理据。

其三,公共物品。公共物品通常具有非排他性和非竞争性两个典型特征。这意味着不能阻止人们使用一种公共物品,且一个人享用一种公共物品并不能减少另一个人对它的使用。"由于不能对使用公共物品的人收费,所以在私人提供这种物品时,人们存在搭便车的激励。"⑥这样,与公共物品相关的市场失灵就产生了,主要表现为"消费不足和供给不足,对于非竞争性产品,排他不可取,因为它导致消费不足,但是如果没有排他性,供给不足的问题又会出现"。⑦由公共物品所导致的市场失灵造成了社会福利的损失,因而需要政府介入来弥补市场的不作为。

---

①　W.基普·维斯库斯,小约瑟夫·E.哈林顿,约翰·M.弗农.反垄断与管制经济学[M].4版.陈甫军,覃福晓,等译.北京:中国人民大学出版社,2010:321.

②　史蒂芬·布雷耶.规制及其改革[M].李洪雷,等译.北京:北京大学出版社,2008:20.

③　W.基普·维斯库斯,小约瑟夫·E.哈林顿,约翰·M.弗农.反垄断与管制经济学[M].4版.陈甫军,覃福晓,等译.北京:中国人民大学出版社,2010:320.

④　史蒂芬·布雷耶.规制及其改革[M].李洪雷,等译.北京:北京大学出版社,2008:40-43.

⑤　植草益.微观规制经济学[M].朱绍文,等译.北京:中国发展出版社,1992:13.

⑥　N.格里高利·曼昆.经济学原理[M].5版.梁小民,梁砾,译.北京:北京大学出版社,2009:245.

⑦　约瑟夫·E.斯蒂格利茨.公共部门经济学[M].3版.郭庆旺,等译.北京:中国人民大学出版社,2013:110.

其四,外部性。"外部性或溢出效应,指的是企业或个人向市场之外的其他人所强加的成本或收益。"① "外部收益和成本的出现暗示,相对于有效水平,引发外部性的行为要么未能达到应有程度,要么则有些过度。"② 换言之,"当外部性出现时,完全竞争并不能导致资源的最优配置"。③ 因为现实市场中交易成本并不为零,甚至还会很高,通过市场途径无法解决外部性问题,所以与外部性有关的市场失灵更多地需要政府的介入才能解决。④

其五,过度竞争。过度竞争(又称之为毁灭性竞争)一般指在非自然垄断产业中难以或无法形成稳定竞争均衡的情况。由于这些产业中易形成过度竞争,没有规制,这些产业的不稳定性会使生产者和消费者承担不必要的高风险,由此产生了无效率或不公正的市场结果。⑤ 也就是说,过度竞争使得一些企业将价格确定在无法赢利的水准上,进而会迫使一些企业离开该行业并最终导致非常昂贵的产品。⑥

2. 寻求"最优"规制政策

市场失灵客观且普遍存在,为政府规制的实施和扩张提供了正当理据。当政府取得了干预市场的正当性后,政府规制政策的制定所面临的问题就是采用何种规制方法,即采取何种规制制度与手段将产生更和谐的市场或社会结果。⑦ 为此,公共利益理论集中探讨了矫正市场失灵的"最优"规制政策。如果经济分析已表明市场失灵确实存在,而对市场失灵的矫正可以增进社会福利,那么这仅仅只是满足了政府规制的必要条件。这意味着公共利益理论首先必须证明政府规制是克服市场失灵的最优政策工具。经济学家大量研究表明,矫正市场失灵的办法是多种多样的,并不一定必须通过政府规制,如恰当地运用税收和补贴来代替环境规制、采用产权界定和建立市场来纠正某些

① 保罗·萨缪尔森,威廉·诺德豪斯.萨缪尔森谈效率、公平与混合经济[M].萧琛,译.北京:商务印书馆,2012:104.

② 罗伯特·鲍德温,马丁·凯夫,马丁·洛奇.牛津规制手册[M].宋华琳,等译.上海:上海三联书店,2017:22.

③ W.基普·维斯库斯,小约瑟夫·E.哈林顿,约翰·M.弗农.反垄断与管制经济学[M].4版.陈甬军,覃福晓,等译.北京:中国人民大学出版社,2010:320.

④ N.格里高利·曼昆.经济学原理[M].5版.梁小民,梁砾,译.北京:北京大学出版社,2009:215-219.

⑤ 罗杰·G.诺尔.管制政治学的经济学透视[M]//理查德·施马兰西,罗伯特·D.威利格.产业组织经济学手册.李文溥,等译.北京:经济科学出版社,2009:286.

⑥ 史蒂芬·布雷耶.规制及其改革[M].李洪雷,等译.北京:北京大学出版社,2008:44.

⑦ 陈富良.规制政策分析:规制均衡的视角[M].北京:中国社会科学出版社,2007:28.

市场失灵问题等。然而,公共利益理论基于这样一个事实:市场失灵造成了社会福利受损,由市场失灵所导致的福利损失者会比从市场失灵中获益的人愿意花费更高的代价以求解决市场失灵问题,因而假定政府规制政策是矫正市场失灵最有效的、最优的方式。当然,如果科斯定理的假定条件成立,即交易成本为零和市场存在完全信息,政府规制作为矫正市场失灵的有效手段,至多与通过市场自身来解决市场失灵问题具有相同的吸引力。①

在科斯定理关于零交易成本和完全信息的假定不成立的条件下,如果私人之间谈判的交易成本大于政府规制的成本,或政府向私人提供信息更便宜、更便捷,那么政府规制在纠正市场失灵方面无疑是优于其他手段的。尤其是政府拥有征税权、禁止权、惩罚权以及减少交易成本的优势,因而在矫正市场失灵方面具有得天独厚的优势。② 依据上述分析思路引出一系列关于政府规制的预测:首先,如果市场失灵随着时间的推移愈来愈严重,政府规制产生的可能性也会增加。其次,就受影响者而言,交易成本的存在和不完全信息限制了规制可以背离效率的程度。再次,当规制成本超过撤销它的交易成本加上保留市场失灵的成本时,解除规制就会发生。最后,当规制被采纳时,理论预测是对付市场失灵最有效的手段,而在情况发生改变之后它仍将维持下去。总而言之,公共利益理论并不要求政府规制是完全有效率的,但要求政府规制在市场失灵确实存在时才出现,一旦产生足够大的福利净损失就解除它。这也意味着关于政府规制程序的多元化的观点——积极参与规制政策制定的利益范围越广,一个受规制的市场应该就越有效率。③

(三)公共利益理论的特征属性

从理论描述上看,理解政府规制应该什么时候出现属于规范分析,而解释政府规制什么时候出现则属于实证分析。根据汉克-多玛斯(Hantke-Domas)观点,公共利益理论有两个可接受的概念。第一个概念由施蒂格勒和波斯纳所归纳,即规制寻求的是对公众的保护和利益;第二个概念由后来的学者提出,将它定义为一种思想体系,即当市场失灵出现时,应该实施经济规制,以最

---

① 罗杰·G.诺尔.管制政治学的经济学透视[M]//理查德·施马兰西,罗伯特·D.威利格.产业组织经济学手册.李文溥,等译.北京:经济科学出版社,2009:287.

② 约瑟夫·E.斯蒂格利茨.政府为什么干预经济[M].郑秉文,译.北京:中国物资出版社,1998:74-77.

③ 罗杰·G.诺尔.管制政治学的经济学透视[M]//理查德·施马兰西,罗伯特·D.威利格.产业组织经济学手册.李文溥,等译.北京:经济科学出版社,2009:287-290.

大限度地增进社会福利。① 显然,"规制公共利益理论可以看作是对市场失灵实证分析的规范反应"②,换言之,公共利益理论通常被称为"作为实证理论的规范分析"(normative analysis as a positive theory,NPT)。对此,乔斯科和诺尔认为,作为一种实证理论的规范性分析的本质是人们在开始分析政府规制过程时,假设政府规制的目的是最大化某种通用的经济福利指标,如消费者剩余或总剩余。③ 维斯库斯(Viscusi)等进一步指出,作为一种实证理论的规范分析是使用规范分析产生了一个实证理论,即阐明政府规制是回应公众对市场失灵或极不公平的行为进行矫正的需求。这样,公共利益理论运用规范化分析(政府规制应该什么时候出现)推出了一个实证理论(政府规制什么时候出现)。④ 总而言之,公共利益理论既是一种规范理论,致力于阐明政府应该什么时候引入规制(对市场失灵的认定)以及应该采取何种"最优"规制来矫正市场失灵(对市场失灵的克服),又是一种实证理论,关注政府规制为何出现和如何运行。⑤

二、公共利益理论的重构:超越经济学的阐释

过去很长一段时间内,公共利益理论的思想和观点为许多学者所认同和支持,并且一度在政府规制理论中居于正统地位,深刻影响着政府规制实践的发展。然而,20 世纪 70 年代以来,人们逐渐认识到,政府规制与市场失灵并不完全相关,其结果也并不总是增进公共利益,甚至是服务于占主导的私人或部门利益。当政府规制经常未能实现公共利益结果时,公共利益的观点和制度受到了来自各方尤其是公共选择学者的挑战和批评。在公共选择分析的基础上,形成了规制的部门利益理论(简称部门利益理论)。该理论认为,"管制通常是产业自己争取来的,管制的设计和实施主要是为受管制产业的利益服务的"。⑥ 显然,公共选择学者的通常论调是政府规制会失灵。在政府规制被认为失灵或已表现出失灵的情形下,公共利益理论遭遇重大"危机"。正如迈

① HANTKE-DOMAS M. The public interest theory of regulation:non-existence or misinterpretation?[J].European journal of law and economics,2003,15(2):165-194.

② 于立,肖兴志.规制理论发展综述[J].财经问题研究,2001(1):17-24.

③ JOSKOW P L,NOLL R G. Regulation in theory and practice:an overview[M]. FROMM G.Studies in public regulation.Cambridge:MIT press,1981:36.

④ W.基普·维斯库斯,小约瑟夫·E.哈林顿,约翰·M.弗农.反垄断与管制经济学[M].4 版.陈甫军,覃福晓,等译.北京:中国人民大学出版社,2010:321.

⑤ 张红凤.西方规制经济学的变迁[M].北京:经济科学出版社,2005:30.

⑥ G.J.施蒂格勒.产业组织和政府管制[M].潘振民,译.上海:上海三联书店,1989:210.

克·费恩塔克所强调的那样,"任何可体察到的规制失灵都有效地导致公共利益规制体系的声名狼藉,并遭遇合法化危机"。[①]

如上文所述,早期的公共利益理论的通常论调是政府规制通过矫正市场失灵而服务于公共利益,并狭隘地将公共利益描述为尽可能以最佳的方式实现社会个体与集体物品等稀缺性资源的有效配置[②]。这种片面版本的公共利益概念,实际上只反映了"某一类价值(如经济价值)而排斥其他具有合法性的民主考量(如公民身份平等)"。[③] "在考虑公共利益的论题时,当我们排他性地以经济上的优先次序为前提,就会发现这种审视公共利益视角的巨大缺陷所在。"[④]而且,即便只是与市场失灵有关的各类规制的经济学论说,就足以列出一张长长的包罗甚广的清单,包括抑制垄断权力、矫正外部性、矫正不完全信息、矫正过度竞争等。这当中一些因素在多大程度上会被优先于另一些因素予以考虑,将决定某项规制的目标——尽管可能对于规制干预来说,其最初的正当化理据,或者更可能是许多理据的集合,在相关规制目标和策略被确定并实施之时,其实只是一些模糊不清的念想。[⑤] 由此可见,早期的公共利益理论不仅没有清晰阐明公共利益规制下的实体目标以及深层理据和价值,致使公共利益概念通常给人们留下一个似乎并不包含内在价值的"空瓶子"的印象,进而使得以公共利益之名来捍卫制度的正当性存在较大问题。在这种情形下,"仅仅主张公共利益的存在,这从来不构成充分的理由,可以预计这种主张一定会始终遭到质疑"。[⑥]

在当下的政府规制领域,占主导地位的思想流派基本与公共选择理论密切相关。公共选择理论认为"政治领域的行为本质上无异于市场行为,在两种情况中,私人都将理性地选择效用最大化的行为"。[⑦] 因此,公共选择理论假

---

① 罗伯特·鲍德温,马丁·凯夫,马丁·洛奇.牛津规制手册[M].宋华琳,等译.上海:上海三联书店,2017:46.

② 杨海坤,郭朋.公用事业民营化管制与公共利益保护[J].当代法学,2006(5):47-56.

③ 迈克·费恩塔克.规制中的公共利益[M].戴昕,译.北京:中国人民大学出版社,2014:233.

④ 罗伯特·鲍德温,马丁·凯夫,马丁·洛奇.牛津规制手册[M].宋华琳,等译.上海:上海三联书店,2017:43.

⑤ 迈克·费恩塔克.规制中的公共利益[M].戴昕,译.北京:中国人民大学出版社,2014:29.

⑥ 罗伯特·鲍德温,马丁·凯夫,马丁·洛奇.牛津规制手册[M].宋华琳,等译.上海:上海三联书店,2017:46.

⑦ 安东尼·奥格斯.规制:法律形式与经济学理论[M].骆梅英,译.北京:中国人民大学出版社,2009:60.

定"总体福利可以通过个体选择的行使获得最大化,而规制干预最多只是在要矫正'市场失灵'以保证市场'适当'运转的情况下才会需要"。① 在这一理论的影响下,"近年英美规制思潮主要流脉的前提在于,宣称规制的正当性来自于市场中的个人选择,努力让基于市场和准市场的解决方案拓展到前所未有的范围,乃至拓展至历史上通常认为属于'公共服务'的医疗保健和教育领域"。② 公共选择理论的基础是相信私人选择会最好地服务于总体福利。这意味着"公共选择理论在摈弃了福利经济学对政府干预合意性的理论论证的同时,不仅完全否定了政府管制的必要性,也彻底丢弃了'公共利益'的理念"。③ 但从规制实践看,公共利益话语实际上广泛存在,而且几乎不可避免。"即使是在去规制化的大势之下,在公用事业和其他先前国有化的行业领域中,依然存在旨在保障特定公民身份利益的规制框架。"④然而,当下所盛行的各种公共利益概念完全或主要建立在经济学理由之上,即近乎排他性地强调经济价值(即资源配置效率,也称社会福利或总体福利最大化),但这反映出的是自由主义将重心放在个体上,由此无法服务于作为根本性民主期望的公民权平等这一公共利益。⑤ 由于未能清晰阐明公共利益的根本价值所在,很容易从市场力量和放松规制角度出发,对公共利益的主张和视角加以攻击,甚至否定其存在。即使对于公共利益进路的拥护者来说,在经济驱动的严苛环境下,在强有力的规制体制中,都很难以一以贯之的方式,来为公共利益的正当化作出解释。⑥

　　对于以追寻公共利益目标的规制干预而言,当没能为规制正当性主张建构所必需的概念基础,没能抵挡住私益团体的质疑时,此规制干预的确较为薄弱,且容易受到攻击。⑦ 如上文所述,"当下的公共利益概念模式被剥去了许

① 迈克·费恩塔克.规制中的公共利益[M].戴昕,译.北京:中国人民大学出版社,2014:10.

② 罗伯特·鲍德温,马丁·凯夫,马丁·洛奇.牛津规制手册[M].宋华琳,等译.上海:上海三联书店,2017:42.

③ 顾昕.俘获、激励和公共利益:政府管制的新政治经济学[J].中国行政管理,2016(4):95-101.

④ 迈克·费恩塔克.规制中的公共利益[M].戴昕,译.北京:中国人民大学出版社,2014:26.

⑤ 迈克·费恩塔克.规制中的公共利益[M].戴昕,译.北京:中国人民大学出版社,2014:30.

⑥ 罗伯特·鲍德温,马丁·凯夫,马丁·洛奇.牛津规制手册[M].宋华琳,等译.上海:上海三联书店,2017:46.

⑦ 罗伯特·鲍德温,马丁·凯夫,马丁·洛奇.牛津规制手册[M].宋华琳,等译.上海:上海三联书店,2017:56.

多更广泛的意义,只反映人们所理解的公共经济利益,在保护或推进基础性民主价值的意义上缺乏任何规范性的力量"。① 这意味着,当务之急是从理论上构建离开公共利益的经济学模型而迈向民主导向的公共利益概念,借此来对抗占据主导地位的私人利益经济学的论述,并构成政府规制的稳固基础。从学者对公共利益概念的诸多论述来看,尽管未能达成统一认识,但其中蕴含着一个共同要素是公共利益与共同体、总体福利、人类尊严以及维护社会长治久安的社会条件之间的紧密联系。② 在这个意义上,公共利益概念可能具有促进民主目标的潜力,或者说可能服务于具有根本性的民主价值。尽管市场力量在现代自由民主政体中尤其明显得到重视,但处于民主价值最中心位置的是公民身份(citizenship,又可译为公民资格或公民权)的期望,尤其是对公民身份平等的期望。因此,如果"公共利益概念与公民身份概念的内核之间的联系能够作为民主理论的一个中心特征得以建立和强调,那么公共利益就能够得到更清晰的界定与更好的定位并从而有助于服务于这一目标。经由这条路径,也有可能实现对日益边缘化的集体或共同体价值之保护的进一步增强,并由此兑现自由民主政体的最高承诺"。③

对于公共利益概念与公民身份概念之间的联系,公民共和主义(civic republicanism)提供了一种重要的洞见。就公共利益概念在民主图景中的位置来看,它多少会更加恰当地位于公民共和主义路径之中。公民共和主义承认市场价值之外的民主价值,更加强调社群和共同利益,尤其指出对公民身份的关切对于民主体制具有中心性。④ 正如桑斯坦所指出的那样,"美国自由共和主义的宪政思潮"是基于"这样一个观点之上的,即政治过程不单单是私人利益的加总,而是通过慎议过程来努力推进共同的善"。⑤ "尽管会对公民权做出不同的解释,但公民权始终反映了作为个体的公民利益,以及团体的持续

　　① 迈克·费恩塔克.规制中的公共利益[M].戴昕,译.北京:中国人民大学出版社,2014:58.

　　② 迈克·费恩塔克.规制中的公共利益[M].戴昕,译.北京:中国人民大学出版社,2014:52.

　　③ 迈克·费恩塔克.规制中的公共利益[M].戴昕,译.北京:中国人民大学出版社,2014:72.

　　④ 迈克·费恩塔克.规制中的公共利益[M].戴昕,译.北京:中国人民大学出版社,2014:315.

　　⑤ SUNSTEIN C R. After the rights revolution: reconceiving the regulatory state[M].Cambridge:Harvard university press,1990:12.

利益所在,这不是非此即彼,而是二者兼而有之。"①由此表明,公民身份概念与公共利益概念之间存在明显的联系。一方面,公共利益反映公民身份的根本关切和目标;另一方面,它也有助于为常常并越来越多的表现为个体主义的公民身份增加一种集体性要素。② 鉴于此,可以建立一种明确基于公民身份这一根本性民主期望之上的公共利益概念,"寻求超越主导性的经济和个体主义重心,以反映并服务于自由民主政体所允诺的更广泛的一套与公民身份相关、以共同体为导向的价值"。③ 这种公共利益概念在于,"所度量与保护的是同公共利益有关的根本价值,而不仅仅是只能用经济学术语来度量的价值"。④ 由此,"'公共利益'不再是一个空瓶子,或者是社会主导集团攫取的战利品的一种,并且也不会太飘忽不定或者多变,而是代表了一种统一的理论,其反映了民主政治共同体内公民身份平等这种相对恒定的价值"。⑤

基于民主性要求(公民身份价值)之上重构的公共利益概念,不仅使得公共利益的正当性得到了重新确认,而且有助于规制行动的正当化。在这一点上,公民共和主义(civic republicanism)提供了一种重要的洞见。公民共和主义承认"共善"亦即超越个体利益之加总的那些价值的存在,为建立并反映"共同体所珍视的目标"提供了更多的可能。同时,通过其对公民积极参与慎议过程的强调,公民共和主义可能为以公共利益为目的展开的规制活动提供了一种合法而明确的地位。⑥ 换而言之,通过强调"共同体"这个概念避免了对公民身份的一种原子化看法。强调公民身份的平等性,它在市场力量面前对公民身份予以充分重视,并在民主而不纯粹是经济学的意义上对规制予以明确的正当化理由。由此表明,这种公共利益的概念是以明确的民主价值为依据,使规制性干预得以正当化,并且由此也是以追求社会性目标而对规制提供正

① 罗伯特·鲍德温,马丁·凯夫,马丁·洛奇.牛津规制手册[M].宋华琳,等译.上海:上海三联书店,2017:59.

② 迈克·费恩塔克.规制中的公共利益[M].戴昕,译.北京:中国人民大学出版社,2014:57.

③ 迈克·费恩塔克.规制中的公共利益[M].戴昕,译.北京:中国人民大学出版社,2014:83.

④ 罗伯特·鲍德温,马丁·凯夫,马丁·洛奇.牛津规制手册[M].宋华琳,等译.上海:上海三联书店,2017:66.

⑤ 迈克·费恩塔克.规制中的公共利益[M].戴昕,译.北京:中国人民大学出版社,2014:322-323.

⑥ 迈克·费恩塔克.规制中的公共利益[M].戴昕,译.北京:中国人民大学出版社,2014:258.

当性的。① 鉴于"许多所谓的公共利益规制性干预都是依据对市场竞争力量有效性的经济学信念来获得正当化的"②,无法为以非市场目标为导向的规制提供太多支持。实际上,尽管"在主流政治话语中规制话语处于边缘化的地位,但规制话语一直存续到现代社会,也的确表明,应认识到某些固有价值存在的必要性,这关乎民主基本原理,已超越了政治论争"③。因此,特定领域的政府规制应该重点强调并整合市场经济之外的价值(可视为宪法性的价值)。④ 总而言之,使用公共利益概念作为规制性干预的正当化理据,必须吸纳更加广泛的价值和利益,既要参考建立在市场框架之上的经济性价值,也要关注与公民身份期望和集体利益相关的社会性价值。而且,"在政治解决方案的背景下,规制的正当性有赖于经济价值和非经济价值,过于关注其中某一类价值,很有可能导致其他价值被排除或边缘化"。⑤

三、公共利益理论视角下的出租车行业政府规制

出租车行业政府规制在世界范围内普遍存在,且该行业几乎汇集了数量、价格、服务质量和安全规制等所有类型的规制。为什么出租车行业会受到政府如此严格而全面的规制呢?对于这一问题的回答,公共利益似乎是一个最佳答案。的确,公共利益理论对"为什么需要政府规制"等重大问题作了集中论述,为出租车行业政府规制提供了强有力的正当理据。

(一)基于增进总体经济福利的政府规制

一般来讲,政府规制通常是以促进经济效率和消费者选择为正当化理据的,其采用的方式是建立和维护开放的市场,以及在不可能的情况下模拟市场的运作方式。⑥ 换而言之,该理据的核心论调是市场总是失灵,需要引入政府

---

① 迈克·费恩塔克.规制中的公共利益[M].戴昕,译.北京:中国人民大学出版社,2014:321-322.

② 迈克·费恩塔克.规制中的公共利益[M].戴昕,译.北京:中国人民大学出版社,2014:73.

③ 罗伯特·鲍德温,马丁·凯夫,马丁·洛奇.牛津规制手册[M].宋华琳,等译.上海:上海三联书店,2017:49.

④ 罗伯特·鲍德温,马丁·凯夫,马丁·洛奇.牛津规制手册[M].宋华琳,等译.上海:上海三联书店,2017:42.

⑤ 罗伯特·鲍德温,马丁·凯夫,马丁·洛奇.牛津规制手册[M].宋华琳,等译.上海:上海三联书店,2017:58.

⑥ 托尼·普罗瑟.政府监管的新视野:英国监管机构十大样本考察[M].马英娟,张浩,译.南京:译林出版社,2020:24.

规制来矫正市场失灵,以实现社会福利的最大化。政府对出租车行业实行规制的正当性主要是建立在经济学理由之上的,即"出租车行业存在可能导致市场失灵的多重因素,依靠市场机制并不能实现最优的社会福利水平,反而可能损害包括乘客安全在内的众多公共利益"。[①] 为此,政府应该采取总量控制、价格管控、服务质量和安全标准设置等相应的规制措施对其进行规制,以提升社会的总体福利水平。具体而言,出租车行业中的市场失灵主要表现为:

第一,负外部性导致的市场失灵。出租车运营通常会占用城市公共道路资源(这种资源通常是稀缺的),在当前大多数城市交通承载压力较大的情况下,如果允许自由进入,出租车的大量涌入可能引发并加剧城市交通拥堵。[②] 同时,在自由竞争情形下,行驶在道路上的出租车数量(尤其是空车)可能增加,由此带来大量汽车尾气的排放,进而对空气产生严重污染。[③]

第二,不完全竞争导致的市场失灵。出租车服务价格需求弹性不足(通常是小于1),再加上其又属于随机消费,因而难以通过价格杠杆形成有效竞争[④],即便对于驻点式出租车服务(如机场),通常也不存在不同服务提供者能够展开价格竞争的条件。[⑤] 同时,在特定时空下的随机交易,供需双方容易形成局部点垄断(即在特定的时间点与空间点,交易双方受时空双重约束而形成的垄断),乘客将处于不利位置,即交易容易受垄断挟持。[⑥]

第三,信息不对称导致的市场失灵。出租汽车服务交易随机达成,具有显著的信息不对称特征,即相对于乘客尤其是外来乘客,出租车经营者在车辆状况、价格水平和服务质量等方面具有天然的信息优势,由此带来经营者可能侵犯乘客利益现象。[⑦] 并且在这种信息不对称的情形下,所有经营者面临的交易机会又是基本均等的,因而很难通过市场力量予以优胜劣汰,甚至会由格雷欣法则(Gresham's Law,即劣币驱逐良币)主导。[⑧]

第四,过度竞争导致的市场失灵。由于出租车行业几乎没有任何进入和

① 黄少卿.专车兴起背景下出租车监管改革的思路与建议[N].东方早报,2015-06-23.

② 王家永.出租车行业改革:理论辨析与实践构想[J].财经问题研究,2012(11):111-115.

③ 陈明艺.出租车市场限制进入的理论与经验分析[J].生产力研究,2005(2):138-140.

④ 魏巍,张慧颖.互联网专车矫正出租车行业市场失灵的机制分析:以易到用车等为例[J].新疆大学学报(哲学·人文社会科学版),2017(5):39-45.

⑤ 黄少卿.专车兴起背景下出租车监管改革的思路与建议[N].东方早报,2015-06-23.

⑥ 苏奎.移动互联网时代出租汽车行业管制改革[J].城市交通,2015(4):18-22.

⑦ Productivity Commission. Regulation of the taxi industry[R]. University library of Munich, Germany,2002.

⑧ 苏奎.移动互联网时代出租汽车行业管制改革[J].城市交通,2015(4):18-22.

退出门槛,如果允许自由进入,一旦有利可图时,大量的新进入者便会涌入,由此形成过度供给的局面,并可能引发车辆车况恶化、争抢乘客等问题。同时,该行业的沉没成本几乎为零,一旦无利可图时,大量的从业者便会选择退出,由此带来行业供不应求的问题。此外,新进入者通常采取"撇脂术",在获利较多的市场内经营并导致现有的出租车经营者只得在其他区域内经营,因无法得到交叉补贴而降低了服务质量。①

第五,交易成本导致的市场失灵。出租车服务不像现实中的商品,买者和买者之间很容易达成契约而完成交易。出租车行业交易存在随机特征,没有固定交易场所,产品属性也较为模糊,买卖双方在交易过程中存在较高搜寻和信息成本、讨价还价和决策成本以及监督和执行成本,因而经营者和乘客难以通过谈判等方式达成协议而完成交易。

总而言之,出租车行业中广泛存在负外部性、不完全竞争、信息不对称等,由此导致市场失灵。这意味着仅靠市场机制无法达到或接近达到资源配置的帕累托最优状态,因而需要政府引入数量规制、价格规制以及服务质量和安全规制等规制政策来修正市场失灵,从而增进社会经济福利。表3-1是出租车行业的市场失灵及政府规制。

表 3-1 出租车行业的市场失灵及政府规制

市场失灵	具体表现	规制内容	规制措施
负外部性	环境污染,交通拥堵	准入规制 数量规制	设定进入门槛,发放出租车牌照
不完全竞争	价格需求弹性不足,局部点垄断	价格规制	政府定价或政府指导定价
信息不对称	乘客在乘车前无法获得相应的信息	准入规制 价格规制 服务质量和安全规制	政府定价或政府指导定价,设定进入门槛,对驾驶员和车辆设置标准
过度竞争	过度供给,"撇脂术"导致地区供给不足	准入规制 数量规制 服务质量和安全规制	设定进入门槛,发放出租车牌照,对驾驶员和车辆设置标准
交易成本	交易成本过高	价格规制	政府定价

---

① 陈明艺.出租车数量管制的合理性分析及评估机制研究[J].中国物价,2006(8):45-49.

(二)基于保护公民基本权利的政府规制

除了基于经济性的、竞争的规制理由,另一个重要的规制理由是保护公民的基本权利。关于公民权的观点假设每个公民拥有平等的权利,公民权的本质意味着可普遍化。然而,基于效率和消费者选择的政府规制理由只是将公民视为消费者,没有对作为公民的权利问题予以关注。根据公共利益理论的观点,公民身份价值是政府规制得以正当化的重要理据。在实践中,保护公民的基本权利也是政府规制的重要目标。主要表现:一方面,通过制定反映相关权利的标准并检查监督这些标准的适用,直接保护公民的权利;另一方面,通过对规制决策施加实质性的限制、对规制过程的程序性权利的适用以及允许受规制决策影响者的参与等,间接保护公民的权利。[①] 对出租车行业政府规制的正当化理据的审视,不仅要聚焦于对追求经济福利的整体最大化这一目标的考量,而且要立足于保护公民基本权利这一基础的思考。

在很长一段时间内,我国政策法规将出租车定位为"城市公共交通的重要组成部分"。这意味着"出租车行业属于提供公众服务并且直接关系公共利益的行业"。[②] 当前,尽管政策法规层面将出租车定位为"城市公共交通的补充",但实际上出租车在城市出行体系中的重要性和其所承担公益性职能并未衰减。出租车作为一项城市公用事业,是城市居民尤其是外来人员出行的重要方式。特别是对于公共交通不太发达的中小城市,出租车甚至一直扮演着公共交通的角色,在满足人民群众的出行需求方面发挥着极为重要的作用。由此,出租车与人民群众的衣食住行中的"行"息息相关,而衣食住行是人生存和发展的根本问题,事关人民群众的基本权利(尤其是生存权和发展权)能否得到有效保障和落实。在这个意义上,出租车行业与公民权利之间可以建立起深切的关联。具体而言,出租车行业对公民权利的保障和落实主要体现其服务水平上,具体涉及出租车供给数量、服务质量、安全水平等方面。

然而,"在市场运行环节,消费者在安全、便利、公平价格、服务质量、隐私与个人信息保护、救济等各方面的利益都有可能受到实际的损害"。[③] 换言之,市场力量并不必然能为以公民权利为依归的服务数量、质量、安全性等提

① 托尼·普罗瑟.政府监管的新视野:英国监管机构十大样本考察[M].马英娟,张浩,译.南京:译林出版社,2020:17-20.

② 江琳.出租车数量管制的行政法分析:以北京市出租车行业为例[J].行政法学研究,2010(3):87-94.

③ 许明月,刘恒科.网约车背景下地方出租市场法律监管的改革与完善[J].广东社会科学,2016(5):249-256.

供有效保障,这一点从各个国家或地区的出租车发展实践中可以得到证实。因此,为保证社会公众获得优质、便捷、安全、经济的出租车服务,保障社会公众的出行权益,政府在准入、数量、安全及以及服务质量等方面实行预防性的规制干预是十分必要的,尤其对服务供给者的资质、服务质量标准等作出预防性要求。这些规制干预措施的核心要义不限于只考量通常通过市场机制可以发现的那些因素,而在于考虑那些经济价值之外的长期的、集体的因素,并表现出与核心社会价值(如维护人民群众合法权益)的共鸣。① 总而言之,出租车是属于城市公用事业,直接关系最广大人民群众的切实利益,必须由政府对其进行规制。②

(三)基于促进社会团结的政府规制

促进社会团结(social solidarity)作为政府规制的一种正当理据,不是从个人权利出发,而是从共同体确保包容性的责任出发,它既有赖于平等公民的道德意识,也有赖于使社会分化最小化的更审慎的目标。由此,促进社会团结的政府规制的核心要义在于避免市场的分化作用,促进人们普遍享有质量一致的公共服务。③ "出租车不是一般商品,出租车是对公共交通的补充,是一种重要的公共服务,特别是对一些公共交通不发达的城市,对一些特殊人群(如老人、残疾人、外地人)更是不可取代的基本服务。"④为确保依赖出租车服务的所有人基于公民身份和包容性而得到平等对待,需要政府进行必要的规制性干预。一方面,为确保出租车服务在时间和空间范围内分配的合理性,以及不同人群能有效获得出租车服务,通常需要政府采取一些规制措施进行干预。另一方面,出租车行业属于城市公用事业,必然要求其必须承担相应的社会公益职责,如保证重大会议活动用车、满足部分特殊人群(如老人、病人、残疾人等)的出行需求等,而这通常需要政府介入来满足这些公益性需求。例如,1997 年颁布的《城市出租车管理办法》明文规定:"经营者及其从业人员应当为乘客提供方便、及时、安全、文明的规范化服务,对病人、产妇、残疾人以及急需抢救的人员优先供车。遇有抢险救灾,主要客运集散点供车严重不足、重大活动等特殊情况时,经营者应当服从客运管理机构调集车辆的统一指挥。"

① 罗伯特·鲍德温,马丁·凯夫,马丁·洛奇.牛津规制手册[M].宋华琳,等译.上海:上海三联书店,2017:50.

② 庄序莹.出租车特许经营权管制评析[J].城市问题,2011(1):70-76.

③ 托尼·普罗瑟.政府监管的新视野:英国监管机构十大样本考察[M].马英娟,张浩,译.南京:译林出版社,2020:20-24.

④ 徐康明,苏奎.出租车改革必须面对两个机制失灵[EB/OL].[2022-01-10].http://www.zgjjtb.com/zhuanti/2015-10/12/content_53163.htm.

2021 年修订后的《巡游出租汽车经营服务管理规定》也明确规定："巡游出租汽车经营者应当为乘客提供安全、便捷、舒适的出租汽车服务。鼓励巡游出租汽车经营者使用节能环保车辆和为残疾人提供服务的无障碍车辆。"

第三节　理论驱动的出租车行业政府规制效果评价

一、出租车行业政府规制效果评价必须遵循理论指导

现有的关于出租车行业政府规制效果评价主要侧重于从实践或者经验层面去厘清出租车行业政府规制效果，即主要回答出租车行业政府规制是否产生了预期的积极影响或者预期的消极影响、出租车行业政府规制所标榜的官方目标是否如实达成、出租车行业政府规制是否带来了预期影响之外的一些影响、出租车行业政府规制所带来的收益是否大于其所耗费的成本等问题。这些问题对于出租车行业政府规制效果评价是至关重要的。回答这些问题，可以对出租车行业政府规制效果作出较为全面的评价。然而，出租车行业政府规制效果评价仅凭这些信息是远远不够的。决策者、研究者以及利益相关者不仅要了解出租车行业政府规制效果到底如何，而且要知晓出租车行业政府规制为什么会产生这样的效果。换言之，对出租车行业政府规制效果的评价，不仅需要提供关于效果如何的信息，而且需要提供规制效果为什么会产生的信息。

根据 Chen 等学者的观点，传统项目或政策评价方式由于忽视了理论在评价过程中的指导作用，是一种仅关注投入—产出、忽视其中过程的"黑箱"式评价。[①] 采用这种评价方式或许能大概地评价一个项目或一项政策的效果或影响，却无法找出项目或政策背后的因果关系，因而不能了解项目或政策低效率或无效率的原因，进而不能为改进项目或政策提供科学合理的依据。而且，这种评价方式也常常忽视投入—产出的政治和组织环境，不利于评价结果的推广与学习以及研究者的学术研究。由于传统评价方式的这些缺陷，采用该评价方式来评价出租车行业政府规制效果只能提供政府规制效果是什么方面的信息，而无法进一步深入挖掘为什么会产生这样的规制效果的信息。显然，这无法满足决策者、研究者以及利益相关者的信息需求，不利于组织学习、学术研究和规制改革或改进。

---

① CHEN H T. Theory-driver evaluations[M]. Thousand oaks：Sage publications，1990：16-35.

出租车行业政府规制效果评价应致力于为决策者和利益相关者提供更有用的信息,这些信息不仅要包括政府规制是否奏效等方面的信息,而且要包括政府规制因果关系方面的信息,以便为政府规制改革或改进提供科学合理的依据。同时,出租车行业政府规制评价结果应在某些特定范围内可以进行推广与学习,以进一步提升政府规制效果评价的积极作用。此外,出租车行业政府规制效果评价也应为研究者提供一些有效信息,促进研究者对该领域的深入研究。理论驱动型评价强调某个涵盖出租车行业政府规制预期目标、因果机制等方面的理论在评价过程中的主导作用,对于实现上述出租车行业政府规制效果评价目标具有巨大的优势。因此,为了进一步提升出租车行业政府规制效果评价的有效性、可靠性、科学性,促进出租车行业政府规制改革、规制效果评价结果的学习与推广以及研究者的学术研究,出租车行业政府规制效果评价应该要以理论为导向,即出租车行业政府规制效果评价必须建立在政府规制及其影响的假设和争论的基础上。换言之,出租车行业政府规制效果评价不仅依赖科学严谨的评价方法,而且需要扎实的理论基础,遵循理论指导,即采用理论驱动型评价模式来进行出租车行业政府规制效果评价。

二、公共利益理论可用于指导出租车行业政府规制效果评价

理论驱动型评价强调理论在评价过程中的主导作用,并要求建构一个核心理论或者由多个理论形成的组合理论来详细阐述这样一系列重要问题:项目或政策的预期目标应该是什么? 为实现这些预期目标必须做什么? 项目或政策可能产生哪些预期影响? 这些预期目标和影响是如何产生的? ……由此,采用理论驱动型评价模式关键在于识别出租车行业政府规制背后的主导理论,且该理论要致力于对上述问题的阐述。公共利益理论在对“公共利益”概念进行完好界定的基础上,将“公共利益”作为出租车行业政府规制的正当化基础,为洞察出租车行业政府规制的内在逻辑提供了有力的理论工具。

具体而言,首先,公共利益理论系统回答了“政府为什么对出租车行业施加规制”这一关键问题。在该理论看来,政府对出租车行业的规制的根本目标是维护和增进公共利益,具体体现在增进总体经济福利、保障公民的基本权利、促进社会团结三个方面。其次,公共利益理论明确回应了“政府如何规制出租车行业”这一基本问题。该理论针对如何维护和增进公共利益这一目标开出了一系列政策处方,主要包括市场准入规制政策、数量规制政策、价格规制政策以及服务质量和安全规制政策等。最后,公共利益理论也阐明了出租车行业政府规制中的因果机制问题。该理论在分析出租车行业可能存在市场失灵以及市场机制可能无法有效保障公民权利和促进社会团结的基础上,提出需要通过政府的规制性干预来解决这些问题,由此厘清了出租车行业政府

规制中的因果关系。综上所述,公共利益理论对理论驱动型评价模式所要求阐述的一系列问题作了较为明确的回应,基本符合理论驱动型评价模式应用的条件,因而可用该理论来指导出租车行业政府规制效果评价实践。

需要指出的是,理论驱动型评价模式特别注重影响项目运转过程及其结果的干预因素和背景因素,项目的成功与否与其内外部环境因素息息相关。换而言之,理论驱动型评价模式中所使用的理论并不是一种描述有关项目与其结果之间联系的"普遍性"理论,而是一种在密切关注组织和环境背景下阐述项目与其结果之间关系的"偶然性"理论。① 根据这种理论假设,在不同的环境因素下,相同的项目可能取得成功,也可能走向失败。因此,运用理论驱动型评价模式来评价出租车行业政府规制效果必须考虑偶然性因素的影响,即重视导致出租车行业政府规制效果好与坏的一系列环境和组织因素。那么公共利益理论到底是一种普遍性理论还是一种偶然性理论呢?尽管基于公共利益的规制实践广泛存在,"公共利益"一词也常被用于支持规制干预的正当化,但公共利益理论并不具有普遍有效性。正如迈克·费恩塔克所强调的那样,"公共利益绝不能被当做一剂万灵药,而只应用在恰如其分并能够使其产生一些影响的地方"。② 因此,尽管公共利益理论具有一些普遍性的内容,仍可将其视为一个偶然性理论而不是普遍性理论。

三、基于公共利益理论的出租车行业政府规制效果评价

一般来讲,政府规制效果主要关注政府规制政策实现预期目标的程度,因而政府规制效果评价主要是对预期政府规制目标实现程度的检验和评价。③ 这意味着在进行政府规制效果评价时首先必须明确政府规制的政策目标是什么。然而,现实中政策目标是不易厘清的。在当代民主社会中,许多公共政策的目标是很含糊的、多元价值取向的,甚至是难以排列评比的。④ 幸运的是,在理论驱动型评价模式中,可以借助公共政策的主导理论来识别和澄清其目标。在前文中,通过超越经济学范畴对公共利益理论进行重构,可以强化和稳固其作为政府规制的理论基础。由此,可以借助公共利益理论来识别和澄清政府规制的政策目标。根据公共利益理论,公共利益是政府规制追求的基本

① 乔治·伯恩,等.公共管理改革评价:理论与实践[M].张强,等译.北京:清华大学出版社,2008:11.

② 迈克·费恩塔克.规制中的公共利益[M].戴昕,译.北京:中国人民大学出版社,2014:31.

③ 梁树广.中国发电行业规制效果评价与发展研究[M].北京:经济管理出版社,2020:27.

④ 朱春奎.公共政策学[M].北京:清华大学出版社,2016:145.

目标,这不仅体现在"通过纠正无效率或不公正市场运作实现社会总体经济福利的优化"[①],而且表现为"对某些更加深层的价值原则,比如民主、自由、公正等价值原则的选择和偏向"[②]。因此,在公共利益理论框架下,政府规制效果评价实际上就是检验和评价政府规制是否有利于维护和增进公共利益,具体涉及政府规制是否提升了社会总体福利水平和政府规制是否促进了根本性民主价值(如公民权利平等)两大问题。

如上文所述,公共利益实际上是贯穿于出租车行业政府规制中的一条主线。也就是说,公共利益既构成了政府对出租车行业进行规制的正当性基础,也是政府规制所期望达到的政策目标。尽管公共利益的这一概念本身具有不确定性,但是在出租车行业的特定情境中,政府规制所追求的公共利益目标主要体现在以下三个方面:一是政府针对出租车行业可能存在的市场失灵问题采取规制措施,促进经济效率和消费者选择最大化,进而实现社会总体经济福利的最优;二是政府为促进出现行业健康发展而采取一系列预防性规制措施,以更好地保障公众能够充分获取物美价廉的出租车服务的基本权利;三是政府对出租车行业的规制性干预,旨在促进出租车服务的普遍化,尤其注重对社会弱势群体的保护。由此,基于公共利益理论的出租车行业政府规制效果评价要致力于检验和评价政府规制是否有利于上述公共利益目标的实现,即政府规制是否有利于提升总体经济福利(通常是个体福利的加总)、是否有利于保障公民的基本权利以及是否有利于促进出租车服务的公平分配等。

---

① 高俊杰.论民营化后公用事业规制的公益目标[J].现代法学,2014(2):91-98.

② 曹然,徐敏.公共利益:英国传媒规制的一条主线[J].苏州大学学报(哲学社会科学版),2020(1):162-171.

第四章 出租车行业政府规制效果评价的框架设计

检验政府规制效果是促进政府规制理论研究和推动政府规制实践演进的重要工具,备受理论界与实务界的青睐。在政府规制效果评价中,设计一个科学合理的评价框架是评价过程中的基础性环节。基于前面几章的相关论述,本章主要以公共利益理论为基础,设计出租车行业政府规制效果评价框架,具体包括评价标准的选取、评价指标的设计、评价方法的应用等。

第一节 出租车行业政府规制效果评价的标准设定

一、公共政策评价标准的基本概述

评价标准作为公共政策评价系统中不可或缺的重要组成部分,是公共政策评价的基本尺度和主要依据。"任何评估,都是根据特定标准对事物(即评估对象)进行衡量、检查、评价和估计,以判断其优劣。"[①]公共政策评价实质上就是依据特定的评价标准对公共政策进行检验的过程,评估标准"直接决定着公共政策评估的方向和结果是否正确、是否科学、是否符合实际"[②]。由此可见,确立科学合理的评价标准是进行政策评价的前提。长期以来,政策评价标准一直是政策评价领域研究的核心问题之一,国内外学者从不同的视角对此作了较为集中的探讨,但并未在该问题上达成一致的共识,而是呈现出众多不同的观点。

自政策评估诞生以来,经历了由实证主义向后实证主义的转变。早期的项目或政策评价深受逻辑实证(经验)主义思想的影响,在政策评价中严格区分事实与价值和标榜"价值中立",并只注重对政策效果的实证测量和科学预测。正是在这种思潮的影响下,这一时期的项目或政策评价主要采用效果

---

① 胡平仁.政策评估的标准[J].湘潭大学社会科学学报,2002(3):87-90.
② 向小丹.关于建立公共政策评估标准的若干思考[J].湖南社会科学,2009(4):189-191.

（effectiveness）、效率（efficiency）、效能（efficacy）以及充分性（adequacy）等标准来检测政策的成败，即"3E＋1A"的评价标准。① 尽管这种评价标准对早期政策评价理论与实践产生了较大的影响，但其只关注结果而忽视过程的评价模式给政策评价带来了许多困难，如政策评价无法解释产生这种影响的原因等。随后，许多学者对该问题进行了修正，并开始对政策过程进行关注。美国学者萨茨曼（Suchman）提出了政策评价的五项标准——"效果、效果的充分性、效率、工作量以及执行过程"②，首次将政策效果评价标准与政策过程评价标准结合起来。

　　然而，政策评价本身就是一项蕴含价值属性的活动，早期的评价学者只关注事实因素而忽视价值因素的做法使得政策评价陷入了深刻危机之中。随着评价科学的不断发展和研究范式的逐步转变，价值因素逐渐引入政策评价之中，从而形成了一系列复合的评价标准。在这种背景下，鲍斯特（Poister）提出了政策评价的七大标准："效能、效率、充分性、适度性、公平性反应度以及执行能力。"③鲍斯特将效率、效能、充分性等技术或事实标准与适度性、公平性、反应度等价值标准整合起来，并考虑了政策过程评价标准（执行能力），其观点得到了较为普遍的认可。而后，学者继续从事实与价值整合的角度进一步深入探讨了项目或政策评价标准问题。邓恩（Dunn）在鲍斯特的基础上将政策评价标准概括为"效果、效率、充足性、公平性、回应性、适宜性"。④ 帕顿（Patton）、萨维奇（Sawicki）提出了四大政策评估标准——"技术可行性、政治可行性、经济和财政的可能性、行政可操作性"。⑤

　　近年来，国内许多学者也从不同的视角确立了不同的评价标准。贠杰、杨诚虎提出了政策评价的两项标准——"技术标准（经济、效益、效率、工作过程）、社会政治标准（公平标准、社会标准、科学标准和可行性标准）"；⑥张金马

　　① 贠杰，杨诚虎.公共政策评估：理论与方法［M］.北京：中国社会科学出版社，2006：202-204.

　　② BIGMAN S K. Evaluative research：principles and practice in public service and social action programs［J］. Journal of leisure research，1969，1（2）：209-211.

　　③ POISTER T H. Public program analysis：applied methods［M］. Baltimore：University park press，1978：9.

　　④ 威廉·N.邓恩.公共政策分析导论［M］.4 版.谢明，等译.北京：中国人民大学出版社，2002：437.

　　⑤ 卡尔·帕顿，大卫·沙维奇.政策分析和规划的初步方法［M］.2 版.孙兰芝，等译.北京：华夏出版社，2002：160-161.

　　⑥ 贠杰，杨诚虎.公共政策评估：理论与方法［M］.北京：中国社会科学出版社，2006：214-240.

将政策评价标准概括为"有效性、效率、公平性、可行性(政治可接受性、经济可承受性、社会可接受性、管理可行性)";[①]陈振明提出了政策评价的五项标准——"生产力标准、效益标准、效率标准、公平标准、政策回应度";[②]宁骚提出了政策评价的七项标准——"政策效率、政策效益、政策影响、回应性、社会生产力的发展、社会公正、社会可持续发展";[③]陈庆云提出了政策评价的八项标准——"投入工作量、绩效、效率、充分性、公平性、适当性、执行力、社会发展总指标";[④]杨宏山也提出了政策评价的八项标准——"成本、效益、效率、充分性、公平性、回应性、适当性、执行力"。[⑤]

综上所述,随着评价科学不断发展以及评价研究范式由实证主义向后实证主义的转变,政策评价标准也不断由单纯只强调技术或事实标准(经济、效益、效率等)向整合技术或事实标准与价值或社会政治标准(公平性、回应性、充分性等)的方向演进,由只关注政策结果的标准向同时关注政策结果(效率、效益、生产力等)、政策过程(执行力、适当性、可行性等)、政策系统(合法性、有效性、社会发展总指标等)三个方面标准的方向发展。正是这一系列转变使得政策评价标准朝着科学化、全面化的方向发展,为科学构建政策评估标准、有效开展政策评估活动奠定了坚实的基础。需要指出的是,"上述这些政策评估标准,针对不同公共政策进行评估还有一个选择、排序和组合的过程,如政治性公共政策以过程评估为重点,相应的评估标准选择也就侧重于公众参与度、程序公正性、政治可接受性、社会可接受性等评估标准"。[⑥]

二、出租车行业政府规制效果评价标准设定的逻辑思路

政策效果是公共政策评价的核心,要对一项政策的效果进行客观公正地检验和评价,首先必须建立一套科学合理的评价标准。应当认识到,评价标准作为考察政策效果的参照体系,并不是评价者可以随意设定的,它具有客观性,必须客观地反映社会对公共政策的要求。[⑦]然而,在现实的政策评价过程中,由于受政策目标不明确、法规制度不健全、政策效果多样性、部分评价标准

---

① 张金马.公共政策分析:概念·过程·方法[M].北京:人民出版社,2004:461-462.

② 陈振明.政策科学:公共政策分析导论[M].北京:中国人民大学出版社,2003:471-472.

③ 宁骚.公共政策学[M].2版.北京:高等教育出版社,2003:257.

④ 陈庆云.公共政策分析[M].2版.北京:北京大学出版社,2011:208.

⑤ 杨宏山.公共政策学[M].北京:中国人民大学出版社,2020:135-136.

⑥ 高兴武.公共政策评估:体系与过程[J].中国行政管理,2008(2):58-62.

⑦ 陈庆云.公共政策分析[M].2版.北京:北京大学出版社,2011:207.

本身难以量化等诸多因素的影响和限制,评价标准设定和选择的并非轻而易举。①　近年来,学者从不同的视角对政策评价标准的设定作了较为集中的探讨,这些研究虽然能为政策评价中应设定和选择什么样的标准提供一些有益启发,但对为什么要设定和选择这些评价标准以及该如何去选择、排序和组合这些评价标准等问题并未作出深入探讨。在某一项具体政策评价中,上述问题对于科学合理地构建评价标准又是至关重要的。因此,为了克服上述问题,政策评价标准的设定和选择应遵循相关理论(即阐明政策目标及其影响的一系列假设、命题、原则)的指导,并从多层次、多侧面以及综合性视角加以考虑,以确保所设定和选择的评价标准的全面性、有效性和可信性。

如上文所述,出租车行业政府规制效果评价必须是理论驱动的,即强调运用理论来指导其中的各项评价活动,包括评价标准的设定、评价指标的设计以及评价方法的选择等。由此,出租车行业政府规制效果评价标准的设定必须在相关理论指导下加以考虑。一般来讲,政策效果评价可以理解为对政策目标的实现程度所做的综合评判。这意味着,"政策效果评价的标准就是一项政策实现目标的具体要求。因此,政策效果评价的标准要根据实现政策目标的具体要求来确定"。②　显然,出租车行业规制效果评价标准的设定和选择,首先必须明晰并细化这些规制的政策目标,而政策目标又可以借助这些规制背后的主导理论加以阐释。基于此,可以构建"主导理论—政策目标—评价标准"的逻辑思路来设定出租车行业政府规制效果的评价标准。根据上文的论述,公共利益理论作为出租车行业政府规制背后的主导理论,强调规制的政策目标是维护和增进公共利益。由此,出租车行业政府规制效果评价标准的设定必须从公共利益视角来考虑,并通过立足实现公共利益的具体要求(实现总体经济福利最大化、保障公民基本权利和促进社会团结)来确定出租车行业规制效果的评价标准。

三、公共利益理论视角下出租车行业政府规制效果的评价标准

在公共利益的规范模式中,"公共利益成为评估具体公共政策的一个道德标准和政治秩序应该追求的一个目标"。③　如上文所述,公共利益不仅是政府对出租车行业规制的逻辑起点,而且是政府规制追求的根本性目标。因此,出租车行业政府规制效果评价必须始终以公共利益为指针,其评价标准必须反

---

① 何颖.论政策评估标准的设定[J].中国行政管理,1996(5):25-26.

② 王春福.试论政策评价及其标准[J].学术交流,1993(3):1-4.

③ COCHRAN C E.Political science and "the public interest"[J].Journal of politics,1974,36(2):327-355.

映出公共利益目标及实现公共利益目标的具体要求。根据学者对政策评价标准的诸多论述以及"主导理论—政策目标—评价标准"的逻辑思路,出租车行业政府规制效果的评价标准可以概括如下:

(一)效益标准

效益标准(effectiveness)通常以实现政策目标的程度作为衡量政策效果的尺度,其关注的是政策在多大程度上实现了预期目标。[①] 公共利益理论强调,出租车行业政府规制的核心目标是维护和增进公共利益,而这一目标的实现最终要落脚到这些规制政策所产生的效益上。在这个意义上,规制政策所产生的效益的好坏直接关系公共利益目标的实现程度。只有当规制政策产生良好的效益时,公共利益目标才有可能实现。因此,考察出租车行业政府规制是否维护和增进了公共利益,可以通过评价这些规制政策所产生的效益来实现。一般来讲,政策效益通常与技术理性密切相关,其所考虑的问题是:政策结果价值有多大?这种结果常常以货币价值进行说明。[②] 以政策效益作为出租车行业政府规制效果的评价标准,重点在于衡量政府规制政策带来了哪些结果或影响。具体而言,就是要考察政府规制政策对出租车服务数量、价格、质量等产生了何种影响。

(二)回应性标准

回应性(responsiveness)就是"政策结果满足人们需求、价值与机会的有效程度"[③],其关注的是政策结果是否真正反映了人们的实际需求及期望。一项政策也许符合效益、公平性等其他标准,但如果未能对人们的实际需求和期望作出有效回应,该政策仍有可能被认定是失败的。回应性标准的重要之处在于突出了需求因素,强调了民意测验的反馈作用。[④] 根据公共利益理论,对于以公共利益为导向的出租车行业政府规制,最终要以民主和服务于社会公众的价值为依归。这意味着只有出租车行业政府规制政策有效满足了社会公众的实际需求及期望,其所追求的公共利益目标才能真正实现。在这个意义上,出租车行业政府规制政策的回应度是考量公共利益目标是否实现的一个重要标准。以政策回应度作为出租车行业政府规制效果的评价标准,重点在

---

① 陈振明.公共政策分析[M].北京:中国人民大学出版社,2003:409.

② 谢明,张书连.试论政策评估的焦点及其标准[J].北京行政学院学报,2015(3):75-80.

③ 宁骚.公共政策学[M].2版.北京:高等教育出版社,2011:386.

④ 谢明.公共政策导论[M].4版.北京:中国人民大学出版社,2015:241.

于考察政府规制政策运行结果是否满足了广大社会公众的实际需求或偏好。具体而言,就是要考量政府规制政策所带来的结果是否满足了社会公众日益增长的安全、便捷、舒适、经济的出租车服务需求(政府规制政策在很大程度上决定或影响出租车服务数量、质量、价格等,如总量控制决定了出租车服务的供给数量)。

（三）公平性标准

公平性标准(equity)通常与社会理性、法律理性密切相关,指一项政策实施后导致与该项政策有关的社会资源、利益和成本公平合理分配的程度。公平性是衡量公共政策的一个重要标准,一项好的政策应该是在分配上公平合理的政策。[1] 出租车服务对于社会公众尤其是特殊群体(老年人、残疾人、外地人等)出行的重要性是不言而喻的,但市场机制并不必然带来公平合理分配出租车服务的结果,因而需要政府采取规制性干预对此做出积极回应,以确保社会公众在获取出租车服务过程中被公平地对待。显然,促进社会公平是政府对出租车行业进行规制的基本出发点,更是政府追求公共利益目标的题中应有之义。因此,评价出租车行业政府规制效果要特别注意从公平的角度出发。以公平性作为出租车行业政府规制效果的评价标准,其主要目的是度量政府规制政策对社会公平程度的影响,即检验政府规制政策对出租车行业中资源分配的公平程度的影响。具体而言,就是要考察政府规制政策对出租车服务在不同区域和群体之间配置情况的影响。

第二节　出租车行业政府规制效果评价的指标建构

一、出租车行业政府规制效果评价指标建构的基本原则

评价指标用于度量出租车行业政府规制政策所产生的实际影响,在出租车行业政府规制效果评价中发挥着极其重要的作用。如何构建科学合理的、有效而可信的评价指标体系,是出租车行业政府规制效果评价的焦点和难点问题。一般来讲,构建指标体系是一项十分复杂的工作,涉及众多纷繁复杂的因素。为了确保评价指标能够全面准确地反映出租车行业政府规制政策的实际效果,提升评价指标的信度和效度,在构建评价指标体系过程中必须坚持相应的原则。

---

① 何颖.论政策评估标准的设定[J].中国行政管理,1996(5):25-26.

现阶段,国际上通常采用"SMART"原则来选取评价指标。具体来说,这些原则主要包括:(1)具体性原则(specific),即评价指标必须是具体的、明确的,而非抽象的、模棱两可的;(2)可测量性原则(measurable),即评价指标最终应是可衡量的、可评估的,能够形成数量指标或行为强度指标,而不是笼统的、主观的描述;(3)可实现性原则(achievable),即评价指标必须是适当的、可获得的,而不是过高或过低;(4)现实性原则(realistic),即评价指标必须是现实的而非凭空想象的或假设的;(5)时限性原则(time-bound),即评价指标具有时间上的限制,而不是模糊的时间概念或根本不考虑时间问题。①

毋庸置疑,"SMART"原则为构建出租车行业政府规制效果评价指标体系提供了某些指导,但仅凭这些原则是远远还不够的。为了设计一套更好的出租车行业政府规制效果评价指标体系,还必须遵循以下几个方面的原则:

（一）系统性原则

出租车行业政府规制政策所产生的实际影响不仅广泛,而且各种影响之间并不是相互分割的,而是相互联系的。因此,构建出租车行业政府规制效果评价指标体系必须遵循系统性原则,根据各项指标的特征及其相互之间的关系,建立逻辑结构严密、层次分明的指标体系,而不是对各项指标的简单堆积。

（二）可操作性原则

评价指标作为考量出租车行业政府规制政策效果的重要工具,所采用的评价指标必须是切实可行的且是可操作化的。这就要求指标所使用的数据资料能够通过文献查阅、问卷调查、实地访谈等方式进行获得,指标的数量要根据出租车行业政府规制效果的实际情况进行控制,客观指标可以进行量化处理,主观指标可以明确清晰的进行描述。

（三）有效性原则

任何一项评价指标只有具备一定的效度,才能将其用于衡量出租车行业政府规制效果。因此,在构建指标体系过程中必须始终遵循有效性原则,这就要求所设计的指标体系必须切实反映出租车行业政府规制效果的本质或基本特征。

---

① 郭俊华.知识产权政策评估:理论分析与实践应用[M].上海:上海人民出版社,2010:126-127.

（四）可信性原则

评价指标除了具有一定效度,还必须具备一定的信度。一般来讲,政策评价的主要目的是为政策制定者和利益相关者提供有用的信息,从而促进政策的改进。只有这些信息具有一定的可信性,政策制定者才会采用这些信息来改进政策。毋庸置疑,确保这些信息可信性的前提是用于评价政策的评价指标必须具有可信性。

（五）导向性原则

出租车行业政府规制政策所产生的影响是相当广泛的,受主客观条件的限制,所设计的指标不可能囊括其全部内容,而更多是要有的放矢。本书以公共利益理论为基础,根据该理论对出租车行业政府规制政策目标的阐述,设定了效益、回应性和公平性三个评价标准,在此基础上结合上述原则来建构出租车行业政府规制效果评价的指标体系。

二、基于公共利益理论的出租车行业政府规制效果的评价指标

在公共利益理论框架下,出租车行业政府规制效果评价的核心问题是考察政府规制对公共利益的影响,而这种影响又集中体现在政府规制政策所带来的效益、回应性和公平性方面,具体落脚到行业发展水平、服务价格水平、服务质量水平和普遍服务水平等方面。由此,围绕政府规制对公共利益的影响这一核心内容,立足效益、回应性和公平性三大标准,从行业发展水平、服务价格水平、服务质量水平和普遍服务水平等方面可以构建一套出租车行业政府规制效果评价指标体系。

（一）出租车行业发展水平的评价指标

行业发展水平主要是衡量出租车行业总体发展程度的指标,可以大致表明出租车行业总体发展的现状及未来发展的需要。出租车行业发展水平直接决定着出租车服务的供给水平,进而影响着出租车服务的可得性,是影响公共利益目标能否实现的重要因素。当出租车行业总体发展水平较好时,出租车服务供给总量和稳定性不断提升,广大社会公众可以有效获得出租车服务。这样不仅可以实现总体经济福利的最大化,而且保障了社会公众的基本权利(体现为对社会公众日益增长的个性化出行需求的满足)。由此,考察出租车行业政府规制对公共利益的影响,行业发展水平是必须考虑的重要因素。

从行业发展水平视角评价出租车行业政府规制效果时,其具体指标主要包括城市出租车总量、出租车总量增长率、出租车年客运量、出租车年客运量

增长率、出租车从业人员数量等。这些指标可以大致反映出租车行业总体发展水平,且通常情况下都与行业总体发展水平呈正相关,如出租车行业年客运量越大,出租车行业规模就会越大,其行业发展水平也就会越高。根据这些指标,基本可以验证政府规制政策实施前后出租车行业总体发展发水平是否存在变化以及变化的程度是多少。需要指出的是,这些指标仅从量的角度考察政府规制政策对出租车行业总体发展水平的影响。表 4-1 是出租车行业发展水平评价指标。

表 4-1   出租车行业发展水平的评价指标

一级指标	二级指标	指标说明	测量方式
出租车行业发展水平	出租车数量	出租车服务供给量	定比量表
	出租车万人拥有量	每万人拥有出租数量	定比量表
	出租车年客运量	出租车营运规模大小	定比量表
	出租车从业人员数量	出租车从业人员规模大小	定比量表
	出租车总量增长率	出租车服务供给量变化情况	定比量表
	出租车年客运量增长率	出租车营运规模变化情况	定比量表
	出租车从业人员数量增长率	出租车从业人员规模变化情况	定比量表

(二)出租车服务价格水平的评价指标

服务价格水平主要反映出租车服务的平均价格及其变化情况。价格是市场机制的核心,也是对社会公众和消费者福利影响最大的一个直接因素。只有当价格水平被设定在公平合理范围之内,才能确保最广大社会公众和消费者获得最大化福利。由于出租车市场中的有效价格机制通常难以形成,完全自由定价将导致偏高的价格水平,广大社会公众和消费者的福利受损,尤其是对于弱势公众和消费者损害更为严重。由此,基于公共利益的出租车行业政府规制的一个重要任务,是让最广大社会公众和消费者以公平合理的价格获得符合一定质量标准的出租车服务。为此,必须将价格因素纳入考量政府规制对公共利益的影响的一个重要方面。

出租车服务价格水平的评价指标主要包括两项具体指标:一是出租车服务的总体价格水平(静态水平价格),主要度量出租车服务价格水平的高低;二是出租车服务的价格增长率(动态价格水平),主要考量出租车服务价格的上涨幅度。通过对两项指标的检验,大致可以反映出政府规制政策对出租车服务价格的影响程度。值得注意的是,在检验政府规制政策对出租车服务价格水平的影响时,需要扣除出租车服务的投入成本(如购车成本、油价)、社会通货膨胀率等外生因素引起的价格变动。表 4-2 是出租车服务价格水平的评价指标。

表 4-2　出租车服务价格水平的评价指标

一级指标	二级指标	指标说明	测量方式
出租车服务 价格水平	出租车服务总体价格水平	静态价格水平	定比量表
	出租车服务价格上涨率	动态价格水平	定比量表

(三)出租车服务质量水平的评价指标

　　服务质量水平主要衡量出租车服务质量及其变化状况。出租车服务质量与价格是息息相关的,除了价格影响广大消费者或社会公众的福利,出租车服务质量同样是影响广大消费者或社会公众的福利的重要因素。维护和增进社会公众的福利不仅要求出租车服务价格低廉,而且要求出租车服务质量优良。只有向广大消费者或社会公众提供物美价廉的出租车服务,才能切实维护和增进其福利水平(至少不降低其福利水平)。在一般产品市场中,市场竞争机制会促使企业自觉提高产品或服务的质量。但出租车行业不同于一般竞争性行业,市场竞争并不会使得出租车服务供给者自觉去改善服务质量。为此,政府对出租车行业的规制,必须督促出租车服务供给主动改善出租车服务质量,为广大乘客或社会公众提供优良的服务,进而维护和增进公共利益。在这个意义上,出租车服务价格水平是政府规制效果评价必须予以考量的重要因素。

　　服务质量水平的评价指标主要包括平均等车时间、乘车的便利性、乘车的舒适性、乘车的安全性、乘客满意度、乘客投诉率、出租车行车责任事故次数等。其中平均等车时间是衡量出租车服务质量最重要、最常用的指标,反映出租车服务的可获得性,与服务质量水平呈反相关,即等车时间越长,服务质量水平越低。需要指出的是,出租车服务的安全性与服务质量水平密切相关,只有确保出租车服务的安全性,才能保证出租车服务的质量水平,即出租车服务安全水平是服务质量水平的必要条件,但不是充分条件。通过对这些指标的检验,基本可以衡量政府规制政策实施前后出租车服务质量水平的改善或恶化程度。表 4-3 是出租车服务质量水平的评价指标。

表 4-3　出租车服务质量水平的评价指标

一级指标	二级指标	指标说明	测量方式
出租车服务质量水平	平均等车时间	出租车服务的可得性	定比量表
	乘车的便利性	乘车的方便程度	定序量表(1 为非常便利,0.5 为大致便利,0 为中等或一般,−0.5 为不太便利,−1 为很不便利)
	乘车的舒适性	乘车的舒适程度	定序量表(1 为非常舒适,0.5 为大致舒适,0 为中等或一般,−0.5 为不太舒适,−1 为很不舒适)
	乘车的安全性	乘车的安全程度	定序量表(1 为非常安全,0.5 为大致安全,0 为中等或一般,−0.5 为不太安全,−1 为很不安全)
	乘客满意度	乘客对服务质量的满意度	定序量表(1 为非常满意,0.5 为大致满意,0 为中等或一般,−0.5 为不太满意,−1 为很不满意)
	乘客投诉率	乘客对服务质量的负反馈	定比量表
	行车责任事故次数	出租车服务安全性的负向度量	定距量表

(四)出租车普遍服务水平的评价指标

普遍服务水平主要反映出租车服务的覆盖区域及人群情况,以满足所有相关人群对出租车服务可得性的要求。[1] 出租车是一种与公众生活密切相关的出行服务,在满足社会公众出行需求方面发挥着极为重要的作用,尤其是对于一些公共交通不太发达的城市以及某些特殊群体(残疾人、老年人、外地人等),出租车服务更是充当着基本公共服务的角色。出租车行业所具有的某些公益属性,必然要求其具有一定的普遍服务水平。从一定意义上来讲,出租车普及服务水平越高,越有利于增进和维护公共利益。然而,由于市场主体的天然逐利性以及市场机制的内在缺陷,依靠市场力量难以实现出租车的普遍服务。这就要求通过相关的政府规制政策来确保出租车具有一定的普遍服务水平,关注和保护社会弱势群体,普遍提高社会公众的生活水平和生活质量,进而保障全体人民的基本权益。因此,普遍服务水平也是基于公共利益理论的出租车行业政府规制效果评价的一个重要方面。

---

① 王芬,王俊豪.中国城市水务产业民营化的绩效评价实证研究[J].财经论丛,2011(5):9-18.

出租车普遍服务水平的评价指标主要是从社会公平视角对出租车行业政府规制效果进行考察,其具体指标包括城市偏远地区居民获得出租车服务的难易度和弱势群体可享受出租车服务的难易程度等。其中城市偏远地区出租车服务的可得性主要度量出租车服务在城市地域上分配的公平程度,即城市偏远地区的居民也应可以享受一定的出租车服务;社会弱势群体可享受出租车服务的难易程度主要度量出租车行业是否为社会弱势群体(老年人、残疾人、学生等)提供某些服务,这也是由出租车行业所具有的公益性决定的。这些指标可以考量政府规制政策实施前后出租车服务的普遍服务水平的变化,从而确定政府规制政策是否促进了社会公平。表 4-4 是出租车普遍服务水平的评价指标。

表 4-4　出租车普遍服务水平的评价指标

一级指标	二级指标	指标说明	测量方式
出租车的普遍服务水平	城市偏远地区居民获得出租车服务的难易度	城市偏远地区居民打车的难易程度	定序量表(1 为非常容易,0.5 为比较容易,0 为中等或一般,−0.5 为不太容易,−1 为很不容易)
	弱势群体可享受出租车服务的难易度	弱势群体获得出租车服务的难易程度	定序量表(1 为非常容易,0.5 为比较容易,0 为中等或一般,−0.5 为不太容易,−1 为很不容易)

三、出租车行业政府规制效果评价指标建构的简要总结

在公共利益理论框架下,出租车行业政府规制效果的评价指标体系设计总结如表 4-5 所示。在以上评价指标体系中,共包括行业发展水平、服务价格水平、服务质量水平、普遍服务水平 4 个一级指标,以及出租车数量、出租车万人拥有量等 18 个二级指标。这些二级指标有些是定序量表,有些是定距量表,还有些是定比量表,甚至在同一个一级指标下,有些二级指标是定序量表,有些二级指标是定比量表。不同指标间不能直接标准化换算。以出租车服务质量水平这个一级指标为例,它包括平均等车时间、乘车的便利性、乘车的舒适性、乘车的安全性、乘客满意度、乘客投诉率以及行车责任事故次数等 7 个二级指标。假如乘车的便利性、乘车的舒适性、乘客满意度等提升了,但乘车的安全性下降了,这就很难判断出租车服务质量水平是提高了还是下降了。此时,衡量出租车行业政府规制效果只能根据专家意见,从定性角度进行权衡,确定其效果是"好"还是"坏",这样就不可避免地带有一定的主观性。

表 4-5 出租车行业政府规制效果评价的指标体系

一级指标	二级指标	测量方式	数据来源
出租车行业发展水平	出租车数量	定比量表	二手统计数据
	出租车万人拥有量	定比量表	二手统计数据
	出租车年客运量	定比量表	二手统计数据
	出租车从业人员数量	定比量表	二手统计数据
	出租车总量增长率	定比量表	二手统计数据
	出租车年客运量增长率	定比量表	二手统计数据
	出租车从业人员数量增长率	定比量表	二手统计数据
出租车服务价格水平	出租车服务总体价格水平	定比量表	二手统计数据或调研获得
	出租车服务价格上涨率	定比量表	二手统计数据或调研获得
出租车服务质量水平	平均等车时间	定比量表	直接观察或调研获得
	乘车的便利性	定序量表	调研获得一手数据
	乘车的舒适性	定序量表	调研获得一手数据
	乘车的安全性	定序量表	调研获得一手数据
	乘客满意度	定序量表	调研获得一手数据
	乘客投诉率	定比量表	二手统计数据或调研获得
	行车责任事故次数	定距量表	二手统计数据或调研获得
出租车普遍服务水平	城市偏远地区居民获得出租车服务的难易度	定序量表	调研获得一手数据
	弱势群体可享受出租车服务的难易度	定序量表	调研获得一手数据

需要指出的是,在设计具体指标时,为了避免二级指标过于庞杂,我们尽量简化二级指标的数量,选取了一些关键指标作为评价指标,而不是一味地求全。同时,在选取具体指标时,为了确保评价指标的客观性和精确性,我们尽可能选择一些能获得权威数据的定量指标,特别是从行业主管部门以及各类统计年鉴获得相应数据的指标,但由于目前出租车行业数据库还未建立起来,只有极少数诸如出租车数量等统计指标散见于各类统计年鉴中,这就不可避免地会采用一些需要直接观察或调研获得的评价指标。此外,为了尽可能全面反映政府规制对公共利益的影响,我们试图从多角度、多层面来构建衡量这种影响的指标体系,但受出租车行业数据可获得性的限制,只能根据实际情况选择相应合理的评价指标。在后面的实证检验中,为了更加客观精确地反映

出租车行业政府规制效果,本书更多从行业发展水平这一维度进行指标选取。总而言之,以公共利益理论为基础,根据效益、回应性和公平性三大标准,从行业发展水平、服务价格水平、服务质量水平以及普遍服务水平等五个考察维度,可以构建一套多角度、多层面的反映出租车行业政府规制效果的指标体系。运用这些指标,基本可以检验公共利益理论所提出的预期目标是否达成以及在多大程度上达成了预期目标,即出租车行业政府规制政策实施之后是否增进了公共利益以及在多大程度上增进了公共利益。

第三节　出租车行业政府规制效果评价的基本方法

检测出租车行业政府规制效果不仅需要构建一系列用于衡量政府规制效果的变量或指标,而且需要选择测算政府规制效果的一种或多种评价方法。上一节在公共利益理论基础上设计了一系列检测出租车行业政府规制效果的指标或变量,接下来的主要任务是要怎么运用这些变量或指标去估算出租车行业政府规制政策所产生的一系列影响,即有哪些基本方法可以用于度量出租车行业政府规制效果。本节主要探讨出租车行业政府规制效果评价的一些基本方法。需要指出的是,这里所介绍的基本方法主要指"评估活动的基本思维框架,即政策评估者在进行政策评估时所采取的基本途径和手段的总称"。[①] 概言之,这里的评价方法就是实施评价活动的手段或途径。

一、受规制情形与未受规制情形的比较分析方法

评价政府规制效果最常用、最简单的办法就是对受到规制之下的情形与未受到规制之下的情形进行比较分析,即选取受规制企业(或行业、市场)的样本与未受规制企业(或行业、市场)的样本进行对比分析。如果所选样本之间唯一的差异是由企业(或行业、市场)所受到的规制约束的性质造成的,那么就可以认定所选取的企业(或行业、市场)样本之间的差异是由规制所引起的。一般来讲,这种评价政府规制效果策略或办法又可以进一步分为跨时期比较方法(时间序列分析方法)和跨企业(或行业、市场)比较方法(横截面分析方法)。

跨时期比较方法(时间序列分析方法)指把所研究的企业(或行业、市场)在受规制期间与没有受规制期间进行对比,即根据时间序列差异来比较变化

的规制环境之下的相同企业(或行业、市场)的运作。时间序列分析方法探讨了规制环境随时间产生的差异。这种分析方法的关键在于找到一个规制制度变化的时期或时间段。通过比较规制前后相同企业(或行业、市场)在行为和绩效方面所表现出的差异,这种差异一般就是规制所产生的影响,即规制效果。这种规制效果一般被界定为在引入规制或解除规制之后市场绩效变量(如价格、数量、质量等)所发生的实际变化。因此,运用这种方法测算政府规制效果,就必须要求提供包括企业(或行业、市场)不受规制期间和受规制期间在内的样本期间(即规制变化前后期间)的数据,且这个样本期间应尽可能长,以确保所估算规制效果的有效性和精确性。当然,无论是使用以现实为基础的时间序列分析方法,还是以预测为基础的时间序列分析方法,都必须满足两个前提条件:一是确认规制制度在某一个样本期间有着明显变化;二是其他相关变量的时间序列差异是可以得到控制的。

跨企业(或行业、市场)比较方法(横截面分析方法)主要针对两个本质上不同的(既一个受到规制而另一个则没有受到规制)但提供相似产品或服务同有着相似需求和成本函数的企业(或行业、市场)进行比较分析,即根据横截面差异来比较不同规制结构下相似企业(或行业、市场)的运作。横截面分析方法常常用于分析跨地区之间(如省际、市际等)规制环境的差异,有时可以用于探讨各国之间不同的规制制度。正是由于地区之间以及国与国之间存在着不同的规制制度,如有些地区对某一行业实施规制,而有些地区却未对该行业进行规制,这些差异为横截面分析提供了可选择性数据或资料来源。一旦区域之间规制差异得以确认,就可以对一系列经济变量(如价格、成本等)进行估算,这些变量在受规制区域中和未受规制区域中的差异就可以归因于规制的影响。当然,这种分析方法的使用必须符合两个前提条件:一是要求规制制度在区域之间有着合理的差异,即两个企业(或行业、市场)中一个受到规制而另一个未受到规制;二是要求控制所研究的企业(或行业、市场)之间非规制差异的能力,即除了规制差异,所研究的企业(或行业、市场)之间的其他差异可以得到有效控制。总之,通过比较这两个企业(或行业、市场)的经济变量(价格、质量、成本等)之间的差异,可以得出规制影响的估计结果。

时间序列分析和横截面分析都涉及一种共同的方法,即定义诸如价格、成本、技术变化率等感兴趣的因变量(the dependent variable of interest),并建立其与外生经济变量(exogenous economic characteristics)以及规制影响控制变量的函数关系模型,其中这些外生经济变量影响企业(或行业、市场)绩效但独立于规制。规制一般用一个虚拟变量来进行测量,其观测值要么从"受规制"体制之中获得,要么从"未受规制"体制之中取得。规制的效果可以从代表规制的虚拟变量的系数的符号和大小中推断出来。

　　这种虚拟变量的方法已经得到了广泛应用,尽管理论层面上看似十分简单,但在实践应用和解释中却需要十分谨慎。首先,必须明确厘清规制制度之间的差异。如果对"规制"和"非规制"之间的差异分辨模糊不清,势必会测量规制效果带来许多噪声,从而会夸大或削弱规制所产生的实际效果。以美国为例,如果根据州规制委员会的存在来衡量规制制度,那么所有委员会对企业行使相似的权力(特别是关于价格和进入方面)是极为重要的。如果一视同仁地对待那些仅有权设定最低(或最高)价格的委员会和那些有权设定实际价格的委员会,那么将会产生一些干扰因素,这些干扰因素可能削弱"规制的"与"未规制的"企业之间差异的估算。同样,如果将在没有委员会规制的州里运作的企业置于"非规制"样本之中,那么关于任何绩效差异的解释关键取决于这些州里的企业是否完全未受规制或受到某些其他形式的限制。清楚地说明选择的规制制度和仔细地检查管理每个企业行为的制度结构对这种经验分析是至关重要的。

　　其次,在控制企业(或行业、市场)之间的非规制差异时必须慎重。政治经济学文献在发展和检验规制的实证理论的基础上将规制的引入、设计和解除视为内生选择,这表明影响企业行为和绩效的经济条件与规制的产生之间存在系统的关联。类似地,规制随成本与收益分配剧变而变化,并使得时间序列分析中经济变量与规制制度性质之间产生系统关联性。这就强烈要求建立一个具体模型来分析规制结构、企业或市场的经济特征以及令人感兴趣的行为或绩效测量之间的相互作用,这个模型应当可以用于构建规制效果的实证检验。一般来讲,受规制和未受规制企业(或行业、市场)之间在一些重要经济特征方面存在或多或少的差异,如果不对这些差异因素加以控制,必然会导致所测算的规制效果存在偏差。

　　再次,时间序列分析中判断规制变化的时间或日期是十分困难的。规制法规可能会直接限制企业活动,或更一般的是,通过规制法规建立一个拥有广泛授权的规制机构来制定具体的规则、规制和程序。在这些情况中,"不溯既往条款"和执行或实施的滞后都可能会使对活动重要限制的实际落实滞后于规制的名义实施日期,这对于解除规制来说就更加困难了。在这种情况下,规制结构的实时性修改可能通过行政机构的政策变化来进行。而且,这些变化不一定经由正式的立法活动而发生,而是体现在行政事务的决定之中。值得注意的是,使用事件研究技术做基于预测的分析时,必须确认规制制度变化的预测日期,而不是规制制度变化的实际日期。对于这种分析,根据立法确认的有效日期可能会晚得多。由于国会投票可以被准确地预测到,从国会活动中确定规制效果是很困难的。因此,行政改革更有助于以预测为基础的分析途径。由此可见,这些确认规制体制变化日期的困难表明,详细分析导致规制重大改革的事件顺序是至关重要的。查阅规制所要研究的关于规制建立或解除的法律条文,回顾当时行业出版物对规制的讨论,检查规制机构的行政规则、政策和决定对于确定规制变化的有效日期是十分有帮助的。

最后,将时间序列分析方法和其他方法结合起来运用,特别是运用企业或市场的面板数据(panel data)会极大地增强规制效果实证检验的效力。通过分析不同效果的决定因素,并综合运用时间序列分析方法和横截面分析方法将得到更有说服力的结果。在时间序列分析中引入企业(或行业、市场)的横截面数据,构建规制—非规制虚拟变量与其他经济变量的函数模型,无疑将增强规制效果统计学检验的效力。同样,不同时期经济条件差异或规制强度差异也可以作为时间序列的因素引入横截面虚拟变量的检验之中。[①]

显然,评价出租车行业政府规制效果可以通过对比相应的"受规制"和"未受规制"的出租车行业来实现。在控制其他影响行业行为或绩效的变量或因素(不含规制)的情况下,当受规制的出租车行业与未受规制的出租车行业在行为和绩效方面存在差异,这种差异就可以被认为是由政府规制所引起的,即政府规制的效果。更具体地讲,检验出租车行业政府规制效果有三种方法:一是采用横截面分析方法,即选取两个相似的但存在明显规制差异(一个受规制而另一个不受规制)的地区的出租车行业作为分析样本,通过定义诸如价格、服务供给数量等经济变量作为因变量,定义政府规制作为虚拟变量,构建因变量与虚拟变量以及其他经济变量(即控制其他影响行业的因素)的函数关系模型,并通过两个样本的数据进行估计,这样就可以根据虚拟变量的系数的符号和大小来判断政府规制效果。二是采用时间序列分析方法,即在同一地区的出租车行业中选取两个具有明显规制差异(一个受规制和一个未受规制)的时期作为分析样本,像横截面分析方法一样定义变量和构建函数模型,同样可以估算出政府规制的效果。三是整合横截面分析和实践序列分析方法,即在时间序列分析中引入横截面数据,或在横截面分析中引入时间序列数据,像上述两种方法一样定义变量和构建函数模型,也可以测算出租车行业政府规制效果,而且这种测算结果更具效力和说服力。当然,在运用受规制情形与未受规制情形比较分析方法过程中,必须注意以下几个方面的问题:其一,要尽可能厘清"受规制的"与"未受规制的"出租车行业之间的差异,必须找出二者之间合理的分水岭;其二,要小心谨慎地控制所研究的出租车行业之间的非规制差异,使干扰因素的影响最小化;其三,要科学合理地确定时间序列分析中出租车行业政府规制变化日期。

---

① 保罗·L.乔科,南希·L.罗斯.经济管制效应[M]//理查德·施马兰西,罗伯特·D.威利格.产业组织经济学手册.李文溥,等译.北京:经济科学出版社,2009:449-491.

二、不同规制强度之间的比较分析方法

运用受规制情形与未受规制情形的比较分析方法评价政府规制效果的关键在于找到一个无规制比较基准,但现实中这个无规制比较基准并不是普遍存在的。在许多情况下,获取两个存在根本不同规制制度之下(一个受规制而另一个不受规制)的企业(或行业、市场)的样本数据是几乎不可能的。现实世界中普遍存在这样一种情况:在许多特定行业中,政府规制是无所不在的,即在世界范围内甚至某一个国家或地区范围内该行业都受到了或多或少的规制。可见,这些行业中不会存在规制与非规制环境下的明显横截面差异,而且在很多时候也不具备规制和非规制环境下的明显时间序列差异。这样,我们可能只能获取一些性质相似的规制之下的企业(或行业、市场)的样本数据,这无疑限制了上文讨论的虚拟变量方法的应用。幸运的是,在特定的规制理论及其影响框架下,所采用的规制约束可能在时间和空间方面存在数量上(quantitative)的差异,这可能会使得由规制所引起的结果在某个或多个方面存在差异。这些差异可能源于规制结构或过程的差异,也可能源于不断变化的经济条件的结果。因此,在受到性质相似的规制的企业(或行业、市场)中,可以通过比较不同规制强度之下的两个企业(或行业、市场)的样本来检验政府规制效果。如果两个样本之间唯一的不同源于企业(或行业、市场)所受到的规制强度差异,那么企业(或行业、市场)在绩效和行为方面的差异可以归因于规制。当前,这种方法在一些行业被广泛运用,如阿弗奇-约翰逊模型运用回报率限制的"紧缩性"变化来预测投入使用要素和生产率增长的变化,规制来源的差异、规制具体工具和程序的结构差异以及规制机构"品质"的独立等级的差异被用于检测规制对成本和市场价值的影响,环境限制性质的差异被用于考量环境规制的成本等。

正确地运用这种方法的关键是要详细地了解规制规则和程序的差异,并构建精确的模型来说明这些差异如何影响有关行业的行为和绩效变量。需要指出的是,在横截面分析和时间序列分析方法中所讨论的需要注意的地方在这里依然适用。这种方法不仅在信息需求方面比"虚拟变量"方法更强,而且需要特别注意控制一些影响规制强度测量但独立于规制结构的经济条件的差异。此外,如果正确地构建模型,处在不断变化的经济条件之下的规制的相互作用就可以提供另一种确认规制效果的方法。特别是某些规制限制可能与一系列经济条件而不与其他经济调整相联系。运用这种方法需要特别注意所要

研究的规制过程的性质,以及在经济条件不断变化时怎样运转。①

毋庸置疑,不同规制强度之间的比较分析方法为检测我国出租车行业政府规制效果提供了一种更有效的方法。众所周知,我国出租车行业的发展从未离开过政府的影响,尽管许多学者坚持认为我国出租车行业政府规制体制建立于 1996 年②,但在此之前,无论是改革开放之前的计划经济体制时期,还是改革开放之后的社会主义市场经济体制时期,我国政府对出租车行业的干预是比较明显的。同时,政府对出租车行业的规制遍布全国各个城市,且在规制制度上呈现出大同小异的特点。由此可见,获取两个存在根本不同规制制度之下的出租车行业的分析样本是十分困难的,这就限制了运用受规制情形与未受规制情形的比较分析方法来衡量出租车行业政府规制效果。幸运的是,不同规制强度之间的比较分析方法为我们评价出租车行业政府规制效果提供了极大的方便。通过比较同一地方不同时期或同一时期不同地方的规制强度差异对出租车行业的行为和绩效的变化所产生的影响,可以基本估算出出租车行业政府规制效果。

三、处于控制之下的环境实验方法

"自 20 世纪 30 年代罗斯福新政以来,社会实验和准实验就作为监测公共政策结果的一种途径而被提倡,二战以后,社会实验被用于诸如公共健康、社会福利等许多公共政策领域。"③在项目或政策评价领域,实验研究方法一直备受社会科学家的推崇,并一度占据评估研究的主流地位。毋庸置疑,实验研究方法对于评价那些无法直接从实际情况中获取相关数据或资料的项目或政策影响具有重要意义。有的时候,实际规制和经济条件所产生的数据无法提供足够的经验证据来检验规制效果,显然,上文讨论的两种方法难以再胜任。在这种情况下,受控制的实验方法作为实际经验所提供的"自然实验"的替代方法,其所提供的数据越来越多地被用于检验政府规制效果。通过设计这些实验产生的数据,适用于检验有关制度安排和公共政策变化的效果的特定假设。一般来讲,有两类潜在可用的实验证据:实地实验(field experiment)和实验室实验。实地实验用于研究真实经济机构的行为。在这些实验中,经济条

---

① 保罗·L.乔科,南希·L.罗斯.经济管制效应[M]//理查德·施马兰西,罗伯特·D.威利格.产业组织经济学手册.李文溥,等译.北京:经济科学出版社,2009:449-491.

② 张月友,刘志彪,叶林祥.出租车运营模式之争:北京模式或温州模式[J].上海经济研究,2012(12):101-109.

③ 威廉·N.邓恩.公共政策分析导论[M].4 版.谢明,等译.北京:中国人民大学出版社,2010:288.

件和制度结构以系统化的方式进行变化,行为反应被用于量化备择规制、公共政策以及市场安排的效应。当前,实地实验广泛用于研究负收入税、住房补贴项目、健康保险项目、高峰负荷定价以及批量电力市场解除规制的效果。然而,实地实验需要消耗大量时间和金钱,这在很大程度上限制了这种实验方法的应用和推广。因此,相比于实地实验,实验室实验成为一种越来越流行的选择。这种实验提供了在不同市场和制度安排下实验主体所面临的一系列经济条件约束,并由人(或动物)作为实验主体参与一系列实验室"游戏"。制度的细节情况可以在逐步控制其他偶然变量的条件下发生变化。现阶段,这种方法在许多领域受到了学者的青睐,如 Hong 和 Plot 运用这种方法检验了规制定价规则对内陆驳船运输的影响,Rassenti 和 Smith 运用这种方法调查了未受规制的批发电力市场的绩效……总而言之,实验方法为考察规制效果提供一种新的视角,虽然到目前为止并未对规制研究产生重大影响,但这种方法确实是大有前途的。[①]

当现实情况中无法从出租车行业政府规制实践中获取足够多的数据或资料时,受控制的环境试验方法无疑为评价出租车行业政府规制效果提供了一种很好的工具。然而,无论是实地实验还是实验室实验,都是一项庞大的、十分复杂的工程,需要投入大量人力、物力和财力,而且还面临着诸多技术方面的困难。因此,在运用这种方法时要特别小心谨慎。

四、受规制情形的结构或模拟模型

现实世界中可能会存在这样一种情况:规制制度、规制约束强度或可以用于直接测量规制对行为或绩效的影响的经济条件没有明显的差异。换言之,在这种情况下,尽管规制结果可能会被观测到,但缺乏样本差异来使这些结果与一个更低规制的基准进行比较,即便在规制发生的条件下存在大量潜在的样本差异,我们也可能难以控制影响绩效和规制的重大差异。因此,受规制情形与不受规制情形的比较分析方法以及不同规制强度之间的比较分析方法都不再适用。此外,受控制的实验方法也过于昂贵或复杂而难以实施。在这种情况下,行为和绩效结构模型与模拟技术相结合的方法成为评价政府规制效果的一种有效途径。这种方法又被称为反事实方法,主要利用企业(或行业、市场)受规制时的数据来模拟该企业(或行业、市场)不受规制时的情形,即人为构建一个无规制基准,再与受规制情形进行比较分析,于是就可以得出规制的影响。

---

① 保罗·L.乔科,南希·L.罗斯.经济管制效应[M]//理查德·施马兰西,罗伯特·D.威利格.产业组织经济学手册.李文溥,等译.北京:经济科学出版社,2009:449-491.

运用这种方法一般要经历这样一个过程:首先是估计市场需求和厂商的边际成本曲线,然后再对规制之下的产量与所估计的市场需求曲线上价格和边际成本相等时所决定的产量进行比较。由此可见,这种方法能否成功,很大程度上取决于能否确定和准确估计需求和成本函数。在某种程度上,与未受规制的企业(行业、市场)相比,确认和估计受规制的企业(行业、市场)需求函数和成本函数可能会更加容易,这是因为规制机构一般拥有大量关于企业的收益、产量、投入价格、运行成本、资本存量等数据。一般来讲,估计受规制企业(或行业、市场)的需求函数并不存在什么特别的难处,这是因为这些问题独立于规制情形,而高质量数据的存在又使得这一任务在规制的情形中易于操作。然而,估计成本函数就不容乐观了,这是因为根据产量、投入、投入价格以及成本的观测值的组合来估计成本函数依赖于许多内在假设,包括均衡条件和外生的要素价格,这在许多受规制的市场中是不切实际的。总而言之,受规制情形的结构或模拟模型方法需要依赖于大量假设,而且根据规制情形来建构未受规制情形的模型错综复杂。因此,运用这种方法来检测政府规制效果时需要特别小心。当然,当数据可以得到时,这种方法可以与时间序列方法和横截面分析方法联合使用,这对于我们更好地评价规制效果无疑是有帮助的。[①]

当受规制情形与不受规制情形的比较分析方法、不同规制强度之间的比较分析方法等三种方法不再适用时,可以运用受规制情形的结构或模拟情形来进行出租车行业政府规制效果评价。具体来讲,就是要根据受规制时出租车行业的相关数据来模拟该行业不受规制时的情形,人为地构建一个无规制基准,再与受规制情形进行比较分析,从而得出规制的影响。值得注意的是,这种方法在建构未受规制情形的模型时十分复杂,不仅要求大量真实的、可信的数据,而且对评价者的技术要求也非常高,因而在现实中很少使用。

---

① 保罗·L.乔科,南希·L.罗斯.经济管制效应[M]//理查德·施马兰西,罗伯特·D.威利格.产业组织经济学手册.李文溥,等译.北京:经济科学出版社,2009:449-491.

第五章 出租车行业政府规制效果的实证检验

本章主要运用前文建构的理论框架对出租车行业政府规制效果进行实证检验,以了解现行出租车行业政府规制是否如公共利益理论所预言的那样,即政府规制是否维护并增进了公共利益。由于受出租车行业数据可获得性的限制,本章对出租车行业政府规制效果的实证分析主要从行业发展水平这一维度来考量政府规制(主要是数量规制)对公共利益的影响。

第一节 规制指标与变量选取

一、政府规制指标设计

科学合理地描述和设计政府规制指标是有效检验出租车行业政府规制效果的前提。目前,学术界关于政府规制指标构造方法主要有虚拟变量法和代理变量法两种。虚拟变量法主要是基于影响规制行为及结果的制度性因素,构造虚拟变量来描述和设计规制指标。具体做法是根据 Stern、Holder 和 Cubbin 对高质量规制特征(即明确的法律框架、独立的规制机构、可靠的规制者)的刻画,从法律框架的完备性、规制机构的独立性及规制者的可靠性等维度来构造政府规制指标。[1] 如肖兴志、孙阳从明确的法律框架、规制机构的独立性和规制对象的发育程度三个维度构造中国电力产业规制指标;[2]肖兴志、王靖从明确的法律框架、规制机构的独立性和规制对象的发育程度三个维度

---

① STERN J, HOLDER S. Regulatory governance: criteria for assessing the performance of regulatory systems—an application to infrastructure industries in the developing countries of Asia [J]. Utilities policy, 1999, 8 (1): 33-50. STERN J, CUBBIN S J. Regulatory effectiveness: the impact of regulation and regulatory governance arrangements on electricity outcomes—a review paper [R]. London business school regulation initiative working paper, 2003.

② 肖兴志,孙阳.中国电力产业规制效果的实证研究[J].中国工业经济,2006(9):38-45.

设计中国电信产业的规制指标。①

构建规制指标的第二种方法是代理变量法,即基于规制行为及其结果,从要素投入(如资本与劳动的使用比例)、产出结果(如总投资额)等方面选取相关代理变量来构造规制指标。如 Djankov 等基于商业成本的七个组成部分(创业、雇佣和解雇、注册财产、获得信贷、保护投资者、执行合同、关闭企业)来构建商业规制综合指标;②肖兴志、韩超、郭蕾、肖有智采用城市水务产业中资本和劳动的使用比率作为价格规制的代理变量,并选取产品价值量和企业资产量构造了进入规制的代理变量;③赵建国、李自炜使用医疗服务机构中资本和劳动的使用比例作为政府医疗服务价格规制的代理变量;④肖兴志、齐鹰飞、李红娟选取煤矿企业的安全投入来反映规制行为;⑤肖建忠、黎明、王小林采用民用天然气中资本和劳动的投入比率来代表价格规制。⑥

一般来讲,规制效果反映的是规制目标的实现程度,而这又取决于规制行为及其背后的制度性因素。因此,无论是采用何种方法来构造规制指标,都应尽可能全面客观地反映规制行为及制度性因素。在规制行为数据可获得及规制前后具有明显分界线的情形下,理想的规制变量是规制行为变量以及规制前后的 0~1 虚拟变量⑦,这也是量化政策评估中最常用的做法。我国政府对城市出租车行业的规制实行属地管理为主(中央政府统一领导、地方政府具体负责)的规制体制。在这种体制下,中央层面制定出租车管理的指导性政策文件,从宏观层面对出租车行业进行统筹指导;地方政府(主要是城市人民政府)则在中央政策指导下并结合当地实际情况"制定具体的管理制度,包括出租汽车发展规划、经营资质管理、营运服务管理、道路秩序、行业安全、收费和租价

---

① 肖兴志,王靖.中国电信产业规制效果的实证研究[J].财经论丛,2008(3):8-14.

② DJANKOV S C, MCLIESH R M, RAMALHO R M. Regulation and growth[J]. Economic letters, 2006, 92(3):395-401.

③ 肖兴志,韩超.规制改革是否促进了中国城市水务产业发展:基于中国省际面板数据的分析[J].管理世界,2011(2):70-80.郭蕾,肖有智.政府规制改革是否增进了社会公共福利:来自中国省际城市水务产业动态面板数据的经验证据[J].管理世界,2016(8):73-85.

④ 赵建国,李自炜.政府医疗服务价格规制是否提升了公共福利:基于中国省际动态面板数据的实证研究[J].财贸研究,2019(7):53-62.

⑤ 肖兴志,齐鹰飞,李红娟.中国煤矿安全规制效果实证研究[J].中国工业经济,2008(5):67-76.

⑥ 肖建忠,黎明,王小林.中国民用天然气价格规制的公共福利效应与阶梯定价优化情景分析[J].中国地质大学学报(社会科学版),2019,19(1):46-58.

⑦ 郭蕾.城市水务产业规制改革对公共福利的影响效应研究[M].北京:对外经济贸易大学出版社,2016:97.

管理等",①从微观层面负责出租车行业规制的具体事务。由此,"尽管规制总体上是一种中央政府行为,但实施则由地方政府完成"。② 换言之,地方政府针对出租车行业制定的规制政策及采取的规制行为尤为重要,直接决定了规制结果。尽管各地受中央政策的影响和指导是相同的,但地方政府具体制定和实施规制政策通常却是不同的。由此,可以根据各个城市是否颁布并实施了出租车政府规制政策文件以及该政策文件中是否包含了数量控制的相关表述构建一个 0~1 的虚拟变量来反映规制指标。需要指出的是,受数据可得性的限制,本书主要检验政府规制对出租车行业发展水平的影响,而数量规制在其中起着主要作用。因此,这里主要构建了反映数量规制的指标。

二、公共利益变量选取

上文从行业发展水平、服务价格水平、服务质量水平和普遍服务水平 4 个维度构建了出租车行业政府规制效果评价的指标体系,运用这些指标基本可以检验出租车行业政府规制是否实现了公共利益目标。然而,由于受出租车行业数据可获得性的限制,本章仅从出租车行业发展水平来考察政府规制对公共利益的影响效应,具体采用出租车万人拥有量和出租车总量增长率两个指标来检验政府规制效果。出租车万人拥有量用来描述一定规模城市内出租车的人均占有量,用来评价该城市出租车供求匹配的状况,是考察出租车行业发展水平的重要指标之一。一般来讲,出租车万人拥有量在很大程度上决定了社会公众能有及时有效获得出租车服务,直接关系到广大社会公众出行的切身利益。同时,出租车服务的可得性又关系到出租车服务水平,"可得性的提高本身就是对出租车服务水平的重要改善"。③ 由此,出租车万人拥有量作为衡量出租车行业发展水平的重要指标,最能够反映出租车行业政府规制对公共利益的影响。出租车总量增长率主要反映出租车服务供给的变化程度,也是影响公众福利的重要因素。在城市化快速推进的背景下,城市人口规模不断扩大和人民生活水平日益提高,只有在出租车总量保持适度增长的情形下,才能有效满足广大公众日益增长的出行需求,进而增进社会福利和保障民众基本权益。在这个意义上,出租车总量增长率无疑可以作为公共利益视角

---

① 常健,饶常林.城市客运出租汽车行业的政府管制及其改革:兼论"十一五规划"指导下的管制创新[J].法学评论,2007(3):107-114.

② 安东尼·奥格斯.规制:法律形式与经济学理论[M].骆梅英,译.北京:中国人民大学出版社,2008:7.

③ 王军.为竞争而管制:出租车业管制改革国际比较[M].北京:中国物资出版社,2009:166.

下检验政府规制效果的重要指标。

三、扰动因素指标设定

出租车行业发展除了深刻受到政府规制影响,还广泛受到城市经济社会等因素的影响,且这些因素与政府规制政策的制定与实施是密切相关的。因此,在检验出租车行业政府规制效果时,有必要对这些扰动因素加以控制。1997 年颁布的《城市出租汽车管理办法》规定,出租汽车的发展,应当与城市建设和城市经济、社会发展水平相适应,并与其他公共交通客运方式相协调。2016 年修订的《出租汽车经营服务管理规定》提出,出租车是城市交通的组成部分,应当与城市经济社会发展相适应,与公共交通等客运服务方式协调发展。2016 年出台的《关于深化改革推进出租汽车行业健康发展的指导意见》强调,要根据大中小城市特点、社会公众多样化出行需求和出租汽车发展定位,综合考虑人口数量、经济发展水平、城市交通拥堵状况、出租车里程利用率等因素,合理把握出汽车运力规模及在城市综合交通运输体系中的分担比例。2021 年修订的《巡游出租汽车经营服务管理规定》规定,巡游出租车发展应当与城市经济社会发展相适应,与公共交通等客运服务方式协调发展。综上所述,出租车行业政府规制政策的制定和实施受到城市经济社会、城市交通系统等多重因素的影响,有效检验政府规制效果必须对这些因素加以考量。但需要指出的是,城市公共交通(如公共汽车和地铁)的发展通常并不会直接影响出租车行业的发展水平,而只能通过政府规制政策对出租车行业产生间接影响。因此,在检验出租车行业政府规制效果时,主要考虑城市经济社会因素这一扰动因素,具体采用的指标是反映城市人口规模变化的城区人口增长率和反映城市经济发展速度的 GDP 增长率。

第二节 基本假设与模型构建

一、基本假设

出租车行业的进入成本与沉默成本几乎为零,在允许自由进入的情形下,当新进入者觉得有利可图时,便会纷纷涌入,这必然导致出租车数量过多,从而引发过度竞争,而一旦过度竞争导致从业者收入大幅度减少,一些从业者便会纷纷选择退出,最终使得出租车服务供给的稳定性和充分性难以保障。同时,根据经济学家的估算,出租车服务具有需求价格弹性小于 1 的特征,社会公众对出租车服务的需求在短期内基本稳定,价格杠杆难以在调节出租车服务供给与需求方面发挥有效作用。显然,在自由竞争情形下,出租车市场难以形成稳定的供需均衡局面。为此,公共利益理论开出了一个政策处方,通过引入数量规制,对出租车数量予以调控,以确保出租车市场大致保持供需均衡的局面,以促进出租车行业的健康发展。需要指出的是,"数量管制并非禁止进入,而是管理进入"①。例如,各地制定和实施出租车数量规制政策的核心在于编制和执行出租车行业发展规划,以确保出租车行业总体发展水平与城市经济社会发展的实际情况相适应。可见,在良好的数量规制条件下,随着城市经济社会快速发展以及民众对出租车服务需求不断增长,出租车行业发展水平必然会不断提升,出租车行业的服务供给总量以及出租车的人均占有量也会持续增加。基于此,本书提出这样一个基本假设:良好的政府规制政策将提升出租车行业发展水平,即良好的政府规制政策将对出租车万人拥有量出租车总量增长率产生正效应。

二、模型构建

近年来,计量经济分析方法在政府规制效果评价领域得到极为广泛的应用,该方法的核心思想是将规制客体的行为或绩效作为被解释变量,政府规制作为解释变量,通过构建计量模型(或者回归模型)并选取相关样本数据进行分析,从而可以有效地、方便地评价政府规制效果。在计量经济分析中,截面数据、时间序列数据以及面板数据是三种最常见的数据结构。由于面板数据模型能够处理观测不到的变量(这是因果推断中所涉及的根本问题),更有利于因果效应的估计,在社会科学研究中得到了广泛应用。② 为了更好地估计出租车行业政府规制效果,本书主要采用面板数据模型来构建实证检验模型。面板数据线性回归模型的一般形式可设定如下:

$$y_{it} = \beta_{0i} + \sum_{k=1}^{k} \beta_{ki} x_{kit} + \mu_{it}, \qquad \mu_{it} \sim i.i.d.(0\sigma_i^2) \tag{5-1}$$

其中,$i = 1, 2, \cdots, n$ 表示 n 个个体;$t = 1, 2, \cdots, t$ 表示已知的 t 个时期。y_{it} 是个体 i 在 t 时期被解释变量的观测值;x_{kit} 是第 i 个解释变量对于个体 i 在 t 时期的观测值;β_{ki} 是带估计的回归系数;μ_{it} 是具有方差 σ_i^2 的随机误差项。③

为考察政府规制对出租车行业发展水平的影响,本书采用固定效应模型

① 苏奎.移动互联网时代出租汽车行业管制改革[J].城市交通,2015(4):18-22.

② 王志刚.面板数据模型及其在经济分析中的 应用[M].北京:经济科学出版社,2008:6-8.

③ 白仲林.面板数据计量经济学[M].北京:清华大学出版社,2019:9.

来构建计量检验模型,把政府规制指标作为核心解释变量纳入计量模型之中,同时将影响行业发展水平(用出租车万人拥有量和出租车总量增长率衡量)且可能与政府规制变量相关的其他因素以控制变量的形式引入,并对城市固定效应予以控制。具体计量模型构建如下:

$$twryyl_{it} = \alpha + \beta_1 zfgz_{it} + \sum_j \theta_j kzbl_{it} + c_i + \varepsilon_{it} \tag{5-2}$$

$$tzzl_{it} = \alpha + \beta_1 zfgz_{it} + \sum_j \theta_j kzbl_{it} + c_i + \varepsilon_{it} \tag{5-3}$$

在回归模型 5-2 和 5-3 中,下标 i 和 t 分别代表第 i 个城市和第 t 年;$twryyl_{it}$ 和 $tzzl_{it}$ 为衡量行业发展水平的出租车万人拥有量和出租车总量增长率,是被解释变量。α 代表常数项。$zfgz_{it}$ 为反映政府规制的 $0 \sim 1$ 虚拟变量,是关键解释变量;β_1 是解释变量的系数,预期为正。$kzbl_{it}$ 是一组控制变量,而 θ_j 是这些变量的系数。在上述两个模型中,这些控制变量主要包括:$gdpzzl_{it}$ 是 GDP 增长率(%),反映城市经济发展速度;$cqrkzzl_{it}$ 为城区人口增长率,反映城市人口规模变化情况。当出租车行业发展与城市经济社会发展相协调时,预期 GDP 增长率和城区人口增长率与出租车万人拥有量及出租车增长率呈正相关。c_i 代表城市固定效应。ε_{it} 为误差项。

第三节　数据描述与实证结果

一、数据来源与描述

20 世纪 90 年代初期,乘市场化改革的东风,出租车行业步入短暂的急剧扩张阶段,但随之而来各种问题与矛盾也不断凸显。从 1994 年开始,一些城市开始限制出租车进入。1997 年,建设部和公安部联合颁布了《城市出租汽车管理办法》,从中央层面明确了政府对出租车行业进行规制的基本原则和方式。随后,各地陆续颁布了出租车管理的政策文件,明确提出了对出租车进行总量控制和价格管制的要求。基于此,对出租车行业政府规制效果实证检验的样本区间设定为 1994—2013 年。由于各地出租车行业发展和管理情况存在较大差异,许多中小城市出租车发展规模较小,且管理不太规范,一些城市甚至长期未出台相关政策文件。因此,基于政策变量构建的可行性和数据的可得性,出租车行业政府规制效果实证检验的截面范围只涉及北京、上海、天津、重庆、广州、深圳、杭州、宁波、济南、青岛、沈阳、大连、福州、厦门、南京、武汉、石家庄、成都、昆明、长春、哈尔滨、合肥、太原、贵阳、南昌、海口、郑州、西宁、西安、长沙、兰州、呼和浩特、乌鲁木齐、银川、南宁等 35 个城市。实证检验采用的所有指标的原始数据均来自《中国城市统计年鉴》(1995—2014)。每个变量的具体情况如下：

出租车万人拥有量($twryyl$)由出租车数量(辆)/城市人口规模(万人)计算所得。其中,出租车数量(辆)用城市年末实有出租汽车数量($taxi$)度量,数据来源于1995—2014的《中国城市统计年鉴》；城市人口规模(万人)用城区人口($cqrk$)来衡量,数据来源于1995—2014年的《中国城市统计年鉴》。政府规制($zfgz$)设定为一个0~1虚拟变量,城市i在第t年颁布实施了出租车行业管理政策文件,且明确提出了数量规制要求,则取值为1,否则取值为0。政府规制变量的具体赋值情况如表5-1所示。

表 5-1　政府规制变量的具体赋值情况

政策文件	实施年份	政策文件中有关数量规制条款	变量赋值
《北京市出租汽车管理条例》	1998	市出租汽车管理局应当根据北京城市总体规划的要求,编制本市出租汽车发展规划和年度发展计划,并报市人民政府批准后实施	1998 年及以后赋值为1,该年以前赋值为0
《天津市客运出租汽车管理条例》	2005	本市客运出租汽车发展实行总量控制。市客运交通管理办公室应当按照城乡经济和社会发展的需要,编制客运出租汽车行业发展规划和计划,经市人民政府批准后组织实施	2005 年及以后赋值为1,该年以前赋值为0
《石家庄市出租汽车客运管理办法》	1997	市交通局应根据我市国民经济和社会发展需要,会同有关部门制定我市出租汽车客运行业发展规划	1997 年及以后赋值为1,该年以前赋值为0
《太原市客运出租汽车管理办法》	2003	客运出租汽车的发展应当纳入国民经济和社会发展计划,与城市经济、城市建设和社会发展水平相适应,实行统一规划、总量控制	2003 年及以后赋值为1,该年以前赋值为0
《呼和浩特市客运出租汽车管理条例》	2004	市、旗、县人民政府应当把出租车行业发展纳入城市发展总体规划。市交通行政主管部门根据城市公共交通事业的发展需要,编制出租车行业发展规划,报市人民政府批准后施行	2004 年及以后赋值为1,该年以前赋值为0

续表

政策文件	实施年份	政策文件中有关数量规制条款	变量赋值
《沈阳市客运出租汽车管理办法》	2011	客运出租汽车实行总量控制。市交通行政主管部门应当根据客运出租汽车行业发展规划、市场供求状况和城乡交通状况制定客运出租汽车运力指标投放计划,报市人民政府批准后实施	2011 年及以后赋值为 1,该年以前赋值为 0
《长春市城市客运出租汽车管理条例》	1999	出租汽车行业发展应当与本市经济和社会发展总体水平相适应,并按照市场需求实行总量调控	1999 年及以后赋值为 1,该年以前赋值为 0
《哈尔滨市城市出租汽车管理办法》	2007	市交通行政主管部门应当根据本市经济发展、城市建设、环境保护和出租汽车市场需求,会同有关行政部门编制城市出租汽车发展规划,经综合平衡后纳入城市总体规划	2007 年及以后赋值为 1,该年以前赋值为 0
《上海市出租汽车管理条例》	1995	出租汽车的数量、停车场(库)、营业站和调度网络等的发展规划和计划,由市交通行政管理部门根据城市建设和社会、经济发展的实际情况编制,报市人民政府批准后实施	1995 年及以后赋值为 1,该年以前赋值为 0
《南京市城市公共汽车出租汽车客运管理条例》	2003	客运主管部门应当会同有关部门,编制城市客运中长期发展规划,报经市政府批准,纳入城市总体规划。客运主管部门应当根据城市客运发展规划编制相应的年度发展计划,并纳入城市建设和管理年度计划	2003 年及以后赋值为 1,该年以前赋值为 0
《杭州市客运出租汽车管理条例》	1996	全市客运出租汽车发展根据社会需求和城市道路交通状况,由杭州市人民政府统一下达计划额度,实行总量控制	1996 年及以后赋值为 1,该年以前赋值为 0
《合肥市客运出租汽车管理办法》	1996	市人民政府根据社会需求和城市道路交通状况,对出租车的投放下达计划额度,实行总量控制	1996 年及以后赋值为 1,该年以前赋值为 0

续表

政策文件	实施年份	政策文件中有关数量规制条款	变量赋值
《福州市客运出租汽车管理办法》	2001	出租车行业的发展应当纳入本市国民经济和社会发展总体规划。出租车的发展规模和车辆档次由市人民政府根据社会经济发展需要和城市道路交通状况实施宏观调控	2001年及以后赋值为1，该年以前赋值为0
《南昌市城市出租汽车管理条例》	1997	出租汽车应当与其他公共交通客运方式协调发展。市市政公用局应当会同有关部门根据城市总体规划和社会经济发展的实际情况编制出租汽车数量、档次、停车场、营业站和调度网络等的发展规划和计划，报市人民政府批准后实施	1997年及以后赋值为1，该年以前赋值为0
《济南市城市客运出租汽车管理条例》	2006	市人民政府应当将城市客运出租汽车行业发展纳入城市发展总体规划，并根据实际需要，对出租汽车行业发展规模实施宏观调控	2006年及以后赋值为1，该年以前赋值为0
《郑州市客运出租汽车管理条例》	1998	客运出租汽车行业坚持统筹规划、统一管理、公平竞争、总量控制、协调发展的原则	1998年及以后赋值为1，该年以前赋值为0
《武汉市城市客运出租汽车管理条例》	1998	市出租汽车行业的发展，应与本市经济、社会发展整体水平相适应，与城市建设和其他公共交通行业的发展相协调，按市场需求实行总量控制	1998年1月10日及以后赋值为1，该年以前赋值为0
《长沙市城市公共客运条例》	2005	市人民政府应当组织公共客运主管部门及其他有关部门编制城市公共客运发展规划，并将公共客运事业纳入全市国民经济和社会发展规划。城市公共客运发展规划应当与经济发展、城市建设、环境保护和人民生活水平相适应，符合城市总体规划。城市公共客运应当以大容量的公共汽车为主体，适度发展出租汽车，有计划地发展轨道交通，促进多种客运方式协调发展	2005年及以后赋值为1，该年以前赋值为0

续表

政策文件	实施年份	政策文件中有关数量规制条款	变量赋值
《广州市市区出租小客车管理办法》	1998	本市出租小客车应与城市公共客运交通协调发展。广州市公用事业管理局根据本市公共客运交通建设和发展需求，编制出租小客车站场、营业调度管理网点、运力投放计划，报市政府批准后实施	1998 年及以后赋值为 1，该年以前赋值为 0
《南宁市出租汽车客运管理办法》	2004	出租汽车客运经营权投放总量原则上按市区人口 25～30 辆/万人的比例确定，市人民政府可根据社会经济发展需要适时调整	2004 年及以后赋值为 1，该年以前赋值为 0
《海口市出租汽车定线汽车客运管理条例》	1996	出租汽车、定线汽车客运行业发展应当纳入本市城市发展规划，实行总量控制	1996 年 9 月 20 日及以后赋值为 1，该日以前赋值为 0
《重庆市出租汽车客运管理暂行办法》	2007	市交通行政主管部门应当根据城市总体规划、国民经济和社会发展需要，会同规划、公安、建设等部门编制全市和主城区出租汽车客运发展规划，报市人民政府批准后实施	2007 年及以后赋值为 1，该年以前赋值为 0
《成都市客运出租汽车管理条例》	1998	本市对客运出租汽车实行全面规划、统一管理、合法经营、公平竞争的原则。市人民政府根据城市建设和社会、经济发展的实际情况制定本市客运出租汽车发展规划和计划，并组织实施	1998 年及以后赋值为 1，该年以前赋值为 0
《贵阳市城市出租汽车客运管理规定》	1994	本市出租汽车客运管理，坚持总量控制、合理发展、营运权有偿提供的原则；实行统一规划、多家经营、统一管理，面向社会开放出租汽车客运市场，有计划地发展城市出租汽车客运事业	1994 年 10 月 8 日及以后赋值为 1，该日以前赋值为 0
《昆明市客运出租汽车管理条例》	1999	昆明市人民政府应当按照运力运量基本平衡的原则，对全市客运出租汽车行业实行统一规划、统一管理、统一审批	1999 年及以后赋值为 1，该年以前赋值为 0

续表

政策文件	实施年份	政策文件中有关数量规制条款	变量赋值
《西安市出租汽车管理条例》	2002	本市出租汽车行业的发展应当纳入经济和社会发展计划,做到合理规划、协调发展。市出租汽车行业行政主管部门根据城市建设和社会经济发展情况编制出租汽车行业发展计划,报经市人民政府批准后实施	2002 年及以后赋值为1,该年以前赋值为 0
《兰州市小型出租汽车客运管理办法》	1999	出租汽车客运实行统一管理、总量控制、有序发展的方针。出租汽车客运业的发展应当与城市总体发展、社会实际需要、城市道路交通状况相适应	1999 年及以后赋值为1,该年以前赋值为 0
《西宁市客运出租汽车管理条例》	2003	出租汽车客运的发展应当与城市经济社会发展水平和城市道路交通状况相适应,与城市公共交通客运相协调,坚持统一管理、宏观调控、合法经营、公平竞争、方便群众的原则	2003 年及以后赋值为1,该年以前赋值为 0
《银川市城市客运出租汽车管理条例》	1999	本市对出租汽车管理实行全面规划,协调发展,维护合法经营,鼓励公平竞争,根据城市发展需要制定本市出租汽车发展规划和计划,对出租汽车行业的发展规模、数量以及车辆标准实施宏观调控	1999 年及以后赋值为1,该年以前赋值为 0
《乌鲁木齐市客运出租汽车管理条例》	1998	本市客运出租汽车行业的发展和管理应坚持统一管理、协调发展、公平竞争、方便群众的原则。鼓励和引导客运出租汽车经营者进行规模化经营	1998 年及以后赋值为1,该年以前赋值为 0
《大连市客运出租汽车管理条例》	1997	大连市人民政府应将客运出租汽车行业发展纳入全市经济、社会发展总体规划和计划,并根据实际需要,对客运出租汽车行业发展规模、数量实施宏观调控	1997 年及以后赋值为1,该年以前赋值为 0
《青岛市出租汽车客运管理条例》	1997	出租汽车的运力投放额度计划,由青岛市交通行政主管部门会同有关部门编制,报青岛市人民政府批准后组织实施	1997 年及以后赋值为1,该年以前赋值为 0

续表

政策文件	实施年份	政策文件中有关数量规制条款	变量赋值
《宁波市出租汽车客运管理条例》	1998	出租汽车行业的发展规划和新增运力投放计划,由市交通行政管理部门会同市政公用、公安部门根据城市建设和社会、经济发展的实际情况编制,报市人民政府批准后实施	1998 年及以后赋值为 1,该年以前赋值为 0
《深圳经济特区出租小汽车管理条例》	1995	出租车行业发展应当纳入特区城市发展总体规划。出租车的数量由深圳市人民政府根据城市公共交通事业的发展需要实施宏观调控	1995 年及以后赋值为 1,该年以前赋值为 0
《厦门经济特区出租汽车营运管理条例》	2002	出租汽车行业发展规划由市交通行政管理部门根据本市城市建设和社会、经济发展的实际情况编制,报市人民政府批准后实施	2002 年及以后赋值为 1,该年以前赋值为 0

为了确保实证检验的精准性,根据上文的论述,回归分析中将城市 GDP 增长率($gdpzzl$)、城区人口增长率($cqrkzzl$)作为重要控制变量,以控制城市间由于经济发展速度和人口规模变化不同带来的出租车万人拥有量和出租车增长率不同。其中,城市 GDP 增长率($gdpzzl$)的数据[1]来自 1995—2014 年的《中国城市统计年鉴》(1994 年和 2000 年的数据缺失),城区人口增长率($cqrkzzl$)采用市区人口增量除以原市区人口总量并乘以 100% 计算所得,城区人口数据($cqrk$)来自 1995—2014 年的《中国城市统计年鉴》。出租车行业政府规制效果计量检验使用的所有指标的数据描述如表 5-2 所示。

表 5-2　出租车行业政府规制效果检验变量的数据描述

变量	含义	样本量	均值	标准差	最小值	最大值
$zfgz$	政府规制	700	0.693	0.462	0	1
$taxi$	出租车数量	700	11405.9	12394	822	67046
$twryyl$	出租车万人拥有量	700	33.337	15.078	6.47	118.12
$tzzl$	出租车增长率	700	7.879	30.553	−62.82	450.69
$cqrk$	城区人口	700	352.573	300.48	46.29	1787
$cqrkzz$	城区人口增长率	700	3.699	10.207	−37.45	117.89
$gdpzzl$	城市 GDP 增长率	630	13.376	5.078	−2.5	54.6

---

[1]　根据《中国城市统计年鉴》,这些数据均按 1990 年不变价计算所得。

二、实证结果分析

为确定回归分析采用固定效应还是随机效应模型,本书首先进行了
Hausman 检验,检验结果统计量的 P 值均小于 0.05,故选择固定效应模型。
同时,为避免变量共线对回归结果造成影响,在回归前进行了多重共线性检
验,检验结果表明各变量的方差膨胀因子均小于 10,即不存在变量共线现象。
此外,对所有模型进行了异方差和自相关检验,修正的 Wald 检验(Modified
Wald Test)结果表明均存在异方差,Wooldridge 检验结果显示均存在自相
关。为避免异方差和自相关问题影响回归结果的有效性,这里采用了 Driscoll
和 Kraay 提出的"异方差—序列相关—截面相关"稳健型标准误。[1] 表 5-3 报
告了所有回归模型的估计结果,这些结果反映了政府规制对出租车行业发展
水平的影响程度。其中,列(1)和列(3)是仅控制城市固定效应而没有加入其
他控制变量情形下的估计结果,列(2)、列(4)是在控制了城市固定效应基础上
并加入城市 GDP 增长率、城区人口增长率两个控制变量的估计结果。

表 5-3　政府规制对出租车行业发展水平的影响

变量	(1)	(2)	(3)	(4)
	$twryyl$	$twryyl$	$tzzl$	$tzzl$
$zfgz$	-3.115^{***} (0.617)	-3.445^{***} (0.722)	-16.735^{*} (9.206)	-6.504^{**} (3.047)
$gdpzzl$		0.125 (0.104)		-0.017 (0.056)
$cqrkzzl$		-0.132^{***}		0.063
城市固定效应	控制	控制	控制	控制
常数项	35.495^{***} (0.749)	34.501^{***} (2.059)	19.474^{**} (9.252)	9.528^{**} (3.667)
样本量	700	630	700	630
R^2	0.0252	0.0573	0.0531	0.0194
F 值	25.48	74.35	3.305	3.772

注:*、**、***分别表示在10%、5%、1%的水平下显著,括号内的数值是标准误。

[1]　DRISCOLL J C, KRAAY, A C. Consistent covariance matrix estimation with spatially dependent panel data[J]. The review of economics and statistics,1998,80(4):549-560.

从列(1)和列(2)中的回归结果上看,无论是否加入其他控制变量,在控制城市固定效应的基础上,政府规制变量($zfgz$)的系数均为负且在1%的显著性水平下显著,表明政府规制对出租车万人拥有量具有显著的负效应。从列(3)和列(4)中的回归结果上看,在控制城市固定效应且未加入其他控制变量的情况下,政府规制变量($zfgz$)的系数为负且在10%的水平下显著;加入控制变量后,政府规制变量($zfgz$)的系数仍为负且在5%的水平下显著,这表明政府规制对出租车增长率也具有显著的负效应。由此可见,政府规制对出租车行业发展水平具有负的影响,即政府规制在一定程度上抑制了出租车行业发展水平。

为进一步确保上述研究结论的可靠性,采用更换估计方法的方式进行稳健性检验。表5-4是运用可行广义最小二乘法(FGLS)对方程进行重新估计的结果。从结果上看,政府规制变量($zfgz$)的系数依然为负且在1%的水平下显著,表明政府规制对出租车万人拥有量($twryyl$)和出租车增长率($tzzl$)具有抑制效应。

表 5-4　稳健性检验-FGLS(广义最小二乘法)

变量	$twryyl$		$tzzl$	
	系数	标准误	系数	标准误
$zfgz$	−2.555***	0.507	−3.529***	0.793
$gdpzzl$	0.032	0.051	0.014	0.064
$cqrkzzl$	−0.149***	0.041	0.037	0.045
常数项	33.496***	0.72	5.465***	1.065
城市固定效应	控制		控制	
样本量	630		630	
$Prob > chi2$	0.0000		0.0001	

注: *、**、***分别表示在10%、5%、1%的水平下显著。

三、研究结论与启示

政府对出租车行业实施规制(尤其是数量规制)的一个重要目标,是确保出租车数量能够在满足需求和保持市场秩序之间达到平衡,不断提升出租车行业发展水平,进而维护和增进公共利益。通过选取1994—2013年35个城市的面板数据,运用固定效应模型方法,对出租车行业政府规制(主要是数量规制)效果进行实证检验发现,政府对出租车行业的规制(主要是数量规制)对出租车万人拥有量和出租车增长率都具有抑制效应,即政府规制(主要是数量规制)并没有很好地提升出租车行业发展水平。在这个意义上,政府对出租车行业的规制(主要是数量规制)并没有很好地服务于公共利益目标。事实上,自实施数量规制以来,我国绝大多数城市出租车增加数量和需求并不匹配(如石家庄市从 1998 年以来 14 年未增加 1 辆出租车),甚至有的城市出租车数量在减少(上海在 2013 年的运营出租车为 5.06 万辆,而 2015 年的运营出租车减少到 4.89 万辆)。但从 31 个省会城市的出租车万人拥有量来看,仅有乌鲁木齐、拉萨、北京等 10 个城市超过 20,占比 32.26%;南宁、福州、石家庄 3 个省会城市万人拥有量更是低于 10,分别为 9.62、8.59、6.27。[①]总而言之,多年以来许多城市出现的市民"出行难""打车难"等难题,集中反映出出租车行业中的规制失灵甚至规制悖论现象,这也支持了政府规制未能实现公共利益目标的观点。

出租车数量规制失灵或者规制悖论,在很大程度上源于其特有的规制空间与规制过程。在我国出租车行业规制空间中,中央部委、地方政府及相关职能部门、出租车企业、出租车司机、行业协会、社会公众等不同行动者构成了一个错综复杂的治理结构,这些行动者之间的博弈塑造了复杂治理结构的多重逻辑。这种多重逻辑,不仅体现在政府内部(不同层级的政府和不同职能部门)以及政府与市场(企业、司机)和社会(乘客)之间的分歧与冲突,而且体现在规制过程中既定规制目标的发生多重转化,如从中央部委到地方政府到职能部门,原本的行业规制目标(比如竞争有序)可能会转化为政府目标(比如推动增长、维护稳定)。这种复杂治理结构的多重逻辑形塑了政府行为,也影响着规制效果。例如,在运力增投方面,地方政府与交通部门存在明显分歧,前者关注的重点是如何迅速增加运力解决打车难问题,而后者则重点考虑行业秩序问题,因而对大规模投放非常谨慎,这种分化直接导致了严格的数量控制难以松动。正是因为如此,出租车运力增投过程变得艰难重重,以至于许多城市数年甚至数十年未新增运力。[②]

基于上述研究结论,为有效提升出租车行业发展水平,更好满足人民群众出行需求,出租车行业政府规制应从以下几个方面进行改革:一是探索建立政府部门、企业、从业人员、乘客及行业协会共同参与的多方协同治理机制,通过清晰的制度化平台促使不同主体进行协商对话,进而使多元主体间的零和博弈走向正和博弈。二是通过建立出租车运力动态监测和调整机制,推进出租

①　贾国强.31 省会城市出租车现状:21 城万人拥有量不达标重庆"份子钱"超万元为最高[J].中国经济周刊,2016(31):44-47.

②　陈时国,曹旭东.规制空间、规制过程与规制失灵:基于出租车数量规制的分析[J].山东大学学报(哲学社会科学版),2019(4):73-86.

车数量规制的科学化、合理化,有条件的城市可探索建立巡游车供需关系直接由市场调节的机制,使运力规模与市场需求相适应。三是充分借助"互联网+"技术,鼓励和规范网约车发展,并加快出租车行业数字化转型升级,重塑出租车总量控制的基本原则。四是充分利用大数据、云计算、人工智能等新一代数字技术,强化出租车信息化监管平台建设,及时掌握出租车服务供需信息,为实施动态的数量控制提供强有力的数据支撑。五是加快推动出租车运价市场化改革,建立常态化的运价动态调整机制,并强化服务质量和安全监管,确保出租车市场有序竞争。①

---

① 孙翊锋.湖南出租汽车行业发展现状、问题与对策研究[J].武陵学刊,2021(5):72-76.

第六章　出租车行业政府规制改革
　　　　效果的实证检验

　　长期以来,政府规制下的出租车行业普遍存在利益主体矛盾突出、市民"打车难"现象严重、整体服务质量欠佳、黑车泛滥等问题,尤其是近年来受网约车快速发展的巨大冲击,各种矛盾和问题更是不断凸显,严重制约着出租车行业的健康有序发展。正是在这样的背景下,2016 年,国务院办公厅印发了《关于深化改革推进出租汽车行业健康发展的指导意见》,从顶层设计上正式拉开出租车行业改革大幕。此后,各城市陆续出台了出租车行业改革的实施意见,有效推动出租车行业改革的落实落地。本章主要对出租车行业政府规制改革效果进行实证检验,以期回答出租车行业政府规制改革是否实现了预期目标等这些关键性问题。基于数据的可得性,本章主要考察出租车行业政府规制改革对行业发展水平的影响。

第一节　出租车行业政府规制改革概述

一、出租车行业政府规制改革的基本背景

　　我国出租车行业起步于 20 世纪 70 年代末,并在 90 年代中期迎来了一个短暂的快速发展阶段,但随着政府政策的逐渐趋紧,此后数十年出租车行业一直处于缓慢发展状态。从历史来看,世界各国出租车行业的发展一直或多或少受到政府的影响,我国出租车行业的发展更是深深打下了政府的烙印。1990 年代以前,由于沿袭了传统的计划经济体制,出租车行业基本由国有企业垄断,并形成了带有鲜明计划经济特色的出租车管理模式。20 世纪 90 年代中期,在市场化、城市化浪潮的推动下,出租车行业经历一个短暂的自由发展时期,并由此带来了行业大发展局面。出租车行业"井喷式"发展在产生有效满足人民出行需求、增加就业机会等一系列正面效应的同时,也带来服务质量恶化等一些"新的问题"和负面效应。在这种情形下,政府于 20 世纪 90 年代末开始对出租车行业实施全面规制,且此后数十年出租车行业一直处于政府的严格规制之下。

　　客观来讲,我国长期以来对出租车行业实行特许经营,在数量、价格等方面进行规制,对保护乘客权益、维护市场秩序、规范出租车运营等起到了很大的促进作用。正因为如此,出租车行业才能长期保持有序发展状态,在解决公众出行方面发挥着极为重要的积极作用。应当认识到,出租车行业政府规制是基于出租车服务特征确保出租车稳妥发展的重要举措,但如在实施过程中忽视数量、服务质量、价格、司机收入等动态监测和调整机制的建立,出租车市场也很容易形成各种问题,包括供求矛盾、区域服务能力差异、价格僵化、劳工矛盾、既得利益者阻碍调整等。① 就我国出租车行业政府规制制度而言,其主要问题在于采取特许经营制,实行严格的总量控制,推行公司制的准入形式,忽视市场供求规律,导致出租车市场的供求严重失衡;②僵硬的价格管制机制难以反映市民出行需求和成本变动特征;③出租车服务质量监管方面缺失和漏洞,导致行业服务极不规范,司机服务态度差、拒载、甩客甚至故意欺诈乘客等现象比比皆是;④出租车经营权配置和管理不规范,出租车行业管理部门、公司、司机之间的权利义务关系、经济利益分配出现严重的扭曲。⑤ 正是在政府不当规制下,我国出租车行业在发展中不断暴露出一些问题与矛盾,如市民"打车难"问题较为突出、服务质量与民众期望仍有较大差距、非法运营屡禁不止、行业不稳定事件时有发生等。⑥ 这些问题使得出租车行业饱受社会诟病,严重制约着出租车行业可持续发展。

　　同时,近年来随着移动互联网技术快速进入出租车行业,"网约车"或"专车"新业态迅猛发展,既严重冲击了传统出租车行业和管理体制,又带来了一些新的情况、新的问题,由此导致了新旧矛盾的交织,利益关系碰撞,出租车行业被推上了风口浪尖。具体而言,一方面,网约车的快速发展抢夺了传统出租车的市场份额,传统出租车司机收入显著下滑,尤其是初期的一些不规范发

---

　　① 徐康明,苏奎.出租车特许经营体制该打破吗:美国出租车管制体系发展历程的启示[N].中国青年报,2015-10-12.

　　② 徐天柱.网约车崛起背景下出租车规制制度改革探讨[J].新疆大学学报(哲学·人文社会科学版),2018(1):21-28.

　　③ 金通,朱晓艳,郑凌浩."互联网+"下的出租车:市场演化与嵌入式监管[J].财经论丛,2017(10):107-113.

　　④ 王学成,荣朝和.出租车行业管制下的出行服务平台发展研究[J].经济与管理研究,2016(6):90-97.

　　⑤ 王军武,冯儒,吴阳芬.我国出租车行业新模式与发展路径及其政府规制改革[J].贵州社会科学,2016(4):134-139.

　　⑥ 国务院发展研究中心发展战略和区域经济研究部课题组.我国出租汽车行业管理和发展面临问题及对策建议[J].改革,2008(8):128-138.

展，直接引发了传统出租车司机、企业与网约车司机、平台企业之间激烈的矛盾，也给原有的出租车行业格局带来了严重冲击。[①] 另一方面，互联网元素的快速加入，在提升服务、方便群众出行的同时，也暴露出了一些新问题、新情况，如网约车发展定位不清晰、主体责任不明确、非营运车辆的进入、乘客的安全和合法权益缺失等，对出租汽车市场造成极不公平的竞争问题。由此，网约车快速发展带来的一系列新老问题，迫切需要政府的积极回应，以保护各方利益，特别是乘客的合法权益。

总而言之，随着经济社会的快速发展以及新兴技术的推广应用，出租车行业的服务和人民群众不断增长的个性化的出行需求矛盾日益突出，各种问题已经到了迫切需要解决的时候。因此，深化出租车行业改革，尤其是政府规制方面的改革势在必行。

二、出租车行业政府规制改革的政策目标

随着出租车行业中各种问题和矛盾不断凸显，深化出租车行业改革也被纳入政府的议事日程。2016 年，国务院办公厅颁布了《关于深化改革推进出租汽车行业健康发展的指导意见》，交通运输部、工业和信息化部、公安部、商务部、工商总局、质检总局、国家网信办联合出台了《网络预约出租汽车经营服务管理暂行办法》，从中央层面正式启动了出租车行业改革。这次出租车行业改革的目标是什么呢？《关于深化改革推进出租汽车行业健康发展的指导意见》明确提出，"推进出租汽车行业结构改革，切实提升服务水平和监管能力，努力构建多样化、差异化出行服务体系，促进出租汽车行业持续健康发展，更好地满足人民群众出行需求"，并强调，"坚持乘客为本。把保障乘客安全出行和维护人民群众合法权益作为改革的出发点和落脚点，为社会公众提供安全、便捷、舒适、经济的个性化出行服务"。《网络预约出租汽车经营服务管理暂行办法》也指出："为更好地满足社会公众多样化出行需求，促进出租汽车行业和互联网融合发展，规范网络预约出租汽车经营服务行为，保障运营安全和乘客合法权益，根据国家有关法律、行政法规，制定本办法。"由此可见，这次深化出租车行业改革，始终坚持人民为中心，把更好满足人民群众出行需求和保障人民群众合法权益作为出发点和落脚点，统筹兼顾各方利益，寻求改革"最大公约数"，力求最大化社会公益和彰显社会公平正义。作为此次改革的核心内容，出租车行业政府规制改革旨在建立更有效、更科学的规制框架，切实提高出租车行业监管能力和服务水平，更好保障人民群众安全、经济、便捷、舒适出

---

① 张羽琦."互联网＋"背景下传统出租车改革与网约车发展[J].当代经济管理，2018(4):46-51.

行。显然,此次出租车行业政府规制改革最终指向的仍是方便群众出行这个最大的公益。坚持公共利益为本,是这次规制改革的出发点,也是落脚点。

三、出租车行业政府规制改革的主要内容

2016 年,中央层面从我国的实际情况出发,总结借鉴国内外出租车管理改革经验和教训,凝聚改革共识,形成了《关于深化改革推进出租汽车行业健康发展的指导意见》。作为此次出租车行业改革的纲领性文件,其主要内容涉及科学定位出租汽车服务、改革经营权管理制度、健全利益分配制度、理顺价格形成机制、规范网约车发展等方方面面,为深化出租车行业改革的指明了方向与思路。同时,交通运输部等部门又联合制定了《网络预约出租汽车经营服务管理暂行办法》,作为网约车规制的指导性文件,其主要内容涉及明确网约车发展定位、明确主体责任及准入条件、规定车辆条件、明确驾驶员条件、规范网络预约出租汽车经营行为等,为网约车规制提供了基本依据。尽管此次出租车行业改革涉及范围非常广泛,但政府规制改革无疑是其中的关键内容。

根据《关于深化改革推进出租汽车行业健康发展的指导意见》和《网络预约出租汽车经营服务管理暂行办法》,此次出租车行业改革中涉及政府规制改革的内容主要有:第一,在数量规制方面,建立出租车(主要是巡游车)动态监测和调整机制,及时调整运力规模,并逐步实现市场调节。第二,在价格规制方面,发挥市场在资源配置中的决定性作用,对网络预约出租汽车运价实行政府指导价或市场调节价,对巡游出租汽车运价实行政府定价或政府指导价;实行政府定价或政府指导价管理的,要科学制定、及时调整出租汽车运价水平和结构,建立出租汽车运价动态调整机制。第三,在准入规制方面,完善巡游车经营权的准入退出机制,建立完善以服务质量信誉为导向的出租汽车经营权配置和管理制度;规范发展网络预约出租汽车,对网络预约出租汽车经营者、车辆和驾驶员实施许可管理。第四,在服务质量规制方面,《关于深化改革推进出租汽车行业健康发展的指导意见》和《网络预约出租汽车经营服务管理暂行办法》提出一系列改革举措,如落实服务质量信誉考核制度和驾驶员从业资格管理制度,制定出租汽车服务标准、经营者和从业人员信用管理制度;积极运用互联网、大数据、云计算等技术,建立出租汽车经营者和驾驶员评价系统;建立政府牵头、部门参与、条块联动的联合监督执法机制和联合惩戒退出机制,建立完善监管平台,强化全过程监管……总而言之,这次改革在出租车总量、价格、经营权等方面的规制有所松动,而在服务质量规制方面则有所强化。

第二节　基本假设、变量设定与模型构建

一、基本假设

长期以来,在政府严格总量控制下,出租车行业发展水平与城市经济社会发展形势不相适应,进而导致出租车服务供给难以满足人民群众日益增长的出行需求。因此,如何推进出租车行业持续健康发展、有效提升出租车行业发展水平已成为各级党委政府面临的一项刻不容缓的重要任务。2016 年国务院出台的《关于深化改革推进出租汽车行业健康发展的指导意见》明确提出,要"推进出租汽车行业结构改革,切实提升服务水平和监管能力,努力构建多样化、差异化出行服务体系,促进出租汽车行业持续健康发展,更好地满足人民群众出行需求";并强调"要根据大中小城市特点、社会公众多样化出行需求和出租汽车发展定位,综合考虑人口数量、经济发展水平、城市交通拥堵状况、出租汽车里程利用率等因素,合理把握出租汽车运力规模及在城市综合交通运输体系中的分担比例,建立动态监测和调整机制,逐步实现市场调节"。显然,此次改革对长期制约着出租车行业发展的严格数量规制政策作出了相应调整,为出租车行业持续健康发展扫除了一些障碍。一旦常态化的动态监测和调整机制甚至市场调节机制得以建立,必将有效提升出租车行业发展水平,更好地满足人民群众出行需求。基于此,本书提出这样一个基本假设:良好的规制改革有助于提升出租车行业发展水平,即良好的规制改革会对出租车万人拥有量和出租车总量增长率产生正效应。

二、变量设定

基于公共利益视角和数据的可得性,本书仅致力于检验政府规制改革对出租车行业发展水平的影响,其具体变量设定情况如下:

(一)被解释变量的设定

为了科学合理地检验政府规制改革对出租车行业发展水平的影响,基于上文构建评价指标体系和数据的可得性,本书主要选取出租车万人拥有量和出租车增长率作为被解释变量。出租车万人拥有量反映的是某个城市内出租车的人均占有量,是衡量出租车行业发展水平的主要指标,也是考量公共利益情况的重要指标。对于某一城市来讲,只有万人拥有的出租车数量达到并保持一定水平,才能确保出租车服务的可得性和服务水平,进而才能维护和增进

社会公共利益。出租车增长率是反映一定时期出租车行业发展水平变化程度的动态指标,也是影响公共利益目标实现的重要因素。只有保持出租车增长率与城市经济社会发展以及人们出行需求相适应,才能确保广大社会公众获得高质量的出租车服务,进而才能实现公共利益目标。

(二)解释变量的设定

解释变量的设定主要涉及规制改革变量的设定和控制变量的设定。对于规制改革变量,本书主要采用虚拟变量方法进行构造。2016 年出台的《关于深化改革推进出租汽车行业健康发展的指导意见》明确提出坚持属地管理原则,并强调"城市人民政府是出租汽车管理的责任主体,要充分发挥自主权和创造性,探索符合本地出租汽车行业发展实际的管理模式"。实际上,此次出租车行业改革在实践中主要按照"中央统筹指导、地方具体负责"的基本思路进行推进,即中央政府从顶层设计层面对出租车行业改革进行统一部署,地方政府则根据中央部署并结合本地实际制定实施细则来落实各项改革任务。这意味着在中央政策作出统一部署的情形下,出租车行业的发展主要取决于地方政府的改革举措及行为,而各地推行改革时间和力度又不尽相同。由此,在某一个时期内,可以根据地方政府是否采取了改革举措及行为,将规制改革变量构造成一个 0～1 虚拟变量。具体做法是某地某一年制定并实施了出租车行业改革的政策文件,则规制改革变量取值为 1,否则取值为 0。

为了尽可能准确估计出租车行业政府规制改革效果,本书主要从城市经济、城市人口、城市交通等方面来考虑控制变量的设定。由于城市公共交通(包括公共汽电车、轨道交通等)通常不会直接作用于出租车行业(主要通过政府政策对出租车行业产生间接影响),在控制变量中不予考虑。对于城市经济因素的控制,本书采用反映城市经济发展水平变动情况的 GDP 增长率这一具体指标。对于城区人口因素的控制,本书采用反映城市人口规模变化程度的城区人口增长率这一具体指标。

三、模型构建

为了有效评价出租车行业政府规制改革效果,本书采用固定效应模型方法来构建计量检验模型,其具体回归模型设定如下:

$$twryyl_{it} = \alpha + \beta_1 gzgg_{it} + \sum_j \theta_j kzbl_{it} + c_i + \varepsilon_{it} \qquad (6-1)$$

$$tzzl_{it} = \alpha + \beta_1 gzgg_{it} + \sum_j \theta_j kzbl_{it} + c_i + \varepsilon_{it} \qquad (6-2)$$

在回归方程 6-1 和 6-2 中,下标 i 和 t 分别代表第 i 个城市和第 t 年。$twryyl_{it}$ 和 $tzzl_{it}$ 是被解释变量,分别代表出租车万人拥有量和出租车增长率。α 代表常数项。$gzgg_{it}$ 是核心解释变量,为反映规制改革的 0～1 虚拟变量;β_1 是解释变量的系数,预期为正。$kzbl_{it}$ 是一组控制变量,主要包括 $gdpzzl_{it}$ 和 $cqrkzzl_{it}$,前者为衡量城市经济发展水平变化程度城市 GDP 增长率(%),后者为反映城市人口规模变化情况的城区人口增长率(%);θ_j 是这些控制变量的系数,当出租车行业发展水平与城市经济发展水平及人口规模变化相适应时,预期为正。c_i 为城市固定效应。ε_{it} 为随机误差项,假定 $\varepsilon_{it} \sim i.i.d.(0, \sigma_i^2)$。

第三节　数据说明与结果分析

一、样本及数据说明

2013 年,党的十八届三中全会吹响了全面深化改革的号角,新一轮改革浪潮迅速席卷各个领域、各个行业。随着出租车行业痼疾不断凸显,尤其是在网约车的巨大冲击下,出租车行业改革也被提上议事日程。2015 年,国务院批转发展改革委《关于 2015 年深化经济体制改革重点工作的意见》特别提出,将出台深化出租汽车行业改革指导意见。同年,交通运输部发布了《关于深化改革进一步推进出租汽车行业健康发展的指导意见》和《网络预约出租汽车经营服务管理暂行办法》的征求意见稿。2016 年,国务院颁布了《关于深化改革推进出租汽车行业健康发展的指导意见》,同时交通运输部、工信部等 7 部委联合发布《网络预约出租汽车经营服务管理暂行办法》,拉开了出租车行业改革的序幕。随后,各地陆续出台了深化出租车行业改革的实施意见和网约车监管的实施细则,推动出租车行业改革落地落实。基于此,出租车行业政府规制改革效果实证检验的样本区间设定为 2013—2018 年。同时,考虑到规制改革变量构造的可行性和实证检验所需数据的可得性,出租车行业政府规制改革效果实证检验的截面范围仅涵盖北京、上海、天津、重庆、广州、深圳等 36个中心城市。实证检验采用的所有变量的原始数据均来自《中国交通运输统计年鉴》(2013—2018 年)、《中国城市建设统计》(2013—2018 年)以及《中国城市统计年鉴》(2014—2019 年)。每个变量的具体情况如下:

出租车万人拥有量($twryyl$)由出租车总量(辆)/城市人口数量(万人)计算所得,出租车增长率($tzzl$)用城市出租车增量除以上年出租车总量并乘以100% 计算所得。其中,出租车总量(辆)用城市出租车车辆数($taxi$)来度量,数据来源于 2013—2018 的《中国交通运输统计年鉴》;城市人口数量(万人)用城区人口数量($cqrk$)来衡量,数据来源于 2013—2018 年的《中国城市建设统计年鉴》。规制改革（$gzgg$）设定为一个 0～1 虚拟变量，城市 i 在第 t 年颁布实施了深化出租车行业改革的实施意见，则取值为 1，否则取值为 0。表 6-1 是规制改革变量的具体赋值情况。

表 6-1　规制改革变量赋值情况

城市	政策文件	颁布时间	变量赋值
北京	《北京市人民政府办公厅关于深化改革推进出租汽车行业健康发展的实施意见》（京政办发〔2016〕49 号）	2016 年	2016 年以前赋值为 0，该年及以后赋值为 1
天津	样本区间内未出台出租车行业改革方面的相关政策文件		样本区间都赋值为 0
石家庄	样本区间内未出台出租车行业改革方面的相关政策文件		样本区间都赋值为 0
太原	《太原市人民政府办公厅关于深化改革推进出租汽车行业健康发展的实施意见》（并政办发〔2017〕27 号）	2017 年	2017 年以前赋值为 0，该年及以后赋值为 1
呼和浩特	《呼和浩特市人民政府办公厅关于深化改革推进出租汽车行业健康发展的实施意见》（呼政办发〔2017〕76 号）	2017 年	2017 年以前赋值为 0，该年及以后赋值为 1
沈阳	《沈阳市人民政府办公厅关于深化改革推进出租汽车行业健康发展的实施意见》（沈政办发〔2017〕6 号）	2017 年	2017 年以前赋值为 0，该年及以后赋值为 1
长春	《长春市人民政府关于印发长春市深化出租汽车行业改革实施方案的通知》（长府发〔2017〕6 号）	2017 年	2017 年以前赋值为 0，该年及以后赋值为 1
哈尔滨	《哈尔滨市人民政府办公厅关于深化改革推进出租汽车行业健康发展的实施意见》（哈政办规〔2017〕25 号）	2017 年	2017 年以前赋值为 0，该年及以后赋值为 1
上海	《上海市人民政府印发〈关于本市深化改革推进出租汽车行业健康发展的实施意见〉的通知》（沪府发〔2016〕98 号）	2016 年	2016 年以前赋值为 0，该年及以后赋值为 1
南京	《南京市人民政府关于深化出租汽车行业改革的实施意见》（宁政发〔2017〕13 号）	2017 年	2017 年以前赋值为 0，该年及以后赋值为 1

续表

城市	政策文件	颁布时间	变量赋值
杭州	《杭州市人民政府关于深化出租汽车行业改革的指导意见》（杭政函〔2015〕158号）	2015年	2015年以前赋值为0，该年及以后赋值为1
合肥	《合肥市人民政府关于深化改革推进出租汽车行业健康发展的实施意见（暂行）》（合政〔2016〕177号）	2016年	2016年以前赋值为0，该年及以后赋值为1
福州	《福州市人民政府印发关于深化出租汽车行业改革实施方案的通知》（榕政综〔2016〕351号）	2016年	2016年以前赋值为0，该年及以后赋值为1
南昌	《南昌市人民政府关于印发南昌市人民政府关于深化改革推进出租汽车行业健康发展的实施意见的通知》（洪府发〔2017〕17号）	2017年	2017年以前赋值为0，该年及以后赋值为1
济南	《济南市人民政府关于深化出租汽车行业改革的实施意见》（济政〔2017〕29号）	2017年	2017年以前赋值为0，该年及以后赋值为1
郑州	《郑州市人民政府办公厅关于郑州市深化改革推进出租汽车行业健康发展的实施意见》（郑政办〔2017〕2号）	2017年	2017年以前赋值为0，该年及以后赋值为1
武汉	《市人民政府关于深化改革推进客运出租汽车行业健康发展的实施意见》（武政规〔2017〕16号）	2017年	2017年以前赋值为0，该年及以后赋值为1
长沙	《长沙市人民政府办公厅关于深化改革推进全市出租汽车行业健康发展的实施意见》（长政办发〔2017〕14号）	2017年	2017年以前赋值为0，该年及以后赋值为1
广州	《广州市人民政府关于深化改革推进出租汽车行业健康发展的实施意见》（穗府〔2016〕20号）	2016年	2016年以前赋值为0，该年及以后赋值为1
南宁	《南宁市人民政府办公厅关于深化改革推进出租汽车行业健康发展的意见》（南府办〔2017〕15号）	2017年	2017年以前赋值为0，该年及以后赋值为1
海口	《海口市人民政府关于出租车行业深化改革的实施意见》（海府〔2017〕28号）	2017年	2017年以前赋值为0，该年及以后赋值为1

续表

城市	政策文件	颁布时间	变量赋值
重庆	《重庆市人民政府办公厅关于深化改革推进出租汽车行业健康发展的实施意见》（渝府办发〔2016〕268号）	2016年	2016年以前赋值为0，该年及以后赋值为1
成都	《成都市人民政府办公厅关于深化改革推进我市出租汽车行业健康发展的实施意见》（成办发〔2016〕43号）	2016年	2016年以前赋值为0，该年及以后赋值为1
贵阳	《贵阳市人民政府办公厅关于深化改革推进出租汽车行业健康发展的实施意见》（筑府办发〔2016〕44号）	2016年	2016年以前赋值为0，该年及以后赋值为1
昆明	《昆明市人民政府关于深化改革推进出租汽车行业健康发展的实施意见》（昆政规〔2018〕1号）	2018年	2018年以前赋值为0，该年及以后赋值为1
拉萨	《拉萨市人民政府印发〈关于积极稳妥推进全市出租汽车行业改革的实施意见〉的通知》（拉政发〔2020〕34号）	2020年	样本区间都赋值为0
西安	《西安市人民政府办公厅关于印发〈西安市关于深化改革推进出租汽车行业健康发展的实施意见〉的通知》（市政办发〔2018〕51号）	2018年	2018年以前赋值为0，该年及以后赋值为1
兰州	《兰州市人民政府办公厅关于深化出租汽车行业改革发展的实施意见》（兰政办发〔2017〕52号）	2017年	2017年以前赋值为0，该年及以后赋值为1
西宁	《西宁市人民政府关于印发西宁市深化改革推进出租汽车行业健康发展的实施意见和西宁市网络预约出租汽车经营服务管理暂行办法的通知》（宁政〔2017〕21号）	2017年	2017年以前赋值为0，该年及以后赋值为1
银川	《银川市人民政府办公厅关于深化改革推进出租汽车行业健康发展的实施意见》（银政办发〔2017〕74号）	2017年	2017年以前赋值为0，该年及以后赋值为1
乌鲁木齐	样本区间内未出台出租车行业改革方面的相关政策文件		样本区间都赋值为0
大连	《大连市人民政府办公厅关于深化改革推进出租汽车行业健康发展的实施意见》（大政办发〔2016〕186号）	2016年	2016年以前赋值为0，该年及以后赋值为1

续表

城市	政策文件	颁布时间	变量赋值
青岛	《青岛市人民政府关于深化改革推进出租汽车行业健康发展的实施意见》（青政发〔2016〕32号）	2016年	2016年以前赋值为0,该年及以后赋值为1
宁波	《宁波市人民政府关于深化宁波市出租汽车行业改革的意见》（甬政发〔2016〕22号）	2016年	2016年以前赋值为0,该年及以后赋值为1
深圳	《深圳市人民政府关于深化改革推进出租汽车行业健康发展的实施意见》（深府〔2016〕104号）	2016年	2016年以前赋值为0,该年及以后赋值为1
厦门	样本区间内未出台出租车行业改革方面的相关政策文件		样本区间都赋值为0

　　由于各城市经济发展和人口规模情况会直接影响出租车万人拥有量（$twryyl$）和出租车增长率（$tzzl$）,并可能会作用于规制改革变量（$gzgg$）,有必要将城市GDP增长率（$gdpzzl$）、城区人口增长率（$cqrkzzl$）作为控制变量纳入回归方程,以确保估计结果的准确性。其中,城市GDP增长率（$gdpzzl$）的数据来自2014—2019年的《中国城市统计年鉴》;城区人口增长率（$cqrkzzl$）采用城区人口增量除以原城区人口总量并乘以100%计算所得,城区人口（$cqrk$）数据来自2013—2018年的《中国城市建设统计年鉴》。

　　综上所述,出租车行业政府规制改革效果实证检验使用的所有变量的数据描述如表6-2所示。

表6-2　出租车行业 政府规制改革效果检验变量的描述性统计

变量	含义	样本量	均值	标准差	最小值	最大值
$gzgg$	规制改革	216	0.347	0.477	0	1
$taxi$	出租车总量	216	13717.5	12659	1160	70035
$twryyl$	出租车万人拥有量	216	34.478	11.957	14.58	114.38
$tzzl$	出租车增长率	216	2.137	5.579	−15.28	24.39
$cqrk$	城区人口	216	457.595	482.74	14.6	2425.68
$cqrkzzl$	城区人口增长率	216	4.076	14.72	−70.03	111.03
$gdpzzl$	城市GDP增长率	216	9.618	13.702	−2.93	205.94

二、实证结果及分析

在面板数据模型的选择上,根据 Hausman 检验结果,采用固定效应模型进行估计。[①] 同时,根据修正的 Wald 检验(Modified Wald test)结果和 Wooldridge 检验结果,所有模型均不同程度地存在异方差和自相关检验问题。因此,为确保估计结果的有效性,所有回归结果均采用了 Driscoll 和 Kraay 提出的"异方差—序列相关—截面相关"稳健型标准误。[②] 表 6-3 汇报了所有计量模型的估计结果,这些结果反映了规制改革对出租车行业发展水平的影响程度。其中,列(1)和列(3)是仅控制城市固定效应而没有加入其他控制变量情形下的估计结果,列(2)、列(4)是在控制了城市固定效应基础上并加入城市 GPD 增长率、城区人口增长率两个控制变量的估计结果。

表 6-3　规制改革对出租车行业发展水平的影响

变量	(1)	(2)	(3)	(4)
	$twryyl$	$twryyl$	$tzzl$	$tzzl$
$gzgg$	-1.574^{***}	-1.191^{*}	-2.513^{**}	-2.500^{**}
	(0.371)	(0.463)	(0.665)	(0.685)
$gdpzzl$		-0.148^{**}		-0.036
		(0.039)		(0.030)
$cqrkzzl$		-0.273^{***}		-0.031
		(0.064)		(0.023)
城市固定效应	控制	控制	控制	控制
常数项	35.024^{***}	37.429^{***}	3.010^{***}	3.475^{***}
	(0.142)	(0.597)	(0.500)	(0.788)
样本量	216	216	216	216
R^2	0.0167	0.575	0.0490	0.0625
F 值	17.98	379.8	14.29	4.837

注:*、**、***分别表示在 10%、5%、1%的水平下显著,括号内的数值是标准误。

从列(1)和列(2)中的回归结果上看,在控制城市固定效应且没有加入其

[①]　在以 $tzzl$ 为被解释变量的回归模型中,Hausman 检验结果统计量的 P 值为 0.0762,但本书仍选择采用固定效应。

[②]　DRISCOLL J C, KRAAY, A C. Consistent covariance matrix estimation with spatially dependent panel data[J]. The review of economics and statistics,1998,80(4):549-560.

他控制变量的情形下,规制改革变量($gzgg$)的系数为负且在 1% 的水平下显著;加入城市 GDP 增长率($gdpzzl$)和城区人口增长率($cqrkzzl$)两个控制变量后,规制改革变量($gzgg$)的系数仍为负且在接近 5% 的水平下显著(P 值为 0.05)。上述结果表明,政府规制改革并没有增加出租车万人拥有量。从列(3)和列(4)中的回归结果上看,在控制城市固定效应的情况下,无论是否加入其他控制变量,规制改革变量($gzgg$)的系数为负且在 5% 的水平下显著,这表明规制改革并未对出租车增长率产生显著的正效应。总而言之,上述实证结果表明,政府规制改革并未显著地提升出租车行业发展水平。

为进一步确保上述实证结果的可靠性,本章采用更换估计方法的方式进行稳健性检验。具体做法是运用可行广义最小二乘法(FGLS)来处理城市(面板)之间的异方差性和城市(面板)内部存在的一阶自相关问题(AR(1)过程的系数是特定于每个面板的)。表 6-4 是运用可行广义最小二乘法(FGLS)对方程进行重新估计的结果。从结果上看,规制改革变量($gzgg$)的系数依然为负且在 1% 的水平下显著,表明规制改革并没有对出租车万人拥有量($twryyl$)和出租车增长率($tzzl$)产生正效应。

表 6-4　稳健性检验-FGLS(可行广义最小二乘法)

变量	$twryyl$		$tzzl$	
	系数	标准误	系数	标准误
$gzgg$	−0.761***	0.287	−1.736***	0.427
$gdpzzl$	0.063	0.049	−0.043	0.039
$cqrkzzl$	−0.241***	0.013	−0.008	0.011
常数项	32.803***	0.751	2.843***	0.444
城市固定效应	控制		控制	
样本量	216		216	
$Prob > chi2$	0.0000		0.0004	

注:*、**、***分别表示在 10%、5%、1% 的水平下显著。

三、研究结论与讨论

2016 年以来,我国出租车行业领域自上而下地掀起了一场轰轰烈烈的改革运动。此次改革的一个重要任务,是通过放松出租车总量控制等规制改革,不断提升出租车行业发展水平,更好地满足人民群众出行需求,进而维护和增进社会公共利益。然而,通过选取 2013—2018 年 36 个城市的面板数据,运用固定效应模型方法,对出租车行业政府规制改革效果的实证考察发现,政府规制改革对出租车万人拥有量和出租车增长率都产生了负面效应。也就是说,这次政府规制改革并未有效提升出租车行业发展水平。在这个意义上,政府规制改革并没有很好地实现公共利益目标。

究其根源,主要在于地方政府对中央政策贯彻落实不到位。尽管中央关于出租车行业改革的政策明确提出了放松规制(如放松总量控制、价格管制等)的要求,但地方政府作为出租车行业改革政策的实施主体,除了考虑中央单一部门(交通运输部门)的目标(如放松总量控制要求等),更要考虑地方的综合发展目标(如维护社会稳定等)。而在协调多元目标的过程中,中央单一部门的政策效果在地方政府的综合考虑中往往被稀释,很难达到其预期的目标和效果。[①] 也就是说,地方政府基于维护社会稳定等多重目标的考量,对出租车总量控制政策并未松动(如许多地方交通部门提出的新增出租车数量计划没有得到城市人民政府的批准),出租车运力动态调节机制实际上还未建立起来。此外,近年来网约车等新业态的快速发展(部分城市的网约车数量超过甚至远远巡游车数量),有效缓解了城市居民"打车难"问题,大大减轻了出租车数量规制的压力[②],这客观上使得放松总量控制政策更加难以落实落地。

由于当前各地对巡游车的严格总量控制政策未松动以及对网约车的监管政策趋紧,严重制约着出租车行业发展水平的提升,进而使得出租车服务供给难以满足人民群众日益增长的出行需求尤其是个性化出行需求。为此,当务之急需进一步深化出租车行业政府规制改革,不断提升出租车行业发展水平。首先,健全巡游出租车(简称巡游车)运力动态调节机制,使运力规模与市场需求相适应,有条件的中、小城市,应更好发挥市场机制的作用,调节巡游车供需关系。其次,采取"一松一紧"的改革策略,对巡游车以政策"松绑"为主,对网约车以规范为重,通过巡游车数量调整、网约车合规化增量来扩大有效供给,满足高品质、多样化、差异化出行需求。最后,按照以巡游车为主、网约车为辅的发展思路,对巡游车和网约车实行错位经营和差异化发展策略,构建既相互独立又相互补充,相得益彰又和谐稳定的多样化出租车服务体系。

---

① 丁元竹.出租汽车行业的根本问题和改革路径[J].中国发展观察,2015(10):56-57.

② 陈时国,曹旭东.规制空间、规制过程与规制失灵:基于出租车数量规制的分析[J].山东大学学报(哲学社会科学版),2019(4):73-86.

第七章 深化出租车行业政府规制 改革的需求分析

2013 年,党的十八届三中全会吹响了全面深化改革的号角。在此背景下,出租车行业改革也被提上议事日程,并在 2015 年成为中国"井喷"话题。2016 年,国务院办公厅印发了《关于深化改革推进出租汽车行业健康发展的指导意见》,拉开了出租车行业改革的大幕。近年来,各地在出租汽车行业改革方面进行了积极探索,取得了一定成效,也存在改革进展较慢、改革力度不大、改革效果欠佳等问题,迫切需要进一步深化改革,以期推进行业健康发展,更好地满足人民群众多样化出行需求。本章基于对出租车行业政府规制及改革效果的实证检验的基础之上,探讨了进一步深化出租车行业政府规制改革的现实需求。

第一节 规避出租车行业政府规制 失灵的迫切要求

一、政府规制失灵及表现

规制一直是最有争议的话题之一,批评者认为规制干预了市场的效率,而支持者则认为设计良好的规制不仅能提高市场效率,还有助于确保市场结果更加公平。[①] 根据公共利益理论,规制的正当性基础在于发现市场运作中的缺陷并予以纠正。[②] 换而言之,垄断权力、租金或"超额利润"、外部性、不充分信息、过度竞争等市场失灵现象的存在,为规制的介入提供了正当化理据。[③] 由此可知,规制是政府对市场失灵的最通常的反应,其目的是通过采取规制手

---

① STIGLITZ J E. Government failure VS. market failure: principles of regulation [M]//BALLEISEN E J, MOSS D A. Government and markets: toward a new theory of regulation. New York: Cambridge university press, 2010: 13-25.

② 安东尼·奥格斯.规制:法律形式与经济学理论[M].骆梅英,译.北京:中国人民大学出版社,2008:15.

③ 史蒂芬·布雷耶.规制及其改革[M].李洪雷,等译.北京:北京大学出版社,2008:17-45.

段来矫正市场失灵问题,进而维护和增进公共利益。[①] 需要强调的是,尽管政府干预经济社会时具备很多优势,但市场失灵的存在也仅仅是政府规制的必要条件而非充分条件。[②] 这意味着,市场失灵的存在为政府的介入提供了可能性,但市场的作用却是政府无法代替的。[③] 应当认识到,"市场与政府之间的选择基本上是一种在两种不完善的可选事物之间的选择"[④]。正如有多种"市场失灵"的可能性一样,也有"政府失灵"的可能性。[⑤] 事实上,政府并不是万能的,政府规制也并不是解决市场失灵问题的"灵丹妙药"。[⑥] 实践中政府规制无效率,政府规制的产生不完全是因为市场失灵,政府规制方案产生不合意的间接效应。[⑦]

过去几十年以来,人们越来越认识到,通过政府规制促进"公共利益"的努力出现了严重问题,以至于规制干预受到了基于多种不同原因的批评。[⑧] 批评者指出,规制实际上相当于不公正地干预选择自由,并且还经常违反政府的首要义务——即在相互竞争的关于善好的概念之间保持中立——而僭越私人决定。规制只是表面上宣传符合公共利益,仔细审查就会发现它们是利益集团转移——以牺牲其他公民的利益为代价而保护组织严密之私人集团的利益。[⑨] 对规制最有力的批评通常是经验性的。20世纪50年代末以来,经济学家开始提出越来越多的经验证据,表明公共规制行业,如运输业、航空业和提供公共设施的行业,似乎没有预期的那么有效。规制与外部经济、不经济或垄

① 胡税根,黄天柱.政府规制失灵与对策研究[J].政治学研究,2004(2):114-124.

② 王俊豪.管制经济学原理[M].北京:高等教育出版社,2014:24.

③ 郑秉文.强大的国家与发达的市场——国家与市场关系的讨论:经济学的一个永恒话题[M]//约瑟夫·E.斯蒂格利茨.政府为什么干预经济.郑秉文,译.北京:中国物资出版社,1998:10-11.

④ 查尔斯·沃尔夫.市场,还是政府:市场、政府失灵真相[M].陆俊,谢旭,译.重庆:重庆出版社,2009:62.

⑤ GUASCH J L, HAHN R W. The costs and benefits of regulation:implications for developing countries[J]. The world bank research observer,1999,14(1):137-158.

⑥ 张庆霖,苏启林.政府规制失灵:原因与治理[J].经济学动态,2009(4):38-41.

⑦ 张红凤.西方政府规制理论变迁的内在逻辑及其启示[J].教学与研究,2006(5):70-77.

⑧ CUTLER L N, DAVID R J. Regulation and the political process[J]. The Yale law journal,1974,84(7):1395-1418.

⑨ 凯斯·R.桑斯坦.权利革命之后:重塑规制国[M].钟瑞华,译.北京:中国人民大学出版社,2008:35.

断市场结构的存在并不呈正相关。① 这些经验证据进一步表明,政府规制政策的运作似乎没有考虑到效率目标,也没有考虑到传统公共利益意义上的收入分配目标,即实现更公平的收入分配。② 由此可知,政府规制失灵是普遍存在的。③

　　尽管规制失灵在各类语境中被频繁使用,但给规制失灵下一个单一的定义并不容易。规制失灵通常被认为既是一个客观观察(或分析)问题,也是一个感知(或修辞)问题。而且,人们如何理解规制失灵,会受到他们如何看待规制(的必要性)的影响。④ 根据 Jeroen 的梳理,规制失灵可以从四个角度去阐释:一是从公共利益视角看,规制失灵意味着旨在克服市场失灵或保护广大公众的规制未能实现这一目标,还包括规制的(货币和其他)成本不超过其收益的情况,主要表现为规制设计方面的失败、规制实施方面失败以及由于规制的经济成本(和缺乏利益)而导致的失败。二是从公共选择视角看,规制失灵意味着规制未能保护广大公众,因为官僚、政策制定者或规制机构自愿滥用权力,或者因为他们遭受认知失败,集中体现为自私自利的官僚和机构、有限的理性以及选举/立法/司法方面的失败。三是从私人利益角度看,规制失灵意味着规制者受到目标对象、受益者和政治委托人的影响("俘获"),以至于他们系统地忽视了公共利益,主要表现为俘获和规制的生命周期理论(life-cycle theory of regulation)两个方面。四是从制度视角看,规制失灵指对规制体系进行了错误的变革,引入了错误的新规制体系(或错误地拆除了合适的体系),或者没有发生必要的变化,集中表现为渐进式变革导致的规制失灵、危机和冲击导致的规制失灵以及没有变革导致的规制失灵等三个方面。⑤ 本书主要从公共利益的视角来理解规制失灵,即指规制不能保护广大公众的情况,例如未能解决市场失灵问题。

---

　　① HÄGG P G. Theories on the economics of regulation: a survey of the literature from a European perspective[J]. European journal of law and economics, 1997, 4(4):337-370.

　　② KEELER T E. Theories of regulation and the deregulation movement[J]. Public choice, 1984, 44(1):103-145.

　　③ 李郁芳.政府规制失灵的理论分析[J].经济学动态,2002(6):38-41.

　　④ DONADELLI F, HEIJDEN J. The regulatory state in developing countries: redistribution and regulatory failure in Brazil[J/OL]. Regulation & governance(2022), DOI:10.1111/rego.12459.

　　⑤ HEIJDEN J. Regulatory failure: a review of the international academic literature[R]. State of the art in regulatory governance research paper, 2022.

二、出租车行业政府规制存在不同程度的失灵

一般认为,政府对出租车行业施加规制,旨在解决缺乏竞争性市场、不完全信息、交易成本高、外部效应、"撇奶油"(cream skimming)、规模经济和范围经济的损失以及破坏性或过度竞争等市场失灵问题,从而维护和增进广大消费者(乘客)的福利。① 事与愿违,政府规制似乎并不是解决出租车行业市场失灵的灵丹妙药。② 实践中政府对出租车行业规制经常产生与预期完全相反的结果,以至于该行业常被用作规制失灵的教科书案例。具体而言,第一,经济理论和数十年的经验证据表明,对出租车实施的各种价格控制会导致较为严重的短缺或过剩。第二,高昂的许可费和其他准入规制壁垒可能会削弱竞争。第三,要求使用顶灯(dome lights)、螺栓固定的硬件(bolted-on hardware)和强制油漆方案(mandated paint schemes)对出租车进行重大改造,这会降低这些资产在替代用途中的价值,从而为退出造成障碍。第四,某些信用卡读卡器(credit card readers)等强制性技术"锁定"(lock in)了过时且低效的商业模式。第五,诸如特定类型的背景调查(background checks)等强制性商业实践将行业"锚定"(anchor)在特定方法上,从而阻碍了消费者安全方面的创新。第六,规则经常会产生意想不到的后果,即使是看似无害的要求,如所有出租车都采用统一的油漆方案,这也削弱了公司通过大力维护质量来保护其品牌声誉的动力。第七,由于规制干预保护现有公司免受竞争,这些公司被赋予一定程度的垄断权力,并且能够在一段时间内赚取高于正常利润的利润,从而导致消费者和潜在竞争对手的利益受损。第八,政府对出租车行业的规制衍生出了寻租腐败现象,当规制政策保护公司免受竞争而获取高额利润时,受保护的公司通常会使用各种资源进行寻租。第九,由于受保护的公司不受竞争约束,它们往往不太关注运营成本,生产效率低下,同时也使公司对客户需求的关注度降低。第十,随着时间的推移,规制保护降低了行业的增长率,因为它们导致企业家将精力转向寻找新的方式来获得监管特权并击退提供给竞争对手的特权,而不是寻找新的方式来为客户创造价值。③

在我国,由于出租车行业政府规制政策设计和实施上的一些缺陷,规制效

① DEMPSEY P S. Taxi industry regulation, deregulation and reregulation: the paradox of market failure[J]. Transportation law journal, 1996, 24(1): 73-120.

② 孙翊锋. 出租车行业政府规制效果研究进展与前瞻[J]. 中共福建省委党校学报, 2015(5): 65-69.

③ FARREN M D, KOOPMAN C, MITCHELL M D. Rethinking taxi regulations: the case for fundamental reform[J/OL]. SSRN electronic journal, 2016, DOI: 10.2139/ssrn. 2838918.

果并不理想。① 正因为如此,政府对出租车行业的规制饱受社会各界的批评与诟病。批评者认为,严格的数量规制直接导致出租车市场供需失衡,并带来一系列出租车服务问题,如打车难、服务质量较差等②,僵化的价格规制无法使得出租车运价对市场供求状况的基础调节作用③,无法体现市民出行需求和成本变动特征④,歧视性进入规制和僵硬的数量规制直接导致严重的黑车问题⑤,并由此衍生出政府相关部门对黑车的查处和惩罚责任,增加社会管理成本⑥,经营权特许的公司化倾向与管制措施的潜在引导形塑了出租车公司的垄断地位,造成出租车行业利益分配不均,引发诸多社会矛盾⑦,严格的准入歧视、价格和数量等规制政策无法消除出租车行业的负外部性,并导致权力寻租、社会福利损失和直接社会成本增加⑧,由此带来了出租车行业效率与公平的双重缺失。⑨ 总而言之,学者普遍认为,政府对出租车行业的规制不仅未能有效解决不完全信息、负外部效应等市场失灵问题,反而使得出租车行业中各种问题与矛盾层出不穷(如司机罢运事件频发、乘客打车困难、服务质量恶化、各种黑车泛滥、出租车企业暴利等),这也意味着在某种程度上政府规制背离了公共利益目标。

当然,对出租车行业政府规制失灵的确证需要更多经验证据的支持。上文通过对出租车行业政府规制效果的实证检验发现,政府对出租车行业的规制并没有很好地实现以提升出租车行业发展水平为依归的公共利益目标。这充分支持了盛行于理论界的"规制失败或失灵"观点,由此表明推进出租车行业政府规制改革的必要性和紧迫性。2016 年以来,从中央到地方启动了一次

①　常健,饶常林.城市客运出租汽车行业的政府管制及其改革:兼论"十一五规划"指导下的管制创新[J].法学评论,2007(3):107-114.

②　陈时国,曹旭东.规制空间、规制过程与规制失灵:基于出租车数量规制的分析[J].山东大学学报(哲学社会科学版),2019(4):73-86.

③　肖赟,魏朗."互联网+"背景下我国出租车运价体系改革路径研究[J].价格理论与实践,2016(7):79-81.

④　金通,朱晓艳,郑凌浩."互联网+"下的出租车:市场演化与嵌入式监管[J].财经论丛,2017(10):107-113.

⑤　郭锐欣,张鹏飞.进入管制与黑车现象[J].世界经济,2009(3):59-71.

⑥　米梓嘉.互联网约租车对出租车管制制度影响的制度分析:一个新制度经济学的视角[J].中共福建省委党校学报,2016(11):85-92.

⑦　刘乃梁.出租车行业特许经营的困境与变革[J].行政法学研究,2015(5):61-73.

⑧　章亮亮.对出租车行业特许模式的经济学和行政法学分析[J].上海经济研究,2012(2):70-76.

⑨　杨向前.中国特大型城市出租车行业管制改革研究:以交通可持续发展和公共福利为视角[J].国家行政学院学报,2012(6):46-50.

自上而下的出租车行业政府规制改革。但是,这次改革似乎也没有完全实现预期的政策目标。上文对出租车行业政府规制改革效果的实证检验表明,政府规制改革并没有有效提升出租车行业发展水平。2018 年《交通运输部办公厅关于进一步深化改革加快推进出租汽车行业健康发展有关工作的通知》也明确指出:当前出租车行业改革中"存在改革工作进展不平衡,部分地方思想认识不到位、改革力度不大,人民群众对出租汽车行业服务质量不满意,企业主体责任落实不到位、人民群众出行安全和合法权益未得到有效保障等问题"。因此,当务之急仍需进一步深化出租车行业政府规制改革,加快推进出租车行业健康发展,切实改进和提升出租车服务水平,从而更好地满足人民群众的出行需求。

第二节　实现出租车行业高质量发展的必然要求

一、以高质量发展引领出租车行业改革发展

党的十九届五中全会提出,"十四五"时期经济社会发展要以推动高质量发展为主题,这是根据我国发展阶段、发展环境、发展条件变化作出的科学判断。党的二十大报告提出要"加快构建新发展格局,着力推动高质量发展",并强调,"高质量发展是全面建设社会主义现代化国家的首要任务"。"高质量发展"首次在党的十九大报告中被提出,最初针对的主要是经济领域,被作为经济发展的指针。随着实践不断推进和社会不断发展,对"高质量发展"认识也在不断深化。在"十四五"规划建议的起草过程中,习近平总书记明确提出,"高质量发展不能只是一句口号,更不是局限于经济领域";在党的十九届五中全会上,他又指出,"经济、社会、文化、生态等各领域都要体现高质量发展的要求"。这显然已把"高质量发展"扩充到了社会发展的各个领域,成为全面"高质量发展"。2021 年两会上,习近平总书记在参加青海代表团审议时进一步指出:"高质量发展不只是一个经济要求,而是对经济社会发展方方面面的总要求;不是只对经济发达地区的要求,而是所有地区发展都必须贯彻的要求;不是一时一事的要求,而是必须长期坚持的要求。"由此可见,在"十四五"乃至更长时期,"高质量发展"都是一条总的要求,必须贯彻到经济社会生活的方方面面。

新时代新阶段的发展必须贯彻新发展理念,必须是高质量发展。那么,高质量发展是发展什么?人们的第一反应往往是将其与"经济"联系。然而,随着中国社会主要矛盾的转变,对高质量发展的认识已不再局限于特定领域,而

逐渐将其与满足人民日益增长的美好生活需要紧密相连。习近平开明宗义地指出:"高质量发展,就是能够很好满足人民日益增长的美好生活需要的发展,是体现新发展理念的发展,是创新成为第一动力、协调成为内生特点、绿色成为普遍形态、开放成为必由之路、共享成为根本目的的发展。"由此可知,高质量发展的本质内涵,是以满足人民日益增长的美好生活需要为目标的高效率、公平和绿色可持续的发展;高质量发展是经济建设、政治建设、文化建设、社会建设、生态文明建设五位一体的协调发展。[①]

随着中国特色社会主义进入新时代,我国社会主要矛盾已经转化为人民日益增长的美好生活需要和不平衡不充分发展之间的矛盾。现阶段,人民美好生活需要的品质更高、范围更广,不仅对物质文化生活提出了更高的要求,而且在民主、法治、公平、正义、安全、环境等方面出现了多样化、更高层次的要求。作为"衣食住行"之一,交通出行是人类基本需求的一部分。而出租车作为一种重要的出行工具,是城市综合交通运输体系的组成部分,是城市公共交通的补充,在城市交通中承担着为社会公众提供个性化出行服务的基本功能。事实上,从现实情况来看,出租车更是关系民生、服务百姓的窗口行业。数据显示,2018 年我国出租车年完成客运量 352 亿人次,占全国城市客运量的28%。在这个意义上,出租车行业的改革发展事关广大人民群众出行权益能否得到保障,更关系到广大人民美好生活需要能否得到满足。当前,人民群众出行服务绝对短缺的局面已经结束,其出行需求呈现出多层次、高品质、个性化的特点,这无疑对出租车行业改革发展提出了更高要求。因此,为了更好地满足人民群众出行的需求,让人民群众过上更高质量的美好生活,必须把高质量发展落实到出租车行业改革发展的全过程,坚定不移走高质量发展之路。

二、当前出租车行业与高质量发展目标仍有差距

衡量一个国家或地区的出租车行业发展质量,要考虑出租车服务供给体系是否顺应了整个社会服务需求和需求结构的变化,是否同人民群众日益增长的美好生活需要变化相协调。[②] 历经 40 多年的发展,我国出租车行业已具备一定的行业规模和服务水平。截至 2020 年年底,全国拥有巡游出租汽车139.40 万辆,完成客运量 253.27 亿人;全国共有 214 家网约车平台公司取得网约车平台经营许可,共发放网约车驾驶员证 289.1 万本、车辆运输证 112.0万本,共收到订单信息 8.1 亿单。总体来看,近年来我国出租车行业一直平稳

---

① 张军扩,侯永志,刘培林,等.高质量发展的目标要求和战略路径[J].管理世界,2019(7):1-7.

② 姜长云.服务业高质量发展的内涵界定与推进策略[J].改革,2019(6):41-52.

较快的发展,出租车行业的发展水平和质量不断提升,在满足人民群众日益增长的出行需求方面发挥了重要作用。尤其是2016年深化出租车行业改革,扫除了出租车行业发展过程中长期积累的一些问题和矛盾,使得出租车行业整体向高质量发展换挡提速。同时也必须清醒认识到,当前出租车行业改革发展过程当中依然存在不少问题,一些长期困扰出租车行业健康发展的深层次矛盾还没有得到有效解决。

第一,供需矛盾较为突出,"打车难"问题仍存在。随着工业化、城市化进程快速推进,城市人口容量急剧扩张和人民生活水平持续提高,对出租汽车服务的需求也随之大大增加,但也应认识到,各地对巡游车的总量控制政策并未松动,再加上对网约车的监管政策趋严,使得出租车服务供给受限,形成了"供不应求"的紧张局面。同时,许多城市的公共交通在设施、路权、资金保障等方面的优先发展要求未得到很好落实,公共交通普遍存在运力规模不足、运行效率不高、乘车环境不好等问题,导致许多民众更倾向于选择出租车出行,进而加剧了"打车难"问题。

第二,出租车改革不到位,多方利益未协调好。尽管大部分城市已实现巡游出租车经营权无偿、有期限使用,但由于经营模式改革不同步,公司和司机之间的经营权权属不清、车辆产权关系模糊等问题仍未得到有效解决,因产权纠纷引发的利益矛盾仍十分突出。同时,在以"承包制"为主导的经营模式下,备受诟病的"份子钱"未动其根本,驾驶员负担较重,再加上运价制定和调整不灵活,一旦由于交通拥堵和非法运营抢夺市场等导致收入减少,就容易引起驾驶员群访、罢运等。此外,公司和驾驶员平等协商、利益共享、风险共担的分配机制尚未建立,"利益—风险"分配不对等问题依然存在。

第三,新老业态矛盾突出,融合发展难度较大。当前巡游车转型升级和网约车合规化进展仍比较缓慢,新老业态公平竞争市场环境尚未形成,尤其是在两种业态错位发展和差异化经营并未真正实现的情形下,新老业态矛盾的风险较大,增加了融合发展的难度。同时,囿于种种观念和管理上的掣肘,各地在探索新老业态融合发展方面的积极性和主动性不够,没有充分利用网约车的平台和技术优势来优化改造巡游车,巡游车网约化发展中普遍存在着平台利用率不高等问题,甚至还有相当部分的巡游车没有接入互联网平台。

第四,行业服务质量不高,与民众期望有差距。出租车从业人员综合素质不高且流动性较大,加之行业主管部门、行业协会以及公司对从业人员的教育管理不到位,出租车整体服务水平不高且难以提升,距离人民群众期待还有很大差距。例如,巡游车"拒载""议价""绕道"等老大难问题还没有根本性好转;巡游车车质车况、车容车貌、卫生状况等没有明显提升;网约车鱼龙混杂、服务质量参差不齐、安全服务水平缺乏稳定保障等。同时,政府对出租车行业投入不足造成出租汽车服务站、停车场、停靠点等配套设施建设滞后,驾驶员普遍面临着停车难、吃饭难、如厕难等问题,也给规范出租车经营服务行为、提升服务质量带来阻力。

总而言之,当前出租车行业中仍存在"打车难"问题较突出、出租车整体服务质量不高、人民群众多层次出行的需求得不到有效满足、行业内各方矛盾难以调和等突出问题,使得出租车行业距离高质量发展的目标和要求还存在较大差距。这迫切需要进一步深化出租车行业改革尤其是政府规制改革,推进出租车行业高质量发展,为社会公众提供更多高品质、多样化、差异性的出行服务,进而满足人民群众日益增长的美好生活需要。

第三节　推进出租车行业规制治理现代化的内在要求

一、从政府规制到规制治理

近年来,"规制一词已经从专门关注公共机构应对市场失灵这一狭义解释,发展为更具有分散性和去中心化的规制治理"①。从政府规制走向规制治理,通常与传统的命令—控制型规制模式不再抱有幻想有关。② 传统意义上的政府规制集中关注规制机构或政府部门在制定以及实施监督规则过程中的作用,强调通过规制来矫正市场失灵。③ 这种以规制机构或政府部门为中心的规制模式后又被广泛称为"命令—控制型规制"。④ 然而,过去20多年以来,传统的命令—控制型规制模式因效率低下与频繁失灵而广泛受到学界的批判,尤其是2001年的安然会计丑闻、2008年的全球金融危机、2010年的BP Horizon灾难(英国石油公司的深水地平线钻井平台爆炸)、2011年的福岛核反应堆熔毁等一系列灾难性的规制失败相继发生,促使理论界和实务界对传统政府规制模式进行深刻反思和重新评估。由于传统命令—控制型规制的局限性,而关于市场失灵的通常论调又导致政府干预必要性的增加,理论界和实务界开始引入"新治理"理念,发展一条介于不受规制的市场与自上而下的政

---

① 科林·斯科特.规制、治理与法律:前沿问题研究[M].安永康,译.北京:清华大学出版社,2018:11.

② HUTTER B M. Understanding the new regulatory governance: business perspectives[J].Law & policy,2011,33(4):459-476.

③ 科林·斯科特.规制、治理与法律:前沿问题研究[M].安永康,译.北京:清华大学出版社,2018:4.

④ 杨炳霖.从"政府监管"到"监管治理"[J].中国政法大学学报,2018(2):90-104.

府控制之间的第三条道路,即规制的新治理进路(通常被称为"规制治理")。该进路提供了一条规制诸如公司与组织等私人市场主体的途径,使得规制决策成为一种共同的努力。20 世纪 90 年代以来,相关的规制治理进路已作为专门术语,出现于经济合作与发展组织(OECD)的文件之中,以规制治理来指代旨在改进规制行为的政策。^① 如今,规制治理已成为世界各国监管改革议程的核心^②,也已构成社会科学研究中核心概念。^③

与传统意义上的规制(仅涉及政府规制领域)不同,规制治理涵盖了政府、市场和社会这些不同的领域,强调政府和非政府的市场、社会主体共同分享规制权并可以进行合作规制。^④ 具体而言,规制治理是一种治理框架,在该框架中,非国家行为者与国家机构合作或并行在规制标准制定、监督和执行中发挥积极作用。国家和非国家行为者之间的多样化安排不是一次性的承诺,而是越来越多地被编入法律,为合作提供了法定基础。在规制治理下,随着规制者、企业、第三方认证机构和非政府组织合作实现规制目标,之前规制者和被规制者、公共和私人、市场和国家之间的二分法变得模糊。这并不是说以国家为中心的规制形式,如命令—控制型规制,在这种治理模式中没有地位,而是说这些由国家主导的努力现在作为更广泛的政策网络的一部分运作,由更多样化的行为者实施。^⑤ 应当认识到,规制治理的意旨在于,在规制实施中利用私人参与者的知识和资源,而非将产业界视为处于被动地位的规制对象。这包括对产业界的最佳实践、私人标准制定以及非政府机构监督的利用。规制治理的进路,并不一定要从命令控制型规制彻底转向自我规制模式。事实上,规制治理对传统理论的核心挑战,在于在转向私人发挥更多作用的治理过程中,如何让法律与规制能依然有效发挥作用,并让政府在其间继续起到重要的协调作用。^⑥ 总而言之,规制治理意在强调利用多元的治理主体,引入多元的

---

① 奥利·洛贝尔.作为规制治理的新治理[M]//冯中越.社会性规制评论:第 2 辑.北京:中国财政经济出版社,2014:127-145.

② ZHANG Y F. Towards better regulatory governance? [J]. Public management review,2010,12(6):873-891.

③ LEVI-FAUR D. Regulation & regulatory governance[R]. Jerusalem papers in regulation & governance working paper,2010.

④ 胡仙芝,马长俊.治理型监管:中国市场监管改革的新向标[J].新视野,2021(4):60-67.

⑤ JOHN Y. Regulatory governance[M]//ANSELL C, TORFING J. Handbook on theories of governance. Cheltenham: Edward elgar publishing, 2016:428-441.

⑥ 奥利·洛贝尔.作为规制治理的新治理[M]//冯中越.社会性规制评论:第 2 辑.北京:中国财政经济出版社,2014:127-145.

治理工具,通过更好、更公平、更有效率、更具参与性的治理体系,来实现规制任务。①

二、治理时代的出租车行业政府规制改革

20世纪90年代以来,治理一词开始出现在许多语境中并逐渐风靡全球。在学术研究层面,学者赋予"治理"以新的含义,并围绕治理理论与实践进行系统深入的研究,促使"治理"成为当今社会科学中的核心概念。② 在实践推进层面,自1989年世界银行报告首先使用"治理"概念以来,治理改革逐渐成为政策讨论的中心,"多一些治理,少一些统治"是当今世界各国或地区治道变革的重要特征。③ 正如史蒂芬·奥斯本所指出:"公共治理最初只是公共政策实施和公共服务提供的两种体制(公共行政和新公共管理)中的一个要素,到如今已经发展成为一个独具特色的体制—新公共治理。"④治理的兴起及普及,"部分原因在于政治经济状况发生了长期性的变化,使得自组织在进行经济、政治和社会的协调方面发挥的作用超过市场或等级制"⑤。或者更为直接地说,治理的兴起,源于对市场失灵和政府失败的深刻认识。⑥

尽管治理一词被广泛应用,但对其含义的理解一直是仁者见仁,智者见智,至今没有达成统一共识。斯托克(Stoker)提出了关于治理的五个论点:第一,治理指出自政府但又不限于政府的一套社会公共机构和行为者;第二,治理明确指出在为社会和经济问题寻求解答的过程中存在的界线和责任方面的模糊之点;第三,治理明确肯定涉及集体行为的各个社会公共机构之间存在的权力依赖;第四,治理指行为者网络的自主自治;第五,治理认定,办好事情的能力并不在于政府的权力,不在于政府下命令或运用其权威,政府可以动用新的工具和技术来控制和指引,而政府的能力和责任均在于此。⑦ 罗茨

---

① 宋华琳.迈向规制与治理的法律前沿:评科林·斯科特新著《规制、治理与法律:前沿问题研究》[J].法治现代化研究,2017(6):182-192.

② 俞可平.治理和善治:一种新的政治分析框架[J].南京社会科学,2001(9):40-44.

③ 俞可平.中国的治理改革(1978—2018)[J].武汉大学学报(哲学社会科学版),2018(3):48-59.

④ 奥斯本.新公共治理:公共治理理论和实践方面的新观点[M].包国宪,等译.北京:科学出版社,2016:6.

⑤ 鲍勃·杰索普.治理的兴起及其失败的风险:以经济发展为例[J].漆燕,译.国际社会科学杂志(中文版),2019(3):52-67.

⑥ 俞可平.治理和善治引论[J].马克思主义与现实,1999(5):37-41.

⑦ 格里·斯托克.作为理论的治理:五个论点[J].华夏风,译.国际社会科学杂志(中文版),1999(1):19-30.

(Rhodes)把治理视为一种新的管理过程,或既定规则的条件的变更,或管理社会的新方法,并提出了治理的六种不同的用法:一是作为最小国家的治理,二是作为公司治理的治理,三是作为新公共管理的治理,四是作为善治的治理,五是作为社会控制系统的治理,六是作为自组织网络的治理。① 后来他又从公共行政和公共政策的视角阐明了治理的如下含义:一是组织间相互依赖,治理比政府更广泛,包括非政府行为者,改变政府的界限意味着公共部门、私营部门和志愿部门之间的界限变得模糊不清;二是由于交换资源和协商共享目标的需要,网络成员之间会展开持续互动;三是类似博弈(game-like)的互动植根于信任,并由网络参与者协商和同意的博弈规则来规范;四是脱离政府的高度自治,网络不对政府负责,它们是自组织的,尽管政府并不占据特权和主权地位,但它可以间接、不完全地控制网络。② 综上所述,我们可以将治理的基本内涵理解为政府或非政府主体在一个既定范围内运用公共权威管理公共事务,以维护公共秩序,满足公众需要;治理的理想目标是善治,即最大限度维护和增进公共利益的管理活动或过程;善治通常意味着政府与社会对公共事务的合作共治,是政府与社会关系的最佳状。③

20 世纪 90 年代末,治理理论开始受到国内学者的关注,并迅速成为学术界研究的焦点话题。同时,治理理念也开始影响公共管理实践,并逐渐成为中国政府改革的重要生态。2013 年,党的十八届三中全会明确提出并确立了推进国家治理体系和治理能力现代化(简称国家治理现代化)的改革总目标。这是"国家治理体系"和"国家治理能力"等概念首次在党的重大文件中被明确提出,标志着治理理论在中国的发展进入新阶段。④ 随后,2017 年,党的十九大在新的历史方位上首次阐明实现国家治理现代化的阶段性目标;2019 年,党的十九届四中全会专门研究和部署推进国家治理现代化的目标、任务、路径等问题;2020 年,党的十九届五中全会全面开启推进国家治理现代化的新征程;2022 年,党的二十大提出,要深入推进国家治理体系和治理能力现代化,到2035 年基本实现国家治理体系和治理能力现代化。由此,推进国家治理现代化的总体目标和重点任务、工作思路、重大举措、具体路径等已然清晰,这将极大地推进国家治理现代化的实践进程。

---

① RHODES R A W. The new governance: governing without government [J]. Political studies,1996(4):652-667.

② RHODES R A W. Understanding governance: ten years on [J]. Organization studies,2007,28(8):1243-1264.

③ 俞可平.治理与善治[M].北京:社会科学文献出版社,2000:1-15.

④ 薛澜,张帆,武沐瑶.国家治理体系与治理能力研究:回顾与前瞻[J].公共管理学报,2015,12(3):1-12.

"国家治理现代化"可以被界定为从传统国家向现代国家转变过程中,多主体共同规范权力运行及维护社会公共秩序而形成和建构的一套制度规则、治理工具及执行能力,其过程特征表现为政治、经济、社会、文化、生态、政党等多领域、多层次的治理结构的整体变革与协同一致。[1] 推进国家治理现代化作为总揽全局、最高层面的改革目标和价值追求,是思考中国各领域各行业改革发展的出发点和与归宿点。[2] 出租车行业属于城市公用事业的范畴,是关系民生、服务百姓的窗口行业,出租车服务水平和规制治理能力直接反映城市治理现代化水平乃至国家治理现代化水平。这就要求从推进国家治理现代化的高度上来思考、谋划和部署出租车行业政府规制改革,使这项改革始终致力于服务实现国家治理现代化的目标。由此,推进出租车行业政府规制改革,必须契合现代国家治理理念,从政府规制走向规制治理,并纳入国家治理现代化的整体框架之中,更加注重出租车行业政府规制改革"系统性、整体性、协同性",不断提升行业规制治理现代化水平,进而助推国家治理现代化目标的实现。

三、当前出租车行业政府规制存在的问题与不足

出租车行业管理是一个世界性难题。各国在实施出租车行业管理时仍面临着不同的难题和考验,其管理政策也一直处在探索和挑战中,尤其是诸如数量管控等是各国出租车管理中需要重点研究和探索的问题。改革开放以来,我国出租车行业经历了计划经济体制向市场经济转型,并逐步建立健全了行业规制体系,行业规制能力和水平不断提升。尤其是 2016 年深化出租车行业改革以来,通过加快制度体系建设,增强信息监管、实施联合监管、加强行业自律等手段,出租车行业规制治理水平进一步提升。但也必须认识到,当前我国在出租车行业政府规制方面仍存在诸多问题与不足,如行业规制体制机制尚有瑕疵、行业规制政策法规体系有待完善、行业规制方式方法亟待改进等,距离行业规制治理体系和规制治理能力现代化仍有较大差距。

(一)政府规制体制机制仍未理顺

2008 年政府机构改革将城市出租车管理职责划归给交通运输部门,结束了此前建设部门与交通部门对出租车管辖权归属的争夺乱象,出租车行业

---

① 薛澜,李宇环.走向国家治理现代化的政府职能转变:系统思维与改革取向[J].政治学研究,2014(5):61-70.

② 范逢春.国家治理现代化:逻辑意蕴、价值维度与实践向度[J].四川大学学报(哲学社会科学版),2014(4):86-94.

管理体制机制得到初步理顺。但也必须认识到,当前的出租车行业管理体制机制没有正确处理好政府、企业、公众等多方主体之间的关系,"政府主导、公司负责、协会协同、司机和民众广泛参与"的多元共治体制机制还未建立起来,距离行业规制治理现代化的目标和要求仍有较大差距。

首先,政府内部的协同机制尚未建立。在地方层面,当前出租车行业管理具体涉及交通运输、发改、财政、人社、税务等多个部门,基本形成了"市政府领导、交通部门管理主管、其他部门协同"的管理格局,实际上是一种"多头共管"的管理体制。由于没有建立更高位的领导协调机制,这一管理体制会使得出租车行业政府规制过程中上下左右之间的协同变得十分困难。在具体规制实践中,多头共管意味着需要行业主管部门(交通运输部门)与其他职能部门通力合作来落实各项规制事务,而行业主管部门又无法统筹协调其他职能部门,再加上各部门的目标诉求不一致,由此导致了"各管一头、政出多门"的尴尬局面,进而使得规制效果大打折扣。[1]

其次,企业主体责任落实不到位。在出租车行业发展过程中,各地基于对服务质量和管理便利性的考虑,大力推行公司化政策。目前,我国绝大多数城市的出租车行业主要采用公司化经营模式。这样,在出租车行业管理中实际上形成政府—企业—司机之间的责任链条,即政府管企业、企业再管司机。由此,企业应在出租车管理中发挥着承上启下的中介桥梁作用,承担着大量具体的管理事务。但在以承包经营、挂靠经营为主导的经营模式下,出租车企业实际上并不从事实质性的经营服务,亦不承担经营风险,导致其主体责任难以落实。从现实情况来看,出租车企业在强化服务意识、规范服务行为等方面发挥的积极作用十分有限,甚至还带来了一系列负面效应,如损害司机和消费者利益等。例如,在承包经营模式下,"企业变成独立收租人而不对司机履行管理责任,司机则将经营压力转向政府,'政府—企业—司机'的层层节制模式悄然断裂";[2]在挂靠经营模式下,出租车公司对车辆车况、司机经营行为的监管措施少、手段弱,难以有效履行管理责任。

再次,行业协会自律作用发挥不够。随着出租车行业的快速发展,绝大多数城市基本建立了由出租车企业、司机等组成的出租车行业协会。出租车行业协会成立的初衷是为行业内各利益主体搭建信息交流平台,成为政府与企业以及司机之间的沟通桥梁,提高自我管理和自我服务能力。但从现实情况

① 陈时国,曹旭东.规制空间、规制过程与规制失灵:基于出租车数量规制的分析[J].山东大学学报(哲学社会科学版),2019(4):73-86.

② 陈时国,曹旭东.规制空间、规制过程与规制失灵:基于出租车数量规制的分析[J].山东大学学报(哲学社会科学版),2019(4):73-86.

来看,出租车行业协会普遍存在自主性不足、行为不规范等突出问题,没有发挥好应有的行业自律作用。一方面,出租车行业协会大多是在行业主管引导下成立的,官方性、行政性色彩浓厚,其工作内容基本上是延续政府对出租车行业的管理要求,缺乏一定的自主性,使其作用难以得到有效发挥。另一方面,出租车行业协会会员主要由出租车企业构成,尤其是常务理事大多由负责人或行业主管部门人员担任,而广大出租车司机被排除在外,再加上经费开支也仰仗企业,以至于行业协会已异变为公司的利益共同体,成为企业维持高额利润的保护手段,从而偏离了行业协会自治和自律的定位。① 此外,出租车行业协会自身建设不到位,普遍存在着规章制度不健全、职责范围不明确、自我发展的动力和能力不足等突出问题,导致行业协会自我管理、自我服务的职责履行不到位,以至于许多行业协会形同虚设。

最后,广泛的民主参与机制尚未建立。社会公众是出租车服务供给的对象,是出租车行业中最重要的利益相关者。出租车行业政府规制政策的制定和实施直接关系到广大社会公众的切实利益,因而必须考虑到社会公众的广泛参与。② 然而,在我国目前的出租车行业管理过程中,常态化的广泛参与机制还未建立起来,社会公众参与的渠道还比较缺乏,既有的制度性渠道也容易流于形式或被虚置。这直接导致他们只能以投诉等"不稳定性事件策略"给政府和行业主管部门施加压力,以表达自身利益诉求。③

(二)政府规制政策框架尚有瑕疵

20 世纪 90 年代中期以来,我国在出租车行业中逐步确立市场准入规制、数量规制、价格规制、服务质量和安全规制四大规制政策。毋庸置疑,这些规制政策在出租车行业发展过程中产生了一定的积极作用。但随着时间的推移,这些规制政策的弊端逐渐凸显,越来越不适应新时代出租车行业发展的基本形势。尽管 2016 年围绕出租车行业政府规制政策优化进行了积极探索,但由于各地改革步伐较慢、改革力度不大等,现有政府规制政策的种种弊端仍未得到根本性解决。

首先,市场准入规制仍存在偏差。市场准入规制的初衷是设定出租车市

①　韦长伟.强化出租车行业的政府监管:基于 24 起罢运事件的分析[J].理论探索,2012(5):108-112.

②　杜亚霏.基于协商民主理论视角的政策制定研究:以"重庆出租车事件"为例[J].云南行政学院学报,2010,12(5):124-126.

③　陈时国,曹旭东.规制空间、规制过程与规制失灵:基于出租车数量规制的分析[J].山东大学学报(哲学社会科学版),2019(4):73-86.

场准入条件,把好市场入口,提升出租车服务水平和安全水平。① 但当前许多城市对出租车市场的准入规制出现了偏差,集中表现为延续此前严格的准入歧视政策。即行业主管部门只将出租车经营权颁发给企业,而将个体经营者排除在外。② 由于公司和驾驶员平等协商、利益共享、风险共担的分配机制尚未建立,司机与驾驶员之间的“利益—风险”分配极其不对等。出租车公司可以不从事任何营运服务活动和不承担任何经营风险的情况下,仅凭借政府授予的特许经营权就可以获得高额的承包费用(俗称“份子钱”)。出租车司机作为直接从事出租车经营服务的主体,不仅要向公司缴纳高额的“份子钱”,而且还要承担经营服务过程中的各种风险。③ 这不仅引发了司机负担过重、司企矛盾纠纷不断等一系列顽疾,而且构成了对公民自由经营权和就业权的限制。④

其次,总量控制机制比较僵化。长期以来,各地对出租车总量的严格控制,缺乏常态化的动态调整机制,一些城市甚至数年没有新增出租车,造成出租车服务供给明显不足,与城市经济社会发展形势不相适应。⑤ 这种僵化的总量控制政策直接引发了“打车难”加剧、服务质量恶化、“黑车”盛行等负面问题,进而造成整个社会福利的净损失。⑥ 尽管 2016 年国务院颁布的《关于深化改革推进出租汽车行业健康发展的指导意见》明确提出“建立动态监测和调整机制,逐步实现市场调节”,但地方政府或迫于既得利益者(出租车公司和司机)的强大压力,或出于社会稳定等综合发展目标的考量,对出租车的严格总量控制政策仍未松动,出租车总量动态调整机制还未建立起来。

再次,价格调节机制还不灵活。当前,许多城市对出租车的价格规制主要采用政府直接定价的方式,即价格主管部门在听证的基础上确定出租车价格。由于价格主管部门几乎很难及时掌握出租车市场供需和成本等方面的准确信息,这种价格形成机制无法体现民众出行需求和出租车营运成本变动等特征,

① 王智斌.出租车数量管制模式之探讨[J].行政法学研究,2005(3):37-44.

② 郭锐欣,张鹏飞.进入管制与黑车现象[J].世界经济,2009(3):59-71.

③ 杨向前.中国特大型城市出租车行业管制改革研究:以交通可持续发展和公共福利为视角[J].国家行政学院学报,2012(6):46-50.

④ 尹华容,晏明科.出租车准入歧视与比例原则[J].湘潭大学学报(哲学社会科学版),2016(4):24-27.

⑤ 黄少卿.互联网专车兴起语境下,出租车监管改革的思路与建议[J].互联网金融法律评论,2015(2):130-147.

⑥ 王学成,荣朝和.出租车行业管制下的出行服务平台发展研究[J].经济与管理研究,2016(6):90-97.

进而无法充分发挥运价调节市场供求关系的杠杆作用。[①]　同时，大部分城市还没有建立起出租车价格动态调整机制，导致出租车价格水平和结构比较僵化，无法根据城市经济社会发展水平及时作出调整。

最后，服务质量规制急需强化。我国对出租车行业的规制始于计划经济向市场经济转轨时期，或多或少沿袭了计划经济体制的某些特征，并形成一定的"路径依赖"效应。在这种"路径依赖"效应的作用下，各地长期把规制重点集中在出租车数量和价格上，而忽视了对服务质量与安全的规制。这在一定程度上也造成了出租车服务质量水平与安全水平普遍较低。同时，尽管近年来各地在服务质量和安全规制方面采取了不少措施，但在准入歧视、总量控制以及价格规制等相关政策未作出相应调整的情况下，尤其是以服务质量信誉为导向的经营权配置和管理制度还未真正落地，这些举措难以真正发挥应有作用。此外，行业主管部门在服务质量和安全规制力度较弱、手段较少，而出租车公司和行业协会又存在缺位问题，从而使得服务质量和安全规制的有效性大打折扣。

（三）政府规制法制建设比较滞后

20 世纪 90 年代中期以来，为加强和规范出租车行业管理，我国在出租车行业领域相继制定了一些法律法规，出租车行业规制法制建设取得了较大进展。现阶段，我国对出租车行业实施规制的法律依据主要包括中央层面的法规规章和地方层面的法规规章。在中央层面，交通运输部门 2016 年修订的《巡游出租汽车经营服务管理规定》(2021 年修正)和制定的《网络预约出租汽车经营服务管理暂行办法》，构成了出租车行业政府规制的主体法制框架；同时，交通运输部 2016 年修订或制定的《出租汽车驾驶员从业资格管理规定》《巡游出租汽车运营服务规范》《网络预约出租汽车运营服务规范》等，进一步细化和完善了出租车行业政府规制的法制框架。在地方政府层面，绝大多数城市根据中央的法制框架制定了本地区出租车行业管理的法规规章或规范性文件。例如，长沙市先后制定了《长沙市城市公共客运条例》《长沙市网络预约出租汽车经营服务管理实施细则》《长沙市私人小客车合乘管理规定》《长沙市出租汽车服务质量信誉考核实施细则》《长沙市出租车驾驶员文明服务规范》等法规规章或规范性文件。

综上所述，我国出租车行业政府规制的法制框架初步建立，为出租车行业政府规制的规范化、法治化奠定了坚实基础。但也必须认识到，我国出租车行

---

① 金通，朱晓艳，郑凌浩．"互联网＋"下的出租车：市场演化与嵌入式监管[J]．财经论丛，2017(10)：107-113．

业法政府规制法制建设还比较滞后,现行法制框架中仍存在立法层次较低、立法零散化和碎片化等诸多问题。首先,出租车行业政府规制立法层次较低、法律效力不足。现有出租车行业政府规制的法律法规基本上是以交通运输部制定的部门规章和各地颁布的规章制度为主,法律法规位阶还比较低,法律规范的权威性和法治的统一性都不能得到充分体现,进而导致法律法规的效力不足。

其次,中央层面上位法的缺失,影响了地方法制建设工作。当前,我国还没有针对出租车行业管理制定一部综合性的、高位阶的正式法规。由于缺乏全国性的上位法的指导,一些地方在制定政策法规时考虑不周全,未能对出租车公司、司机、乘客等各方利益关系进行有效规范,引发了行业乃至社会不稳定问题。[①] 尤其是在网约车快速发展的背景下,出租车行业新老业态矛盾交织叠加,各种利益关系错综复杂,一旦地方性立法稍有偏差,就更容易引发行业矛盾和纠纷。

最后,部分法律条款过于原则抽象,难以落地实施。从现有出租车行业政府规制法规的内容来看,原则性、笼统性的规定较多,具体细化的、可操作化的规定较少,再加上缺乏配套的实施细则,从而使得许多法律规定在实施过程中或难以落地,或容易出现偏差。例如,在网约车发展过程中,中央层面的政策法规鼓励支持网约车规范化发展,但在一些地方的实施细则中,却对网约车车辆价格(高于出租车车辆价格)、驾驶员(要求本地户口)等提出了更加严格的标准,实际上是限制网约车的发展。[②]

(四)政府规制方式手段亟待创新

改革开放以来,随着计划经济向市场经济转型,我国政府规制领域也经历了一个从政府垄断一切向政府逐渐退出直接经济活动的转变过程。[③] 在此过程中,我国政府规制的方式手段等发生了重大变化。尤其党的十八大以来,从中央到地方大力推进简政放权、放管结合、优化服务,深化监管体制改革,直接推动了政府规制方式手段的优化。在政府规制方式手段不断变革的大背景下,我国出租车行业中的政府规制方式手段也在不断改进。例如,从最初的出

---

① 国务院发展研究中心发展战略和区域经济研究部课题组.我国出租汽车行业管理和发展面临问题及对策建议[J].改革,2008(8):128-138.

② 范永茂.政策网络视角下的网约车监管:政策困境与治理策略[J].中国行政管理,2018(6):124-130.

③ 高世楫.市场扩张与政府监管改革[M]//高世楫,俞燕山.基础设施产业的政府监管:制度设计和能力建设.北京:社会科学文献出版社,2010:29.

租车由国有企业垄断经营,到逐步放开市场,扩大市场准入。尤其是随着互联网、大数据等现代信息技术的广泛应用,我国也开始采用这些先进的技术手段来改进对出租车行业的规制方式,提高政府规制的有效性。例如,2018 年《交通运输部办公厅关于进一步深化改革加快推进出租汽车行业健康发展有关工作的通知》明确提出:"各地交通运输主管部门要运用好全国网约车监管信息交互平台等信息化手段,提升科技监管能力。"

然而,也必须认识到,当前我国在出租车行业政府规制方式手段方面创新不足,仍习惯于采用传统的规制方式和手段解决问题,越来越难以适应新时代出租车行业发展需要。一方面,我国政府对出租车行业的规制仍是一种以政府为主导的指令性规制,这种规制方式的主要特征政府凭借行政权力自上而下地对市场主体进行强制性干预。[①] 在这种规制方式下,行业主管部门将重心集中在对出租车经营权、公司以及司机等的管理上,而忽视了行业发展政策制定、行业发展环境营造、行业发展标准完善等一系列关键性问题。[②] 由于受到信息约束、成本约束以及规制客体的抵制等因素的影响,这种行政化、直接的政府规制方式往往容易失效。另一方面,出租车行业科技信息化投入不足,对公司管理服务、司机经营服务、车辆车况等信息缺乏统一的信息化规制平台,使得行业主管部门的规制缺乏"数据抓手"。同时,车载智能终端功能单一、技术落后,无法顺应当下"互联网＋高标准"的先进规制模式,急需升级改造。

---

① 常健,饶常林.城市客运出租汽车行业的政府管制及其改革:兼论"十一五规划"指导下的管制创新[J].法学评论,2007(3):107-114.

② 庞世辉.政府在出租车市场的管制缘何失效[J].中国改革,2006(12):12-14.

第八章　深化出租车行业政府规制
改革的路径探讨

　　出租车行业政府规制改革是一项复杂的系统性工程,既需要做好总体谋划,也需要明确具体举措,还需要借鉴域外经验。只有从人民群众的根本利益出发,科学设计改革的时间表、路线图,才能确保改革立于不败之地。本章主要致力于探讨进一步深化出租车行业政府规制改革的路径问题。首先梳理国外出租车行业政府规制改革的经验启示,其次阐明进一步深化我国出租车行业政府规制改革的总体方略,最后提出进一步深化我国出租车行业政府规制改革的具体路径。

第一节　国外出租车行业规制改革的经验启示

　　西方发达国家对出租车行业的规制起步较早,且经历了长期的改革探索,积累了丰富的经验,对我国出租车行业政府规制改革具有一定的借鉴意义。

一、发达国家出租车行业政府规制改革的实践探索

(一)美国出租车行业政府规制改革

　　美国对出租车行业的规制始于 20 世纪 20 年代末。大萧条时期,其他就业机会极其有限而进入出租车行业的成本很低,由此导致该行业大量新进入者、广泛的价格竞争、大量运营商流动以及普遍不稳定的市场条件。在这种情形下,大多数城市的出租车行业陆续受到市政或州的规制。例如,纽约在1937 年引入了牌照制度(medallion system)。尽管各城市对出租车行业的规制不尽相同,但其规制举措通常涉及进入、价格和服务等方面。具体而言,这些规制措施包括:第一,进入规制,即根据"客观"标准(如出租车与人口的比例)或便利性和必要性标准,限制进入;第二,价格规制,即规定最高和最低价格;第三,服务质量规制,即公司必须满足某些服务标准,例如 24 小时服务可

用性、无线电调度能力和一定水平的回应时间。^①

20 世纪 60 年代末，美国兴起了一股反政府管控思潮，由此掀起了一场轰轰烈烈的放松规制运动，如铁路、航空等行业纷纷解除或部分解除了规制。受这股浪潮的影响，在 1970 年代末 1980 年代初，美国的许多城市纷纷放松或部分放松对出租车行业的规制，代表性城市包括圣迭戈（San Diego）、西雅图（Seattle）、菲尼克斯（Phoenix）、波特兰（Portland）、萨克拉门托（Sacramento）、堪萨斯城（Kansas City）和密尔沃基（Milwaukee），以及一些规模较大的小城市，如亚利桑那州的图森（Tucson in Arizona）、加利福尼亚州的奥克兰和弗雷斯诺（Oakland and Fresno in California）、北卡罗来纳州的罗利（Raleigh in North Carolina）等。这些城市在放松规制的形式上不尽相同，主要是取消或放宽对进入、价格或两者的限制。^② 表 8-1 展示了美国一些城市出租车行业放松规制的基本情况。

表 8-1　美国代表性城市出租车行业放松规制情况

时间	城市	放松规制的形式
1979	西雅图（Seattle）	取消进入规制，经营者自主定价
1979	圣迭戈（San Diego）	取消进入规制，政府设定最高价格
1982	萨克拉门托（Sacramento）	取消进入规制，经营者自主定价
1983	堪萨斯城（Kansas City）	取消进入规制，经营者自主定价
	菲尼克斯（Phoenix）	取消进入规制，经营者自主定价
	图森（Tucson）	取消进入规制，经营者自主定价
	奥克兰（Oakland）	取消进入规制，经营者自主定价

资料来源：TEAL R F, BERGLUND M. The impacts of taxicab deregulation in the USA[J]. Journal of transport economics and policy, 1987, 21(1): 37-56.

出租车行业放松规制产生了这样一些影响：(1)新进入者显著增加；(2)运营效率和生产力下降；(3)高速公路拥堵（highway congestion）、能源消耗和环境污染加剧；(4)价格上涨；(5)司机收入下降；(6)服务恶化；(7)管理成本几乎没有改善。鉴于放松规制未能产生消费者定价和服务利益，再加上其倾向于损害运营商的生产力和盈利能力，那些尝试放松规制的城市在 1980 年代中期

---

①　TEAL R F, BERGLUND M. The impacts of taxicab deregulation in the USA[J]. Journal of transport economics and policy, 1987, 21(1): 37-56.

②　BEKKEN J T, LONGVA F. Impact of taxi market regulation: an international comparison[R]. TOI report, 2003.

以后又重新恢复了对出租车行业的规制。截至 1993 年，此前尝试放松规制的 21 个样本城市中，只有 4 个较小城市仍然维持放松规制状态，其余 17 个城市几乎都不同程度地恢复了对出租车行业的进入和价格规制。[①] 剩下的一些城市在一段时期后也部分再应用了出租车行业规制思路。即便号称不进行数量管制的美国首都华盛顿特区，在饱受数量过多之苦后，2010 年以后也开始实施出租车数量控制。[②]

近年来，随着网约车的横空出世和快速发展，给出租车行业带来了较大的冲击。为此，美国许多城市纷纷通过立法设定各种条件来规范网约车的发展。在这个过程中，这些城市也对传统出租车的规制体系进行了优化，如规定司机强制性使用打车软件、完善价格机制、降低特许费用等。但是，这些改革举措并没有打破出租车行业的原有规制格局。[③] 可以说，当前美国绝大多数城市仍然对出租车行业采取较为严格的规制思路，规制举措涉及市场准入限制、价格管控、服务质量和安全规范等多个方面。

（二）英国出租车行业政府规制改革

英国对出租车行业的规制最早可追溯到 1635 年对出租车马车颁发牌照，实施数量控制。英国现代意义上的出租车规制实践诞生于 1847 年的《城镇治安条款法》(Town Police Clauses Act)。该法案不仅授予地方当局限制出租车数量的自由裁量权，还确立了沿用至今的出租车营业许可制度。此外，地方当局还有权制定出租车的计费标准、决定出租车候客点的设置、规定车辆性能和外观以及司机的资格条件等。之后，英国在 1869 年颁布了《首都公共运输法》(Metropolitan Public Carriage Act)、1976 年出台了《地方政府（杂项规定）法》[Local Government（Miscellaneous Provisions）Act]等，进一步完善了出租车行业规制体系。根据上述法案，英国对出租车行业的规制包括三个方面：(1)数量控制，1985 年以前，除了伦敦，英国大部分地区的出租车牌照数量普遍受到控制；(2)价格管控，在英国，几乎所有地区的出租车价格都受到控制；(3)质量监管，发放出租车牌照的机构必须确保出租车牌照的申请人品行良好，并且可以检查犯罪记录。[④]

---

① DEMPSEY P S. Taxi industry regulation, deregulation and reregulation: the paradox of market failure[J]. Transportation law journal,1996,24(1):73-120.

② 徐康明,苏奎.出租车特许经营体制该打破吗？美国出租车管制体系发展历程的启示[N].中国青年报,2015-10-12.

③ 徐康明,苏奎.出租车改革当借鉴国际经验[N].南方日报,2015-05-14.

④ CHOONG-HO K. Taxi deregulation: an international comparison [D]. Leeds: institute for transport studies in the university of Leeds,1998.

20 世纪 80 年代中期,英国开始尝试放松对出租车行业的规制。1985 年,英国出台了《交通法》(The Transport Act),允许各地部分放松对出租车行业的管制。该法案规定,只有在没有显著要求证明增加出租车数量合理性的情况下,才能拒绝出租车牌照申请者。这剥夺了地方当局在发放出租车牌照方面的绝对自由裁量权,实质上要求取消对出租车的数量控制。《运输法》经议会通过后,英国运输部便向各地发出通知,指出限制出租车数量的一些消极后果(如服务供给短缺、竞争不充分等),建议各地检讨规制效果,考虑解除数量规制。在这种情形下,许多地方开始解除出租车数量规制,取消数量规制的地区在逐渐增加。据 Toner 调研发现,1988 年,在 320 个独立辖区中,有 141 个解除了数量规制,约占总数的 44.1%;1991 年,292 个地区中,有 135 个放弃数量规制,约占总数的 46.2%。[①] 表 8-2 展示了英国放松数量和价格规制的范围及变化情况。

表 8-2 英国放松出租车行业规制的范围

	1980 年		1985 年		1988 年		1991 年	
	数量	百分比	数量	百分比	数量	百分比	数量	百分比
取消数量规制	120	32.5	95	25.7	141	44.1	135	46.2
取消价格规制	91	24.7	79	21.4	39	12.2	19	6.5
样本地区	369		369		320		292	

资料来源:Toner, Jeremy P. English experience of deregulation of the taxi industry [J]. Transport reviews, 1996, 16(1):79-94.

2004 年,英国运输部向 151 个地方当局发函,要求它们检视辖区内的数量规制政策,决定是否解除数量控制,如继续控制,需说明正当理由。2005 年,共有 81 个地方当局对是否取消数量控制作出决定(其余地方还在研究),其中 35 个地区决定放弃数量规制,47 个地方决定继续维持规制。2006 年,运输部又颁布了一份出租车和约租车规制政策"指引文件",对苏格兰和威尔士各地方的规制改革提出建议。该文件再次建议各地解除数量规制,并要求在实施最高价格规制时,应定期审核最高运价的合理性,鼓励经营者通过广告等方式引入价格竞争。此外,该文件还对车辆、司机和约租车营运人的服务和安全标准也提出了许多具体建议。根据英国公平交易办公室(OFT)2007 年委托咨询机构所作的一份评估报告,2003 年,英格兰和威尔士半数以上(194 个)的地区已取消数量规制;其余 151 个地区,自 2003 年以来,有 48 个地方解除

---

① TONER J P. English experience of deregulation of the taxi industry[J]. Transport reviews, 1996, 16(1):79-94.

数量控制,27个地方保留数量规制,但定期或不定期增加新的出租车牌照。纵观英国出租车行业政府规制改革历程,其主要特点是解除数量规制而保留价格规制(主要是最高价格制)以及安全和服务质量规制。[①]

(三)新西兰出租车行业政府规制改革

新西兰是出租车行业同时在全国范围内完全放松规制的典型国家之一,这与美国和英国的出租车放松管制发生在更多地方层面的情况形成鲜明对比。1989年放松管制之前,新西兰出租车行业一直受到交通部(MOT)对市场准入、服务费率和服务质量的严格规制。首先,在进入控制方面,出租车经营许可证数量主要由四个基于地理区域的运输许可机构(TLA)控制,申请经营许可证的人必须参加相关运输许可机构举行的公开听证会,并对拟议服务的需求和公益进行评估。人口超过2万人的城镇的出租车行业必须接受三年一次的审查,审查由相关的运输许可机构根据交通部提供的数据和需求分析进行。在严格的数量控制下,新西兰很少颁发额外的许可证。事实上,出租车营运许可证的数量从1975年的3245个下降到1989年的2762个。其次,在价格管控方面,出租车服务价格由政府设定。运输司(The Secretary for Transport)为每个颁发牌照区域(licence area)设定收费表,每辆出租车需安装计价器(taximeter),并在计价器上显示固定车费。票价是在成本加成的基础上确定的,考虑了运营成本、常设成本、工资和10%的利润。此外,出租车服务质量和安全标准(包括车辆性能、司机技能和经营者能力要求以及日常服务标准等)也受到严格控制。车辆必须持有有效的合格证书,车龄小于10年,最多可搭载6名乘客。司机要获得出租车驾驶执照,必须年满20岁,持有驾驶执照2年,身体健康,并通过笔试、口试和操作测试,包括对该地区知识的测试。在日常营运中,司机必须保证最低休息时间,每辆出租车都必须是经批准的出租车组织的成员,车上广告和多人合乘也受到严格限制。[②]

20世纪80年代以来,新西兰掀起了一股放松规制的浪潮,以至于十年间新西兰从OECD国家中规制最严格的国家之一转变为规制最少的国家之一。在这样的背景下,出租车行业放松规制改革也逐渐被提上议事日程。出租车放松规制源于1983年的《陆路运输法案》(Land Transport Act),这是1982年开始对公路运输许可和规制进行重大审查的结果。该法案打破了新西兰铁路

---

① 王军.为竞争而管制:出租车业管制改革国际比较[M].北京:中国物资出版社,2009:65-76.

② CHOONG-HO K. Taxi deregulation: an international comparison[D]. Leeds: institute for transport studies in the university of Leeds,1998.

公司对长途货运和客运服务的垄断地位,允许公路运营商参与竞争。1982 年的审查还建议对出租车行业进行改革,但现有运营商成功地游说政府反对这种变化,因此从 1983 年的立法中删除了出租车行业的规定。然而,1983 年的立法导致出租车与其他客运服务车辆(用于运送乘客和/或货物以供出租或租赁的车辆)之间的区别变得模糊,并且使客运服务车辆牌照非常容易获得。需要指出的是,这次立法并没有解除对出租车牌照的严格控制。1986 年 8 月,交通部长在出租车业主大会上发表讲话时,对行业效率低下表示失望,并寻求行业内有意义的变革,但明确表示政府没有立即解除对该行业的规制的计划。然而,1987 年 9 月,新任交通部长宣布对出租车行业进行正式审查,并在公开讨论后于 1988 年 6 月发布了行业改革建议。1989 年 9 月,《交通服务许可法》(Transport Services Licensing Act)经过多项修正后获得通过,该法案取消了对出租车行业进入和运价的数量控制(quantitative controls)。①

《运输服务许可法》的通过和实施(1989 年 11 月 1 日生效),给出租车行业的规制和控制方式带来了重大变化。根据该法案,出租车和豪华轿车被定义为最多可搭载 12 名乘客的小型客运服务车辆,此类车辆的车主需要持有客运服务牌照。客运服务牌照的签发数量没有限制,牌照持有人可根据牌照经营任何数量的车辆。出租车服务价格由各个出租车组织设定,但最高运价须向运输司登记,并在计价器上校准,在出租车内外显示。尽管出租车牌照数量和运价限制已被取消,但质量控制仍然存在,并且在某些方面还得到了加强。例如,在颁发牌照之前,通过检查每个申请人的刑事定罪、交通违法行为和一般特征,评估他或她是否是"合适的人选";车辆必须持有由测试站发出的合格证明书,必须安装出租车计价器,并且必须每六个月进行一次测试、密封和认证;小型客车的司机也必须获得执照,在颁发执照之前对其犯罪记录和驾驶记录进行检查,还需要通过地图阅读测试,必须持有急救证书……②总而言之,在如今的新西兰,车主可以获得三项许可(authority):(1)出租车驾驶执照;(2)拥有和经营出租车业务的运输或出租车服务许可证;(3)批准经营出租车组织成员。这种结构可以产生当地出租车行业的各种配置,创造一个非常灵活的结构,允许各种出租车组织的数量、规模和资本支出根据当地市场需求的

---

①　BEKKEN J T, LONGVA F. Impact of taxi market regulation: an international comparison[R]. TOI report, 2003.

②　GAUNT C. Taxicab deregulation in New Zealand[J]. Journal of transport economics and policy, 1996, 30(1):103-106.

变化进行调整。^①

（四）日本出租车行业政府规制改革

与英国一样，日本对出租车规制的历史也比较悠久。从 1674 年轿子进入规制，到 1870 年人力车进入规制，再到 1930 年颁布的《汽车运输业法》对包括出租车在内的整个运输业的许可制度。日本在 1947 年颁布了《道路运输法》并在 1951 年通过了该法的修正案，明确了以运输省为首的中央和地方规制当局对出租车的进入、价格、服务和安全标准等实施全方位规制。^② 首先，通过保持供需平衡的方式限制市场进入，即实施"供需调整规制"（Supply-demand Adjustment Regulation）。根据《道路运输法》，在日本任何特定地区内经营出租车公司需要获得交通部长颁发的许可证，交通部长在决定是否颁发许可证时，须考虑（除其他事项）申请人的进入是否会导致出租车服务的供应超过需求。许可证申请实际上指定了公司打算运营的车辆的确切数量以及该数量的任何后续变化，无论增加还是减少都需要新的许可证。其次，出租车运价由规制当局决定。根据《道路运输法》，出租运价须经交通部长事先批准。该法规定，此类批准取决于五个因素：（1）与正常利润的一致性；（2）遵守非歧视原则；（3）票价不会对乘客造成太大负担；（4）不与火车或公共汽车的票价进行不公平竞争；（5）在部委规定的范围内。自 1955 年以来，运价规制基本遵循"同一运区、同一运价"的原则，即在同一时间在任何特定区域内运行的所有相同大小类别的出租车的运价相同。^③ 此外，对出租车服务质量和安全水平也进行了控制。《道路运输法》对出租车申请者的资格要件作了明确要求，涉及经营场所、停车场、最低资本等。为解决出租车的安全性和服务水平恶化问题，1970 年日本颁布了《出租车行业现代化紧急措施法》，并于 1971 年成立了东京出租车现代化中心。

20 世纪 90 年代，随着放松规制浪潮席卷日本，出租车行业的放松规制改革也开始兴起。1993 年，交通政策咨询委员会发布了一份题为《未来出租车行业的特征》的报告，确立了出租车放松规制的原则，即"经济性规制逐步放松，社会性规制不断丰富"。同时，该委员会还建议以多元化的票价制度取代

---

① BEKKEN J T, LONGVA F. Impact of taxi market regulation: an international comparison[R]. TOI report, 2003.

② CHOONG-HO K. Taxi deregulation: an international comparison [D]. Leeds: institute for transport studies in the university of Leeds, 1998.

③ FLATH D. Taxicab regulation in Japan[J]. Journal of the Japanese and international economies, 2006, 20(2):288-304.

传统的"一区一价制",并采取更灵活的措施来保持供需平衡。1995 年,日本政府开始实施"规制缓和推进计划"。其中涉及出租车行业放松规制的主要内容有:放松出租车数量和运价控制,降低个人出租车牌照申请考试难度以及改革分区营运规制,以激发出租车公司之间的竞争,促使运价和服务组合多样化,进而使消费者受益。1996 年,运输省宣布,在未来运输体制改革中取消整个运输行业的供需规制(即数量规制)。1997 年,日本政府修订了"规制缓和修订计划",进一步扩大了计划放松规制的项目。在修订后的计划中,政府决定最迟在 2001 年全面取消出租车数量规制,此前将逐步增加出租车数量,并建立和完善确保营运安全和服务水平的规制体系。与此同时,开始实施具有一定弹性的运价规制,即允许出租车经营者在规定的 600～660 日元之间自行确定起步价,允许出租车在规定范围内向乘客提供折扣。由于放松了对出租车的数量和运价限制,出租车数量显著增加,出租车运价也呈现出多元化。据统计,到 1997 年,东京新增 9 家出租车公司、增加 304 辆出租车;到 1998 年,139 家公司和大约 6000 辆出租车降低了起步价。①

2000 年 3 月,内阁向国会提出法案,修改后的《道路运输法》于 2000 年 5 月通过,2002 年 2 月 1 日起实施。新的《道路运输法》最重要的方面是取消了进入限制。具体而言,该法规定了以下内容:(1)经营者只要满足若干要求(以前必须获得每个商业区的认证),当局就允许其进入;(2)经营者可以在提前 7 天通知的情况下增加或减少出租车的数量(以前需要提前获得当局的批准);(3)经营者可以停止或关闭业务,并在 30 天内提交事后通知(以前存在审批制度);(4)运价管控仍然存在,但运价范围更广;(5)如果供应显示"显著"增加或市场不再能够确保乘客的安全和便利,当局可以暂时停止新的进入或增加出租车的数量。总而言之,新的《道路运输法》实施后,进出市场、增减出租车比以前容易多了,但运价管控依然存在。然而,在放松规制数年后,出租车行业参与者声称,放松管制后混乱盛行,出租车市场不再可持续。因此,《道路运输法》于 2009 年 10 月再次修订,允许 11 个大城市在市场出现严重混乱的情况下恢复供需调节。② 2013 年以后,政府修订了《优化和激活特定区域一般乘用车运输业务特别措施法》(Special Measures Act on the Optimization and Activation of the General Passenger Car Transportation Business in Specific Regions)。该法案规定禁止新进入并强制减少汽车。因此,国家供需规制和

---

① 王军.为竞争而管制:出租车业管制改革国际比较[M].北京:中国物资出版社,2009:98-99.

② SAITO K. Deregulation and safety: evidence from the taxicab industry [R]. Department of economics, meiji gakuin university, 2013.

运价管控又重新回归。根据该法,国土交通大臣只受理因供应过剩而出租车无法充分发挥当地公共交通功能的地区,以及当地公共组织负责人向部长提出特定地区要求的情况。当根据区域情况判断车辆数量不足以满足交通需求时,允许新的出租车公司或批准特定区域的更多车辆。政府已经公布了特定区域或特定区域子路段的官方票价范围。公司被迫遵守设定的最低票价。①

二、发达国家出租车行业政府规制改革的经验启示

大部分发达国家从 20 世纪 20 年代或 30 年代开始对出租车行业实施规制,并普遍建立了以数量控制、价格管控以及服务质量和安全监管为核心的规制框架。在历经数十年的严格监管之后,70 年代末 80 年代初,美国的许多城市开始部分或完全解除对出租车行业的规制。随后,包括新西兰、澳大利亚、加拿大、韩国、瑞典、英国以及后来的日本、荷兰、爱尔兰、意大利和比利时在内的许多发达国家纷纷效仿美国,在出租车行业中掀起了一股放松规制浪潮。然而,由于放松规制的总体效果并不理想,一些国家的出租车行业又陆续重新回归到政府规制的轨道上。② 由此可见,西方发达国家对出租车行业的规制起步较早,并历经了"规制—放松规制—重新规制"实践发展过程。从西方发达国家出租车行业规制改革的实践探索中,可以得到一些有益启发。

(一)放松数量和价格管控,强化服务质量和安全监管

20 世纪 70 年代以来,随着越来越多的经验证据表明出租车行业政府规制带来一些负面效应,西方发达国家出现了一场声势浩大的出租车行业政府规制改革运动。美国在 70 年代末 80 年代初率先启动了出租车行业规制改革,其 22 个城市完全或部分解除出租车行业的规制。但这些城市在早期采取的改革举措主要是放松数量和价格管控,很少有条款旨在维持或加强服务的质量标准,以至于后来又陆续重新恢复规制制度(重新规制的一个重要特点是更加重视质量控制)。在 80 年代末至 90 年代期间,跟随美国放松规制经验的国家(如新西兰、澳大利亚、加拿大、日本、韩国、瑞典以及最近的荷兰和爱尔兰)吸取了这一教训,在采取有利于更大的灵活性和更有效的供求匹配的措施

---

① MIYOSHI Y, HARUHIKO T, HIROAKI I. Empirical study on the effects of deregulation in the Japanese taxi market[J]. International journal of Japan association for management systems, 2020, 12(1): 37-41.

② BERGANTINO A S, VILLEMEUR E B, LONGOBARDI E. The taxi market: failures and regulation[C]. 11th world conference on transport research world conference on transport research society, 2007.

的同时,还采取了旨在考虑服务质量和安全问题所造成的潜在市场失灵的措施。例如,日本提出的"逐步放松经济性规制,加强社会性规制"改革原则,充分表明了对质量问题的重视。由此可见,在大多数这些国家中,出租车行业政府规制改革是双重的。一方面,它们采取了一些改革措施,旨在全部或部分放松对出租车数量或费率水平的限制(例如,取消地方当局的许可证授予权,统一经营区域,废除统一的和由行政部门确定的费率,取消妨碍在该部门内建立竞争条件的义务等);另一方面,它们旨在加强质量标准(例如,对司机的能力和公司的可靠性进行更严格的控制,对车辆的具体要求,限制工作时间,促进创新服务,对不遵守规则的人进行更严格的规定和控制等)。①

就消费者的整体福利而言,西方发达国家出租车行业放松管制的经验是模棱两可的。当放松数量规制时,出租车的数量会显著增加,且该影响与价格是否放松规制无关。然而,在大多数情况下,当放松价格规制时(这通常只发生在与放松数量规制有关的情况下),运价实际会上涨。放松规制之后通常会进行重新管制或提高质量要求,即使是适度的服务要求也会降低放松规制的影响,这表明至少应在取消数量限制的同时引入质量要求,而消费者将受益于服务质量的提高。② 尽管西方国家出租车行业放松规制的总体结果低于普遍预期,但这并不意味着没有必要进行任何规制改革。如果现行规制制度存在导致出租车服务可获得性低、质量差、价格过高等问题,由此给消费者带来严重不便,那么考虑到一个城市或国家出租车行业的固有条件,可能需要进行一些规制改革。③ 规制改革的基本思路是在逐步放松数量和价格限制的同时,全面加强服务质量和安全规制,这也是西方发达国家出租车行业规制改革的典型经验。④ 我国出租车行业规制制度长期存在"重数量和价格管控、轻服务质量和安全监管",由此导致出租车服务供需严重失衡、服务质量不高等问题,进而损害了乘客的利益。鉴于此,应合理借鉴西方发达国家出租车行业规制改革经验,逐步放松对出租车数量和价格的管控,并全面加强对出租车公司、

---

①　BERGANTINO A S,LONGOBARDI E. The drawbacks of deregulation in the taxi market:evidence from the international scenario and the Italian experience[M]//SUCHAROV L, & BREBBIA C A. Urban transport Ⅵ:urban transport and the environment for the 21st century. Cambridge:WIT press,2000:85-94.

②　BEKKEN J T, LONGVA F. Impact of taxi market regulation:an international comparison[R]. TOI report,2003.

③　CHOONG-HO K. Taxi deregulation:an international comparison [D]. Leeds:institute for transport studies in the university of Leeds,1998.

④　宣喆,何敏.放宽出租车市场准入和价格管制的经济法学分析[J].价格月刊,2016 (6):33-37.

出租车司机、出租车车辆等方面的质量控制,着重从准入资格、退出机制、服务质量、安全水平等方面健全完善出租车质量规制体系,从而确保出租车服务质量与安全水平,力图达到质高价优的目标。[①]

(二)坚持因地制宜,对不同地区采取差异化规制方案

从大多数西方发达国家出租车行业规制实践看,地方政府在如何引进规制方面发挥了重要作用。一般而言,这些国家的大城市或大都市区主要有自己的法规,而在更多的农村地区,则由国家、地区或自治市负责制定法规。例如,在英国,虽然存在国家总体立法,但是所有的市政当局(在伦敦大都市地区)在制定法规方面都有高度的自主权;在美国,主要由各州负责,但通常又将权力交还给地区和/或城市。由于制定和实施法规的途径分散(decentralised approach),实践中在如何制定法规方面存在很大差异。例如,英国的一些城市对许可证的最大发放数量设置了上限,但在其他城市,情况并非如此。[②] 由此可见,大多数国家的出租车行业是在次国家一级(sub-national level)受到规制的,因而即使在单个国家内,其规制干预的程度和形式也存在较大差异。[③]与规制本身存在的差异一样,一些国家的出租车行业规制改革具体举措在不同城市/地区也不尽相同。例如,在费率规制改革方面,美国的一些城市(如圣迭戈)实施最高限价,其他许多城市(如西雅图)则实行经营者自主定价。总而言之,无论是规制还是放松规制,各国和各城市的具体措施存在很多差别。[④]

综上所述,西方发达国家出租车行规制改革的一个重要经验是出租车行业规制制度必须适合不同的市场特点,没有哪一种出租车行业的完美组织和规制制度适合每个地方。[⑤] 应当认识到,出租车服务和价格的适配性(suitability)是一个特有的地方性问题,应由当地政府根据其独特的人口、空间密

① 袁长伟,吴群琪.国际出租车管制模式与改革启示[J].经济体制改革,2013(6):151-155.

② VISSER J, RIENSTRA S, BAKKER P. International comparison of taxi regulations and Uber[R]. Kim netherlands institute for transport policy,2015.

③ BERGANTINO A S,LONGOBARDI E. The drawbacks of deregulation in the taxi market:evidence from the international scenario and the Italian experience[M]//SUCHAROV L,BREBBIA C A. Urban transport Ⅵ:urban transport and the environment for the 21st century.Cambridge:WIT press,2000:85-94.

④ 王军.为竞争而管制:出租车业管制改革国际比较[M].北京:中国物资出版社,2009:192-197.

⑤ BEKKEN J T, LONGVA F. Impact of taxi market regulation: an international comparison[R].TOI Report,2003.

度、道路拥堵、空气污染以及机场和酒店交通状况进行最佳定制。① 对于我国而言,尽管各城市或地区的经济、地理、人口和交通等条件各不相同,但全国各地的规制方法如出一辙:总量控制、价格管控和准入规制。显然,这种一律实行中央统一的监管框架或以北京、上海等特大城市为样本的规制模式,是难以具有说服力的。出租车行业政府规制或规制改革应由各地根据本地条件自主决定。一个地方的规制框架应该反映当地的实际情况,并经由民主和法律程序反映本地民众的集体选择。② 换而言之,我国出租车行业政府规制改革,必须坚持因地制宜的原则,根据不同城市或地区、不同市场结构建立有针对性的规制框架。这就要求,必须落实城市人民政府是出租车管理的责任主体,充分发挥地方的自主权和创造性,探索符合本地出租车行业发展实际的规制模式。

(三)创新规制思路,鼓励实施灵活多样的规制措施

从西方发达国家出租车行业规制改革实践来看,很少有国家或城市引入了最纯粹意义上的自由市场。那些实际上已经尝试过完全放松规制的国家或城市,后来又重新引入了某种规制,尤其是在车辆和服务标准方面。因此,根本问题不是简单的规制与放松规制的问题,而是采取什么样的规制、在哪里规制以及规制到什么程度的问题。③ 在经历结果不甚理想的放松规制之后,在创新的基础上重新规制出租车行业会更好的想法正获得越来越多的支持。20世纪80年代放松规制的大多数美国城市都重新引入了各种形式的监管。韩国、澳大利亚、新西兰和瑞典等国家也朝着同样的方向发展。此外,像意大利、荷兰、爱尔兰和日本这些最近才走向放松规制的国家,正在采取更加灵活和谨慎的战略,而关于新的规制形式的辩论正在获得支持。④ 随着优步(Uber)和来福车(Lyft)等"拼车"平台的兴起,对出租车行业提出了挑战,促使各国规制机构重新思考对该行业的规制问题。最近,一些国家的政策制定者正在采取一些新方法,试图通过放松对出租车的规制来实现拼车平台和出租车之间的

---

① DEMPSEY P S. Taxi industry regulation, deregulation and reregulation: the paradox of market failure[J]. Transportation law journal,1996,24(1):73-120.

② 王军.为竞争而管制:出租车业管制改革国际比较[M].北京:中国物资出版社,2009:196-197.

③ BEKKEN J T, LONGVA F. Impact of taxi market regulation: an international comparison[R]. TOI report,2003.

④ BERGANTINO A S,BILLETTE de VILLEMEUR E,LONGOBARDI E. The taxi market:failures and regulation[C]. 11th world conference on transport research world conference on transport research society,2007.

规制平等。①

应当认识到,我国对出租车行业的管理经验不足,以出租车经营权为代表的规制失误及粗放式制度设计使行业矛盾丛生。② 面对传统政府规制过程中出现的问题,主要有两种解决思路:一种是放松规制,另一种是进行规制创新。在政府规制低效与市场失灵同时存在的情况下完全放弃规制或实行自由化也并非解决问题的万全之策,因此实行规制创新与部分放松规制成为政府规制的发展方向。③ 为此,我国出租车行业规制改革,除了取消那些不合理的规制举措,还应强化规制创新,探索实施灵活多样的规制措施。一方面,以创新数量和价格规制为突破口,建立更加灵活的、竞争导向的数量和价格规制机制。例如,在价格规制方面,可设置最高或最低价格要求,采用基于供需关系定价方法,建立灵活化、多元化的运价体系。另一方面,创新规制方式方法,尽量避免使用命令控制型工具(如标准、审批、限额、许可证、禁令等),多采用合作治理型工具(如第三方认证、第三方监管、公益诉讼等)和制度激励型工具(如财政补贴、税收减免、评优、悬赏举报等)。④例如,规制部门要引导行业协会等建立行规行约、健全运营服务标准,引导企业创新运营模式,规范企业经营行为。此外,应该充分利用移动互联网技术,设计多种政策工具来改进对于出租车的规制,以缓解目前存在的出租车规制失灵现象。⑤ 此外,可积极运用互联网、大数据、云计算等技术,建立完善规制平台,强化全过程规制。

第二节　出租车行业政府规制改革的总体方略

一般而言,不受规制的出租车行业可能会带来明显的有害经济和社会后果,而政府规制也可能因出现失灵情况而导致整个社会福利受损。走出出租车行业的政府规制的现实困境,不是简单地放松或解除规制,而是亟须通过深

① FARREN M D, KOOPMAN C, MITCHELL M D. Rethinking taxi regulations: the case for fundamental reform [J/OL]. SSRN electronic journal, 2016, DOI: 10. 2139/ssrn. 2838918.

② 苏奎. 移动互联网时代出租车汽车行业管制变革[M]//顾大松,苏奎. 网约车:移动互联网时代的治理挑战. 南京:东南大学出版社,2019:177-183.

③ 雷晓康,贾明德. 市场经济中的政府管制及其创新[J]. 北京大学学报(哲学社会科学版),2003(1):49-56.

④ 段礼乐. 市场规制工具研究[M]. 北京:清华大学出版社,2018:86-134.

⑤ 黄少卿,程若楠. 移动互联网技术与城市出租汽车行业监管改革[J]. 上海城市规划,2018(2):29-34.

化规制改革,提升规制质量与效能,迈向"更好规制"。

一、出租车行业政府规制改革的目标取向

过去几十年间,规制改革无疑是各国政府改革中最为重要的议题之一。20 世纪 70 年代,为解决规制本质问题、克服规制作为政策工具的局限性,许多国家掀起了一场以非规制化为核心的规制改革运动。但这种非规制化方面的早期尝试仅获得了部分成功,并未带来预期结果,这引发了对规制本质的深入思考。[①] 人们越来越深刻地认识到,规制对于经济社会的有效运行是必须的,盲目地解除规制必然会带来灾难性的后果。80 年代后,人们对解除规制的质疑和反思引发"再规制"(re-regulation)的回流,但这种再规制很快又引发对于规制负担的批评。[②]这样,与市场自由化和"再规制"有关的政策失灵,使得人们对这些政策方向的合理性提出了质疑。[③] 由此,规制改革需要解决的问题是如何在解除规制与"再规制"之间寻求出路,以避免有害规制、过度规制和不充分监管的情况发生。[④]

90 年代中期以后,一些国家的规制改革的重点开始从"去规制""再规制"转向改进规制治理,以实现"更好的规制"(better regulation)。[⑤] 近 30 多年来,追求更好的规制质量与绩效,以实现一种"良好的规制"已成为世界绝大多数国家的规制改革的目标取向。[⑥] 那么,究竟什么是"更好的规制"呢?"更好的规制"作为在规制改革实践中兴起的一种新规制治理理念,其核心在于通过规范规制决策的标准和程序改进政策制定和规制方式,减少政府规制行为的负面影响,提升规制质量和绩效。这对于我国深入推进规制改革、不断提高规制质量和绩效具有重要意义。[⑦]

[①] 经济合作与发展组织.OECD 国家的监管政策[M].陈伟,译.北京:法律出版社,2006:7.

[②] 杨欣.经合组织国家管制改革的新发展[J].开放导报,2008(4):81-83.

[③] 经济合作与发展组织.OECD 国家的监管政策[M].陈伟,译.北京:法律出版社,2006:9.

[④] 袁训国,陈伟.OECD 国家的监管体制改革[J].经济研究参考,2005(68):14-18.

[⑤] ZHANG Y F. Towards better regulatory governance? Regulatory reform in selected developing countries, over the period 2003－2007[J].Public management review,2010,12(6):873-891.

[⑥] 张红凤,等.制度禀赋视角下中国政府规制政策选择及治理结构重构[M].北京:经济科学出版社,2020:339.

[⑦] 黄新华,赵荷花."更好规制":规制治理的新理念与新追求[J].天津行政学院学报,2021(1):3-12.

2016 年以来,我国在出租车行业政府规制改革方面进行了积极探索,并取得了一定的成效,但也存在改革步伐较慢、改革力度不大等问题,出租车行业现有规制政策、规制体制、规制方式等方面存在的一些弊端还未得到有效解决,由此导致规制失灵和效率低下等问题仍不同程度地存在。因此,加快推进出租车行业的高质量发展,急需进一步深化出租车行业政府规制改革。那么,进一步深化出租车行业中规制改革的方向是什么?怎么改?在过去很长一段时间内,鉴于政府规制下的出租车行业中各种问题与矛盾层出不穷,放松或解除政府规制一度被认为是出租车行业政府规制改革的主要方向。20 世纪 80 年代,西方国家许多城市在出租车行业中进行了解除规制的尝试,但这些改革尝试大都没有取得预期的改革效果,以至于绝大部分城市的出租车行业随后又回归到规制的轨道上。在我国,出租车行业在 20 世纪 90 年代经历了短暂的自由发展阶段,但随着一些新的问题和负面效应(如竞争无序、服务质量恶化等)不断显现,政府对出租车行业的规制框架在 90 年代中期后被建立起来。[1] 这充分表明,贸然放松或解除规制并不是出租车行业规制改革的理想选择,不仅不能解决出租车行业中长期积累的问题与矛盾,反而可能滋生一些新的问题与矛盾。

近些年来,随着人们对规制本质的深入思考,关注的焦点不再是规制存在的必要性问题,而是如何改善规制本身方面的问题。[2] 理论与实践表明,政府对出租车行业进行适度的规制是必要的。这意味着,当前以及未来出租车行业政府规制改革并不能只是简单按"删除键",而是如何根据出租车的特殊服务特征更好予以规制。尽管同样存在规制失灵的弊病,但规制得以确立的交易特征及市场失灵并没有消失或显著改变,规制失灵不该以取消规制的极端方式来解决,可通过改进规制体制、规制政策、规制方式等,规制失灵的一些诟病能够得以改善。[3] 为此,当前及未来出租车行业政府规制改革的努力方向应该是超越放松或解除规制的目标取向,通过旨在提供更好质量规制的倡议,来提供更好的规制。[4] 也就是说,出租车行业政府规制改革的重点是在解除不合理且不必要的规制措施的基础上,通过改进和优化规制主体、规制政策、

① 孙翊锋.出租车行业政府规制政策变迁轨迹与逻辑:基于间断—均衡理论的解释[J].湖湘论坛,2021(4):105-117.

② 经济合作与发展组织.OECD 国家的监管政策[M].陈伟,译.北京:法律出版社,2006:1.

③ 徐康明,苏奎.出租车改革必须面对两个机制失灵[EB/OL].[2022-05-17].https://www.zgjtb.com/zhuanti/2015-10/12/content_53163.html.

④ 罗伯特·鲍德温,马丁·凯夫,马丁·洛奇.牛津规制手册[M].宋华琳,等译.上海:上海三联书店,2017:290.

规制工具、规制法制等来提升规制质量与绩效,以真正实现经济绩效与社会公正之价值的高质量规制。

二、出租车行业政府规制改革的基本原则

为了更好地推进出租车行业政府规制改革并促使各项改革目标的达成,改革过程中应坚持以下基本原则:

(一)坚持以人民为中心的价值取向

习近平总书记曾指出:"推进任何一项重大改革,都要站在人民立场上把握和处理好涉及改革的重大问题,都要从人民利益出发谋划改革思路、制定改革措施。"出租车行业是关系民生、服务百姓的窗口行业,事关人民群众出行,也事关社会稳定大局。进一步深化出租车行业政府规制改革,必须始终坚持以人民为中心这一根本原则。这就要求,一方面,要把维护好人民群众出行的根本权益作为改革的根本出发点和落脚点,以行业规制治理能力和治理水平的改善来全面提升出租车行业服务水平,更好地满足人民群众的出行需求,让人民群众共享改革的成果,有更多实实在在的获得感。另一方面,要尊重人民群众的主体地位,发挥人民群众的首创精神,让改革事业深深扎根于人民群众之中,紧紧依靠人民群众推动改革。此外,要把能否为人民群众提供安全、便捷、舒适、经济的出行服务,能否给人民群众带来实实在在的获得感作为评价改革的标准。总而言之,只有把坚持以人民为中心这一根本原则贯彻到规制改革的全过程中去,才能确保改革保持正确的导向,确保改革取得成功并经得住历史和人民的检验。

(二)坚持有效市场和有为政府相结合

正确处理政府和市场的关系,推动有效市场和有为政府更好结合,是推进出租车行业规制治理体系和治理能力现代化的客观要求。政府与市场并不是一对天然的不可调和的矛盾体。"当今世界没有任何一个经济完全属于市场经济或指令经济这两种极端之一。相反,所有社会都是既带有市场经济的成分也带有指令经济的成分的混合经济。"[①]换言之,在现代经济中,"既要承认市场的作用,又要承认政府的作用,二者是互补关系而非替代关系"。[②] 应当

---

① 保罗·萨缪尔森,威廉·诺德豪斯.微观经济学[M].19 版.萧琛,译.北京:人民邮电出版社,2012:7-8.

② 张红凤,杨慧,等.西方国家政府规制变迁与中国政府规制改革[M].北京:经济科学出版社,2007:1-2.

认识到,政府规制可以弥补市场失灵,市场机制也可以弥补规制失灵,任何一方都不能代替另一方。理论与实践表明,出租车行业可能面临市场和规制双重失灵。推动出租车行业健康有序发展,既需要呼唤更多的市场机制,也需要设计更完善的监管体系。为此,当前及未来的出租车行业政府规制改革,应在厘清政府与市场边界的基础上,建立一种市场竞争与政府规制的平衡机制,充分发挥市场在资源配置中的决定性作用,更好发挥政府作用。具体而言,更好地推进出租车行业政府规制改革,既要针对市场失灵坚持规制原则,又要完善规制体系规避规制失灵,更重要的是,还要利用相近市场机制解决规制失灵的问题。①

(三)充分发挥中央和地方两个积极性

作为一个幅员辽阔、人口众多且各地经济社会发展不平衡的不折不扣的大国,发挥中央和地方两个积极性一直是我们治国理政的基本理念,这也是健全国家行政体制、提升政府治理效能的重要举措。② 党的十九届三中全会明确提出:"治理好我们这样的大国,要理顺中央和地方职责关系,更好发挥中央和地方两个积极性。"进一步深化出租车行业政府规制改革,需要处理好中央和地方的关系,既加强中央顶层设计又充分调动地方资源力量,更好发挥中央和地方两个积极性,形成上下贯通、协同推进的生动局面。具体而言,出租车行业政府规制改革进程中要将中央顶层设计与地方的差别化探索紧密结合起来,探索建立"顶层设计—地方细则"的改革推进模式。一方面,国家层面应做好改革的顶层设计,提出和完善改革的政策框架,明确改革的目标方向和任务要求,但要给地方充分的自主权和政策空间,不搞"一刀切"。另一方面,地方要履行好出租车管理的责任主体,在中央政策框架下,根据自身特点和具体情况,充分发挥自主权和创造性,制定更为适宜的、可操作的具体办法,抓好改革政策落地实施工作,积极探索符合本地出租车行业发展实际的规制模式。总而言之,在深化改革中,如果说中央层面改革是上篇,地方层面改革就是下篇。只有整体构思、通盘考虑、上下贯通,把改革的整篇文章做好,才能确保改革成功,让人民更有获得感。

---

① 徐康明,苏奎.出租车改革必须面对两个机制失灵[EB/OL].[2021-10-12].https://www.zgjtb.com/zhuanti/2015-10/12/content_53163.html.

② 樊继达.发挥中央和地方两个积极性重在"五个精准"[J].中国党政干部论坛,2021(8):62-65.

（四）坚持统筹兼顾的系统思维

深化出租车行业政府规制改革是一个复杂的系统工程，新老问题叠加，新旧矛盾交织，既有观念体制束缚之阻，亦有利益固化藩篱之绊。为此，在改革过程中必须坚持统筹兼顾的系统思维，充分考虑行业复杂情况，兼顾各方利益诉求，力求彰显公平正义，积极寻求改革的共识，力争取得改革"最大公约数"。一方面，要统筹协调优先发展公共交通和满足公众个性化出行需求，统筹兼顾乘客、驾驶员、出租车企业和互联网平台等各方利益，促进社会整体效益最大化。另一方面，要统筹新业态和旧业态等规制对象，建立分类分层的监管机制，促进两种业态在发展中各取所长，逐步实现融合发展。此外，要统筹发展和安全、效率和公平、活力和秩序等多元目标，统筹运用市场、法律、技术、标准、信用、行政等多种手段，统筹行业管理和综合规制、事前事中事后规制，统筹发挥市场、政府、社会等各方作用，切实提高综合规制治理能力。

三、出租车行业政府规制改革的总体思路

如前所述，出租车行业政府规制改革的目标取向是追求良好的规制质量与绩效，即迈向"更好的规制"。为实现这一规制改革目标，首先必须确证什么样的规制是一种"更好的规制"。对于此，一些国家以及国际组织在规制改革实践中试图探寻衡量良好规制的"基准"。例如，英国政府在1997年成立了一个独立的咨询机构——更好规制任务小组（BRTF），该机构提出了一系列被政府认可且采纳的关于"更好的规制"的原则，这些原则认为，良好规制应符合比例性、可问责性、一贯性、透明及针对性（targeted）的要求。又如，经合组织（OECD）在1995年就发布了《关于提升政府规制质量的建议》，十年后又颁布了修订后的《关于规制质量与规制绩效的指导原则》。根据这些报告，良好的规制应当符合以下要求：（1）服务于清晰定义过的政策目标并能够有效地实现这些目标；（2）具有现实的法律及经验基础；（3）带来与成本相称的收益，同时要考虑到效果在社会上的分配情况，也要顾及对经济、环境和社会所产生的影响；（4）尽量降低成本、减少市场扭曲；（5）借助市场激励和基于目标的方法来促进创新；（6）对使用者而言清晰、简单、实用；（7）同其他的规制和政策相一致；（8）尽可能与国内外的竞争、贸易和投资推进政策相协调。从这些指导性准则中可以发现，"更好的规制"通常具备这样一系列共通的属性：一是采取成本最低、干预度最低的方法，来实现所规定的目标；二是以通达的信息或证据为基础，将专业知识适用于规制问题；三是规制过程的运作应符合透明、可及、公正和一贯性的要求；四是在可能的情况下，使用规制体制来鼓励形成一个回

应性的、健康的市场。① 基于这些良好规制的"基准",出租车行业政府规制改革应遵循以下思路：

(一)强化规制目标的公益性

规制目标,是规制干预所要达到的目的。在实施规制干预过程中,通常需要首先明确这些干预所要实现的目标,然后根据这些目标来确定相应的规制手段。一般来讲,规制干预的最终目标是增进社会福利或维护公共利益。② 在出租车行业中,公共利益是政府规制的逻辑起点,也是应一以贯之追求的根本目标。这不仅要体现在"通过纠正无效率或不公正市场运作实现社会总体经济福利的优化"③,而且应表现为"对某些更加深层的价值原则,比如民主、自由、公正等价值原则的选择和偏向"④。但过去很长一段时间内,由于政府对出租车行业的规制不同程度地偏离公共利益目标,再加上未能从理论上清晰阐明公共利益的根本价值所在,以至于很容易从市场力量和放松规制角度出发,对公共利益的主张和视角加以攻击,甚至否定其存在。为此,在进一步深化出租车行业政府规制改革中,深化对公共利益的理论认知,强化公共利益的改革导向。具体而言,在规制改革中必须以维护和增进公共利益作为规制制度设计和完善的出发点和落脚点,在保证为社会公众提供数量充足、质量优良、价格合理的出租车服务的基础上,进而提升社会总体经济福利、保障人民群众合法权益和实现社会公平正义。

(二)推进规制主体的多元化

规制主体是面向被规制者制定和实施各种法规、规则、方法以实现规制目标的行为者。⑤ 在传统规制模式中,规制就等同于政府规制,即政府(包括立法机关、行政机关、司法机关等)作为唯一规制主体独占规制权。⑥ 然而,由于

---

① 罗伯特·鲍德温,马丁·凯夫,马丁·洛奇.牛津规制手册[M].宋华琳,等译.上海:上海三联书店,2017:294.
② 张昕竹.基础设施产业政府监管的一般理论[M]//高世楫,俞燕山.基础设施产业的政府监管:制度设计和能力建设.北京:社会科学文献出版社,2010:49.
③ 高俊杰.论民营化后公用事业规制的公益目标[J].现代法学,2014(2):91-98.
④ 曹然,徐敏.公共利益:英国传媒规制的一条主线[J].苏州大学学报(哲学社会科学版),2020(1):162-171.
⑤ 廖卫东,何笑.我国食品公共安全规制体系的政策取向[J].中国行政管理,2011(10):20-24.
⑥ 胡仙芝,马长俊.治理型监管:中国市场监管改革的新向标[J].新视野,2021(4):60-67.

政府规制本身的局限性(如规制中的信息不对称等),越来越难以适应日益复杂化的规制事务。"在政府规制适应经济复杂化的变迁中,规制主体日趋多元化。"①尤其是随着治理理念在规制领域的推广应用,从政府规制转向规制治理已成为规制改革的必然趋势。② 这种趋势意味着,规制改革应该着眼于将一元化的政府规制扩展为包含政府、行业协会、社会组织等主体的多元规制。③ 在出租车行业政府规制中,目前仍由传统的规制模式所主导,而这一模式下的规制能力显然不能满足规制的需求(如规制力量薄弱),因而难以实现高质量的规制。为此,深化出租车行业政府规制改革必须将行业协会、社会组织、出租车企业、社会公众等各方力量纳入规制过程中,构建政府与非政府主体协同共治的规制格局,不断提升规制的效率和效能,进而确保各项规制任务得以落实。

(三)强化规制政策的科学化

规制政策指政府有选择的具有普遍效力的管理行为,这种行为具有明确的目标,并针对特定的被规制对象。④ 规制政策作为一种重要的公共政策,其质量决定着规制政策绩效,进而影响经济繁荣、社会发展和民众福祉。⑤ 一项良好的规制政策除了要有一定的民意基础,其背后更需要有充分的科学理据做支撑,才能够以理服人,因而科学化是"民主化"外规制政策的另一重要基石。⑥ 作为高质量规制政策的重要前提,如何确保规制政策的科学化是规制改革必须面对的一个核心议题。所谓规制政策的科学化,就是决策者及其他参与者充分利用现代科学技术知识及方法,特别是政策科学的理论和方法,经由科学合理的决策程序,作出符合客观规律并增进公共利益的规制决策。规制政策的科学化强调规律性、专业化与效益最大化,需通过决策主体的专业

---

① 黄新华.从干预型政府到规制型政府:建构面向国家治理现代化的政府与市场关系[J].厦门大学学报(哲学社会科学版),2017(3):78-88.

② 杨炳霖.从"政府监管"到"监管治理"[J].中国政法大学学报,2018(2):90-104.

③ 刘鹏,王力.回应性监管理论及其本土适用性分析[J].中国人民大学学报,2016(1):91-101.

④ 陈富良.规制政策分析:规制均衡的视角[M].北京:中国社会科学出版社,2007:3.

⑤ 陈水生.什么是"好政策":公共政策质量研究综述[J].公共行政评论,2020(3):172-192.

⑥ 区耀荣,蒋敏娟.当代中国公共政策科学化面临的问题、挑战与改革途径探析[J].行政论坛,2015(1):63-67.

化、决策程序的合理化、决策内容的规范化来实现。① 人们从主观愿望来说,都希望自己所制定的公共政策是正确的、有效的,但由于政府在决策过程中的活动缺乏科学性与民主性,结果和事实往往不能尽如人愿。② 长期以来,政府对出租车行业的规制旨在有效解决信息不完全、负外部性等市场失灵问题,事与愿违,该行业中各种问题与矛盾层出不穷(如司机罢运事件频发、乘客打车困难、服务质量恶化、各种黑车泛滥、出租车企业暴利等),以至于现行政府规制政策被认为是引发这些问题和矛盾的罪魁祸首。③ 为此,在深化出租车行业政府规制改革过程中,必须健全决策机制和程序,发挥思想库作用,建立决策问责和纠错制度,进而促进规制政策的科学化。

(四)促进规制过程的法治化

从法学的角度来看,政府规制就是规制机构根据法律法规的授权,为追求经济效益和社会效益的帕累托最优及维护社会公平正义,对经济及其外部性领域和一些特定的非经济领域所采取的调节、监管和干预等行政行为。④ 换而言之,政府规制是借助于有关法律法规直接作用于被规制对象,并对其进行规范约束和限制的行政行为。政府规制不仅是政府经济管理活动,而且是政府法律活动,必然涉及法律问题。⑤ 在这个意义上,政府规制实质上是一种在法律框架内的行政行为,任何政府规制行为都必须以法律法规为依据。法律法规作为政府规制中的重要组成部分,不仅是政府实施或解除规制的基本依据,而且决定着政府规制的具体政策或行为,因而是影响政府规制效果的重要因素。完备的法律框架是产生良好的政府规制的基础,更是产生良好规制效果的根本保障。当前,我国政府对出租车行业的规制还未完全纳入法律框架之中,在一定程度上存在"无法可依、执法不严、违法不究"现象。为此,深入推进出租车行业政府规制改革,必须加快出租车行业政府规制立法步伐,强化规制执法和司法,建立健全完备的法律规范体系、高效的法治实施体系、严密的

① 李卫华.公共政策民主化、科学化、法制化的实现条件及其内在关联[J].理论探讨,2015(1):150-153.

② 黄维民.论公共政策的科学化与民主化[J].西北大学学报(哲学社会科学版),2001(2):145-150.

③ 孙翊锋.部门利益理论视角下出租车行业政府规制效果评价研究:以长沙为例[J].湖南行政学院学报,2017(6):10-16.

④ 黄新华.政府规制研究:从经济学到政治学和法学[J].福建行政学院学报,2013(5):1-8.

⑤ 徐德信,曹世华,虞维华.规制的经济、法律和政治维度[M].合肥:中国科学技术大学出版社,2020:37.

法治监督体系,将出租车行业政府规制纳入法治轨道之中。

(五)推进规制工具的多样化

规制工具指规制主体为实现特定规制目标而采取的具体方式和手段。在政府规制过程中,规制工具的选择与运用在整个规制体系中具有关键性地位,规制工具与规制目标是否匹配等会直接影响规制效率与效果。[①] 从我国目前规制工具的选取和运用来看,规制工具的选取和运用不当导致的规制失灵常常发生。因此,就规制工具而言,我国规制改革的方向就是要减少命令控制型规制工具的使用,通过规制工具的创新性发展和多样化选用,不断提升规制效率与效果,进而实现"更好规制"的目标。[②] 在出租车行业政府规制中,当前所采用的规制工具仍以命令控制型工具为主(如总量控制、价格管控等),缺乏多元化的规制手段和方式,这在一定程度上导致政府规制效率低下且效果不彰。因此,深化出租车行业政府规制改革,必须注重优化规制工具的选择和运用,推进规制手段和方式的多元化。只有综合运用多种规制工具,通过规制工具的动态组合与优化才能达到规制治理的善治。[③]

第三节　出租车行业政府规制改革的具体路径

深化出租车行业政府规制改革,应通过改进和优化规制主体、规制政策、规制工具、规制法制等深化规制改革,不断提升规制质量与绩效,进而真正实现经济绩效与社会公正之价值的高质量规制。

一、理顺政府规制体制机制,构建多元共治的规制格局

构建多元协同的规制体制机制是有效提升出租车行业规制治理水平和能力的前提基础。针对现行政府规制体制机制存在的短板和不足,要按照推进行业规制治理现代化的目标和要求,加快健全"政府主导、行业管理部门主管、出租车公司具体负责、行业协会自律、社会公众广泛参与"的规制大格局。

第一,建立健全政府牵头、部门参与、条块联动的联合规制机制,强化政府内部上下左右协同,形成规制合力。可考虑建立由政府高位协调,交通运输、

① 应飞虎.规制工具的选择与运用[J].法学论坛,2011(2):48-51.

② 段礼乐.市场规制工具研究[M].北京:清华大学出版社,2018:42-51.

③ 黄新华,赵荷花."更好规制":规制治理的新理念与新追求[J].天津行政学院学报,2021(1):3-12.

发改、财政、人社等相关职能部门参与的联合规制工作机制,并由交通运输部门牵头建立部门间联席会议制度,加强各部门间横向沟通,定期或不定期对重大事项进行联审会商;同时,在交通运输部门的领导下,进一步道路运输管理机构或城市公共客运管理机构等规制机构的人员编制和财政经费,优化这些机构在出租车行业规制方面的职责体系,有条件的城市可探索建立相对独立的且专业化的出租车行业规制机构,承担出租车行业具体规制事务。

第二,落实出租车企业的主体责任。政府推行公司化经营的初衷是加强出租车经营服务管理,提升出租车服务水平。但现实中许多出租车企业凭借政府授予的特许经营权获取高额垄断利润,既不参与出租车营运服务,也不承担营运风险,导致企业主体责任落空。这也是引发司企矛盾冲突激烈、服务水平不高等行业顽疾的重要原因。为此,当务之急必须严格落实企业主体责任,充分发挥企业在优化出租车经营服务中的重要作用。一方面,行业主管部门要制定出租车企业的责任清单,明确企业在出租车经营服务中的具体职责,并加强对企业主体责任落实情况的监督考核;另一方面,行业主管部要引导企业完善内部治理结构,提升企业管理水平和能力,并在规制工作中加强与企业之间的合作,可探索建立"政府—企业"双层嵌入式规制模式,前者制定规制标准、审查规制效果,后者具体实施规制标准并承担法律责任。[1] 此外,探索建立实施企业信用承诺制度,引导企业在运营安全、服务质量、乘客权益等事项上实行信用承诺,并向社会公示,接受社会监督。

第三,强化出租车行业协会的自律功能。出租车行业的健康有序发展,既需要来自行业主管部门的外部规制,也需要充分发挥出租车行业协会的自律作用。与行业主管部门等外部规制者相比,出租车行业协会在规制过程中具有信息方面的优势。通过出租车行业协会实施"自我规制"[2]的努力,可以有效弥补外部规制的一些短板和不足。[3] 为此,行业主管部门要引导和鼓励出租车行业协会创设自身内部的规制体系,让其承担好规制自身的任务。一方面,出租车行业协会应进一步明确自身的职能和功能定位,发挥好行业协会在政府、企业与驾驶员的沟通桥梁作用,搭建好各方主体的交流沟通平台和诉求表达渠道,提供好政策法规、业务技术和信息咨询等服务。另一方面,出租车

---

[1] 金通,朱晓艳,郑凌浩."互联网+"下的出租车:市场演化与嵌入式监管[J].财经论丛,2017(10):107-113.

[2] 自我规制指规制对象对自身施加命令和结果的规制,规制对象可以是单个企业,也可以是代表规制对象的行业协会。

[3] 罗伯特·鲍德温,马丁·凯夫,马丁·洛奇.牛津规制手册[M].宋华琳,等译.上海:上海三联书店,2017:163-183.

行业协会加强自身建设,完善由出租车企业、驾驶员共同组成的组织架构,建立行规行约,健全出租车运营服务标准,引导企业和驾驶员规范经营服务行为,从而营造公平有序的市场环境。

第四,健全广泛的民主参与机制。出租车行业是关系民生的窗口服务行业,而政府对该行业的规制直接关系公众的福祉。这就要求,在出租车行业政府规制中必须广泛引入公众参与,发挥社会公众的监督作用。这既是保障公众基本权益的有效举措,也是提升政府规制有效性和合意性的重要抓手。促进出租车行业政府规制中的公众参与,关键是要加强公众参与的制度化建设,构建公众有效参与的制度平台和渠道。[①] 一方面,通过健全信息公开制度、重大决策听证制度等多种制度化渠道,将社会公众吸纳到规制过程之中,充分发扬民主、反映民意、集中民智,确保规制过程公开、公正、透明,从而保障公众合法权益。例如,可以考虑建立出租车价格和数量听证会制度,让规制者、企业、司机和公众等多方利益相关者共同参与决定规制政策。[②] 另一方面,建立多元化的公众监督机制,包括电话监督、网络监督、媒体监督等,保障公众能够对出租车企业、驾驶员及相关行业主管部门实施有效的监督。

二、完善政府规制政策框架,提升政府规制的有效性

现阶段,我国出租车行业政府规制政策体系主要由市场准入规制、数量规制、价格规制以及服务质量和安全规制四大规制政策构成。毋庸置疑,这些规制政策在出租车行业发展过程中起到了积极作用,但同时也必须意识到,其中一些规制政策也带来了一系列负面效应和新问题。例如,准入歧视导致企业与司机之间的利益和风险分配极不合理,从而引发行业不稳定;总量控制导致出租车数量短缺,进而造成"打车难"……尽管现行政府规制政策存在种种弊端,但并不意味着可以直接解除或放弃政府规制。理论和实践表明,政府对出租车行业的适度规制是必要且合理的。因此,构建科学合理的出租车行业政府规制政策框架,关键是要按照部分放松规制与部分强化规制的总体思路,逐步放松那些不合理的规制政策,进一步强化那些合理的规制政策,努力寻求政府规制与市场机制之间的平衡。[③]

---

①　方建敏.对公民有效参与公共决策的制度分析:以温州出租车司机的"罢运"事件为例[J].天府新论,2010(6):78-82.

②　陈明艺.出租车数量管制的合理性分析及评估机制研究[J].中国物价,2006(8):45-49.

③　常健,饶常林.城市客运出租汽车行业的政府管制及其改革:兼论"十一五规划"指导下的管制创新[J].法学评论,2007(3):107-114.

第一,逐步取消准入歧视政策,完善行业准入和退出机制。"如果说总量限制和租价管制在世界各国普遍存在(但并不限制个体化经营),那么准入歧视政策则是中国的一大特色。"①准入歧视政策的直接后果是不公正和低效率,它既不合理也不合法(对公民权利的限制)。因此,优化出租车行业政府规制政策框架,首先是要取消市场准入歧视,解除对出租车经营主体和经营模式的限制。② 即要让符合法定条件的企业和个人有均等的机会获得出租车牌照,并让市场机制而不是政府人为来决定出租车的经营模式(个体化经营还是公司化经营)。但取消出租车市场准入歧视并不是放弃市场准入机制,而是要重塑出租车市场准入机制,严格把好市场准入关,并建立严格的市场退出机制,对出租车经营者和从业者实行优胜劣汰。例如,应建立较为严格的驾驶员准入制度,对驾驶员的资质条件进行严格审查和考核,从源头上保证从业者的基本素质;要基于乘客安全和最低程度的服务质量标准来确定出租车车辆设备的准入条件等。③

第二,适度放松出租车数量规制,加快建立总量动态调节机制。出租车总量控制一直是颇受争议的一项规制政策。一种较为普遍的观点是基于交通拥堵、环境污染以及恶性竞争等理据,政府对出租车数量进行控制是有必要的。与之针锋相对的观点则认为,上述理据难以令人信服,总量控制不仅没有有效解决上述问题,还产生了较大的负面效应,如"打车难"等。④ 的确,从现实情况来看,总量控制导致出租车数量短缺,尤其带来了"打车难"、服务水平下降等许多问题。但从世界范围来看,各国不同程度地对出租车总量实施了限制,尤其是发达国家一些城市在 1970 年代末纷纷放松了数量控制,但之后又陆续回到总量控制的轨道上。这在某种程度上也表明,总量控制有其必要性和合理性。因此,克服数量规制政策的弊端,不是简单地直接解除或放弃总量控制,而是要制定科学合理的数量控制政策,其中的关键在于要构建出租车运力动态调节机制。具体而言,行业主管部门要准确把握出租车在城市交通体系中的发展定位,加强对出租车运力规模的实时监测和科学评估,并建立常态化、制度化的动态调整机制,使运力规模与市场需求相适应。有条件的中小城市可以探索建立直接运用市场机制调节出租车供需的模式,逐步实现市场自

① 余晖.政府管制失败的经典案例:评《管制成本与社会公正——透过北京市出租车业看政府管制的失败》[M]//张曙光.中国制度变迁的案例研究:第 4 集.北京:中国财政经济出版社,2005:500-501.

② 庄序莹.出租车特许经营权管制评析[J].城市问题,2011(1):70-76.

③ 许明月,刘恒科.网约车背景下地方出租车市场法律监管的改革与完善[J].广东社会科学,2016(5):249-256.

④ 邓纲,周璨.出租车市场的政府管制及其完善[J].经济法论坛,2011,8(00):235-243.

动调节。

第三,适度放松出租车价格规制,建立健全运价动态调整机制。出租车存在非自由交易、随机交易等交易特征,由此导致价格杠杆失灵,因而政府对出租车价格的适度规制是必要的[①],这也是世界各国通行的做法。但也必须意识到,当前普遍采用的政府定价方式过于僵化,未能有效平衡司机和乘客之间的利益,甚至引发了社会福利的净损失。因此,适度放松出租车价格规制,推动出租车运价市场化改革,是十分必要的。但这并不意味着放弃价格规制,而是要由政府直接定价向政府指导定价或间接定价转变,允许市场主体根据市场情况在一定范围内进行自主定价,充分发挥运价调节出租车市场供求关系的杠杆作用。[②] 此外,要加快完善巡游车运价动态调整机制,健全作价规则,根据市场供需关系和运营成本,科学制定、及时调整巡游车运价水平和结构,确保出租车价格能够及时跟上市场变化的步伐。

第四,加快转变出租车规制重心,强化服务质量规制与安全规制。强化出租服务质量和安全规制方面的举措和力度,是近年来世界各国出租车行业政府规制变革的基本趋势。[③] 但在我国,一些地方长期将规制中心集中在准入歧视、总量限制、价格控制等方面,而对服务质量与安全方面的规制重视不够。这无疑是造成我国出租车服务水平一直不高的重要原因之一。[④] 为此,将政府规制中心转移到出租车服务质量和安全控制上,完善服务质量与安全规制措施,是当前我国出租车行业政府规制改革必须坚持的基本思路。由于出租车服务质量和安全水平在很大程度上还受到市场准入规制、数量规制以及价格规制的影响,必须将完善上述规制政策与强化服务质量和安全规制有机统一起来,坚持整体协同推进。一方面,加强对出租车服务质量信誉考核,强化结果运用,全面完善和落实以服务质量信誉为导向的经营权配置、管理和退出制度。另一方面,要强化行业信用体系建设,建立贯穿出租车经营者和从业者全生命周期,衔接事前、事中、事后全规制环节的信用治理机制,完善"立法、宣传、监管、评价"为一体的信用交通体系,形成以信用为基础的新型规制机制。[⑤]

---

①　冯苏苇,苏奎.出租车交易特征的改变决定监管方向[M]//顾大松,苏奎.网约车:移动互联网时代的治理挑战.南京:东南大学出版社,2019:192-193.

②　肖赟,魏朗."互联网+"背景下我国出租车运价体系改革路径研究[J].价格理论与实践,2016(7):79-81.

③　于左,高玥.出租车行业规制的困境摆脱及其走势判断[J].改革,2015(6):119-129.

④　常健,饶常林.城市客运出租汽车行业的政府管制及其改革:兼论"十一五规划"指导下的管制创新[J].法学评论,2007(3):107-114.

⑤　郑翰献.加快推进杭州出租车治理现代化的思考[J].杭州,2020(1):50-51.

三、健全政府规制法制体系,提升政府规制法治化水平

从法学的角度讲,政府规制的实质是一项法律制度安排,任何政府规制活动都是以法律法规为基础的,政府规制的实施本身就是一个立法、执法过程。法律法规作为政府规制中的重要组成部分,不仅是政府规制建立与废除的基本依据,而且决定着政府规制规则与政府规制政策或行为,因而是影响政府规制效果的重要因素。完备的法律框架是产生良好的政府规制的基础,更是产生良好规制效果的根本保障。2016 年出台的《关于深化改革推进出租汽车行业健康发展的指导意见》明确提出,要坚持"依法规范",并强调要"强化法治思维,完善出租汽车行业法规体系,依法推进行业改革,维护公平竞争的市场秩序,保护各方合法权益"。现阶段,我国出租车行业仍面临多方利益未协调好、服务质量不高且难以提升等多重难题,必须坚持依法治理,运用法治思维和法治方式提高出租车行业政府规制的法治化、规范化水平。因此,加快出租车行业政府规制立法步伐,形成较为完善的出租汽车管理法律法规体系,是当前深化出租车行业政府规制改革的重要任务。

加强出租车行业政府规制法制建设,可以从法律法规、规章制度、标准规范等多个层面构建完善的法制体系,为出租车行业政府规制提供坚实的法制框架。首先,中央层面要尽快制定一部高位阶的综合性法律。可以考虑由全国人大制定专门的《城市出租车管理法》,或者制定《公共客运交通管理法》,将出租车行业管理纳入其中。[①] 该法要对出租车行业定位、经营模式、经营权配置、规制框架、管理体制、各利益主体的权责利和法律责任等重大事项作出明确规定,从而为出租车行业政府规制提供权威的、充分的法律依据。其次,鼓励地方政府先行立法。由于出租车行业受地域经济、人口和城市规模、交通状况的影响比较直接,必须因地制宜、因城施策,探索符合城市实际的出租车管理模式。因此,在具有立法权的城市,可由地方人大制定一部符合当地实际情况的综合性出租车管理法,实现出租车行业管理、经营服务和市场监督有法可依、有章可循。最后,进一步细化法律法规。行业主管部门要加快完善出租车管理和经营服务的法规规章与标准规范,进一步细化出租车行业法律法规,并制定相关法律法规的实施细则,使各项法律法规更具可操作性。

四、创新政府规制方式手段,提升政府规制能力和水平

政府规制方式和手段是影响规制政策实施与规制效果的重要因素,科学

---

① 欧爱民,杨艳.我国出租车准入制度的宪法学检验[J].湖南科技大学学报(社会科学版),2011(2):76-81.

合理的政府规制方式和手段对于促进政府规制政策实施与取得良好政府规制效果具有重要意义。从理论层面看,规制有效性的前提是规制机制和规制方式的适应性、科学性和协调性。换言之,在时代不断发展变化的情形下,随着规制格局、规制主体、规制对象、规制条件等因素的变化,规制机制和规制方式也必须随之进行调整,否则就会失去规制的适应性、科学性和协调性。[①] 现阶段,我国出租车行业正处于推进行业治理体系和治理能力现代化的新征程上,对出租车行业治理提出了更高要求。这就需要不断创新政府规制方式和手段,全面提升出租车行业政府规制能力和水平。从现实层面看,2016 年以来,各地在出租车行业深化改革方面进行了积极探索,但出租车行业在发展过程中长期积累的矛盾和问题仍没有得到根本性的解决,如"打车难"问题仍存在等,也出现了一些新的情况和问题,如新老业态矛盾突出等。这也迫切需要大力创新政府规制方式和手段,提升政府规制的有效性,从而助力解决出租车行业长期存在的顽疾问题。

首先,充分考虑规制过程中的信息约束,采用激励性规制。激励性规制的关键是在信息不对称的情形下,设计一种既能充分激励被规制者,又使被规制者无法滥用相机抉择权的激励性规制合同。[②] 在出租车行业政府规制中引入激励性规制,其具体做法如下:一是采用竞争的激励方法,建立出租车行业的特许经营权招标、投标制度,调整出租车牌照的获得方式,实现以行政审批为主的牌照授予方式向公开、透明的招投标方式转变。二是采用诱导的激励方法,通过成本补偿等方式来激励出租车经营者提高效率和服务质量并降低价格水平,从而增进社会福利。

其次,重构规制程序,采取协商性规制。与传统命令—控制型规制强调规制过程的单向性、强制性和对立性相比,协商性规制更加注重规制过程中的平等协商。[③] 在出租车行业政府规制过程中,要通过建立健全信息公开与披露制度以及公众参与制度,确保被规制市场主体和广大社会公众能够有效参与规制决策、规制执行、规制监督、规制评估等整个规制过程之中,提升规制的公正性、透明性、可信性。

最后,利用"技术赋能",推广智慧型规制。运用大数据、云计算、物联网、人工智能等新兴技术,可以为政府治理进行全方位的"技术赋能",从技术上改

---

①　陈奇星.创新地方政府市场监管机制与监管方式研究[M].上海:上海人民出版社,2020:93-94.

②　肖兴志.现代规制经济分析[M].北京:中国社会科学出版社,2011:3.

③　蒋红珍.论协商性政府规制:解读视角和研究疆域的初步厘定[J].上海交通大学学报(哲学社会科学版),2008(5):28-35.

进治理方式、治理手段等,从而全面提升政府治理能力和水平。① 这就要求推进智慧交通应用,积极推广车载智能终端、集成智能计程计时收费、全时全景视频监控等功能,加快出租车服务信息平台和行业监管平台建设,充分利用大数据、云计算等技术手段对出租车服务进行全过程、全方位监管,提升出租车行业监管信息化、科技化水平。

---

① 孟天广.政府数字化转型的要素、机制与路径:兼论"技术赋能"与"技术赋权"的双向驱动[J].治理研究,2021(1):5-14.

第九章 研究结论与展望

理论和实践表明,政府有效规制是出租车行业健康有序发展的重要保障。从根本上讲,出租车行业政府规制效果评价对于推动政府规制改革、提升政府规制有效性具有重要价值。为更好地深化出租车行业政府规制改革,促进行业高质量发展,必须加强对出租车行业政府规制效果的系统研究。本书围绕出租车行业政府规制效果评价及规制改革问题这一核心问题作了尝试性探讨,既从理论层面构建了出租车行业政府规制效果评价框架,又对出租车行业政府规制效果进行了实证检验,并在此基础上探讨了出租车行业政府规制改革思路与路径。

第一节 研究的基本结论

本书采用理论与实证相结合的研究思路,以公共利益理论为基础构建了出租车行业政府规制效果评价的一个理论框架,并运用该理论框架对出租车行业政府规制效果进行了实证检验,在此基础上探讨了出租车行业政府规制改革的相关问题。具体来说,得出如下基本结论:

第一,出租车行业具有较强的公益性,是政府规制的典型行业。通过对出租车行业的属性和定位分析发现,出租车应是介于公共交通和私人交通之间的准公共物品,作为"公共交通的补充",不应该忽视其公共交通属性。同时,梳理我国出租车行业政府规制历史和现状发现,我国对出租车行业的规制大致经历了行政审批、自由发展、全面规制、规制改革等阶段,在放松规制与强化规制之间呈现出交替演进的基本特征。当前的政府规制政策主要包括市场准入规制、价格规制、数量规制以及服务质量与安全规制四大政策,且明显呈现出一种基本趋势:以数量和价格规制为核心的经济性规制逐渐放松,而以服务质量和安全为重点的社会性规制持续强化。

第二,出租车行业政府规制效果评价必须以公共利益理论为基础。20世纪80年代,理论驱动型评价在西方评价领域兴起,并备受评价理论家和实务工作者的青睐。理论驱动型评价强调运用理论来指导评价活动,为出租车行业政府规制效果评价提供了一种更好的评价策略。为了更好地评价出租车行业政府规制效果并为研究者和决策者等提供给更加有用的信息,促进组织学习、学术研究以及规制改革,出租车行业政府规制效果评价必须是理论驱动的。在理论驱动型评价中,关键是要找到项目或政策背后的主导理论,该理论必须阐明项目或政策的预期目标、项目或政策的因果机制或干预机制等问题。通过吸收与公民身份期望和集体利益相关的社会性价值,可以超越经济学进路对公共利益理论进行重构,进而可以更好地构成出租车行业政府规制背后的理论基础。根据公共利益理论,政府对出租车行业规制的根本目标就是维护和增进公共利益,具体表现在增进总体经济福利、保障公民基本权利和促进社会团结三个方面。由此,在公共利益理论框架下,出租车行业政府规制效果评价要致力于检验和评价政府规制是否有利于上述公共利益目标的实现,即政府规制是否有利于提升总体经济福利、是否有利于保障公民的基本权利以及是否有利于促进出租车服务的公平分配等。

第三,基于公共利益理论构建了出租车行业政府规制效果评价的理论框架。在公共利益理论框架下,出租车行业政府规制效果评价的核心问题是考察政府规制对公共利益的影响,而这种影响又集中体现在政府规制政策所带来的效益、回应性和公平性方面。由此,公共利益理论视角下出租车行业政府规制效果评价可选取效益、回应性和公平性作为主要评价标准。基于这些标准,可以从行业发展水平、服务价格水平、服务质量水平和普遍服务水平等方面构建一套出租车行业政府规制效果评价指标体系。这套评价指标体系共包括行业发展水平、服务价格水平、服务质量水平、普遍服务水平 4 个一级指标,以及出租车数量、出租车万人拥有量等 18 个二级指标。运用这些指标,基本可以检验出租车行业政府规制政策实施之后是否实现了公共利益目标以及在多大程度上实现了公共利益目标。为了有效进行出租车行业政府规制效果评价,可以采用受规制情形与未受规制情形的比较分析方法、不同规制强度之间的比较分析方法、处于控制之下的环境试验方法以及受规制情形的结构或模拟模型等四种基本经验方法。

第四,对出租车行业政府规制效果和规制改革效果进行实证检验发现,政府规制和政府规制改革都未能很好地服务于公共利益目标。基于公共利益理论构建了出租车行业政府规制效果评价的理论框架之后,运用该理论框架对出租车行业政府规制效果及规制改革效果进行了实证检验。首先,选取1994—2013 年 35 个城市的面板数据,运用固定效应模型方法,对出租车行业政府规制效果进行了实证检验。实证结果表明,出租车行业政府规制对出租车行业发展水平构成了一定的抑制效应。从这个角度看,政府规制并没有很好地实现公共利益目标。然后,选取 2013—2018 年 36 个城市的面板数据,运用固定效应模型方法,对出租车行业政府规制改革效果进行实证检验。检验结果表明,出租车行业政府规制改革并没有有效提升行业发展水平。在这个意义上来讲,政府规制改革并没有很好地增进公共利益。

第五,进一步深化出租车行业政府规制改革具有现实必要且紧迫性。首先,现行出租车行业政府规制未能很好地服务于公共利益,即存在不同程度的失灵,这迫切要求进一步深化出租车行业政府规制改革。其次,当前出租车行业中仍存在"打车难"问题较突出、整体服务质量不高、行业内各方矛盾难以调和等突出问题,与高质量发展目标仍有差距,这客观上要求进一步深化出租车行业政府规制改革。最后,现行出租车行业政府规制存在规制体制机制仍未理顺、规制政策框架仍不合理、规制法制建设比较滞后、规制方式手段急需创新等问题,与行业规制治理现代化的要求仍有差距,这急需进一步深化出租车行业政府规制改革。

第六,结合我国出租车行业的现实情况,在借鉴域外出租车行业政府规制改革经验的基础上,提出了进一步深化出租车行业政府规制改革的总体方略和具体路径。西方发达国家对出租车行业的规制起步较早,且经历了多年的探索与调整,可以为我国出租车行业政府规制改革提供一些有益启发,如放松数量和价格管控,强化服务质量和安全控制是大势所趋……总体而言,当前及未来的出租车行业政府规制改革,应超越放松或解除规制的目标取向,通过改进和优化规制主体、规制政策、规制方式等来提升规制质量与绩效,走向"更好的规制"。为落实出租车行业政府规制改革的各项改革任务并达成改革目标,应坚持以人民为中心、有效市场和有为政府相结合等基本原则,立足优化和改进规制目标、规制主体、规制政策、规制工具等方面设计改革思路,并从理顺政府规制体制机制、完善政府规制政策框架、健全政府规制法制体系、创新政府规制方式手段等方面采取具体改革举措。

第二节　研究的创新之处

本书研究主要致力于对出租车行业政府规制效果及规制改革问题进行理论与实证研究。为了更好地构建出租车行业政府规制效果评价的理论框架,并对出租车行业政府规制效果进行实证检验,进行了一些尝试性地创新,其具体情况如下:

首先,重构了公共利益理论,并将其作为出租车行业政府规制背后的主导理论,阐明了出租车行业政府规制的正当性和合意性。20 世纪 70 年代以来,公共利益理论因其本身的缺陷受到了广泛质疑与批评,由此导致以公共利益之名来捍卫政府规制的正当性存在较大问题。在这种大背景下,学者对出租车行业政府规制动因的探讨纷纷从公共利益理论视角转向部门利益理论视角。尤其是在政府规制下的出租车行业存在各种问题和矛盾的情形下,主流研究否定了政府规制的必要性和合理性,彻底丢弃了"公共利益"理念。通过吸收与公民身份期望和集体利益相关的社会性价值,超越经济学进路重构了公共利益理论。重构后的公共利益理论,不仅使得公共利益的正当性得以重新确认,而且有助于出租车行业政府规制的正当化。

其次,尝试将理论驱动型评价方式或策略引入出租车行业政府规制效果评价之中,构建了一个更加科学合理的出租车行业政府规制效果评价体系。已有关于出租车行业政府规制效果评价的研究成果主要侧重于经验层面,或者说主要采用方法导向型评价方式来评价出租车行业政府规制效果,这种评价方式实质上是一种只关注投入—产出的黑箱式评价,由于未能探寻出出租车行业政府规制背后的因果关系等问题,无法为出租车行业政府规制政策改进提供有用的、有针对性的信息。本书运用理论驱动型评价方式取代了方法导向型评价方式,并按照该评价方式来设计出租车行业政府规制效果评价体系。理论驱动型评价强调根据特定的理论来设计评价活动,即着重强调理论对评价实践活动的指导作用。本书以公共利益理论为基础,构建出租车行业政府规制效果的评价标准和评价指标,阐明常用的评价方法,由此形成一个更加科学合理的评价框架。这在出租车行业政府规制效果评价研究领域乃至政府规制效果评价研究领域都是首次尝试。

最后,尝试采用定量研究方法对出租车行业政府规制及规制改革效果进行实证检验。现有关于出租车行业政府规制效果评价的研究主要停留在定性研究层面,这些研究或多或少具有一定的主观性。为了更加客观地评价出租车行业政府规制及规制改革效果,运用面板数据固定效应模型对出租车行业政府规制效果进行实证检验。

第三节　研究不足与展望

出租车行业及其政府规制本身错综复杂,使得出租车行业政府规制效果评价研究相当复杂。笔者由于多学科理论知识、定量研究方法等方面存在一些欠缺,再加上时间、精力的有限以及诸多客观条件的限制,尽管在本书研究过程中做了大量工作,如搜索文献、收集数据、实地调研、数据分析等,仍然存在许多不足之处和需要进一步探讨与研究的地方。

在评价的理论框架设计方面,主要以公共利益理论为基础来设计出租车行业政府规制效果评价框架,虽然运用该框架可以大致检验出租车行业政府规制的主要效果,仍然存在诸多需要改进之处。首先,仅从公共利益理论视角探讨出租车行业政府规制的影响,而规制的影响无疑是多方面的,因而可能会忽视理论之外的其他影响。因此,未来评价框架设计应该立足于公共利益理论基础之上,同时也考虑其他一些理论因素之外的因素。其次,出租车行业政府规制效果评价指标设计时,本书尽可能选取那些容易量化的客观性指标,而忽视了那些不易量化的主观性指标。虽然量化的客观指标容易操作,也能使评价结果更加客观、更加科学,但规制效果会涉及价值观念等难以量化的主观因素,仅凭这些客观的指标并不能全面反映出租车行业政府规制的效果。因此,未来研究应该在设计容易量化的指标的同时,也要更多地考虑哪些不易量化但又确实反映出租车行业政府规制效果的主观指标。最后,本书所设计的评价框架并没有出租车行业中利益相关者之间的相互关系而且也没有对该行业的特殊环境因素作过多关注,而这些因素或多或少地会影响政府规制的效果。因此,未来研究中要注重从政治学的角度去探讨规制者与被规制者之间、被规制者相互之间的关系,同时考虑出租车行业政府规制的特殊环境因素,从而更好地厘清出租车行业规制效果。

在实证研究方面,数据资料和研究方法都存在待进一步完善之处。一方面,在实证检验中,由于出租车行业的官方统计数据比较少,在出租车价格、服务质量等指标方面没有官方数据,通过问卷方式获取各个城市的第一手数据又面临经费限制等多重困难,而且即便能克服这些困难,也只能获取一份截面数据,难以用于科学合理地检验政策效果。因此,本书仅从行业发展层面对出租车行业政府规制及改革效果进行了实证检验。随着官方数据不断完善以及大数据等新兴技术的发展,出租车数据资料会越来越丰富,未来研究应从更多方面去检验出租车行业政府规制效果,比如政府规制对服务质量的影响等。另一方面,在计量方法方面,由于受数据资料、政策环境以及笔者自身能力的限制,本书仅采用面板数据固定效应模型对出租车行业政府规制效果进行尝试性检验,而未能采用当前比较流行的双重差分方法(DID)等来探讨该问题。因此,未来研究中应根据出租车行业政府规制的实际情况,采用诸如结构方程模型、多期DID、合成控制法以及一些相关的定性评价方法等多种评价方法来检验出租车行业政府规制效果。

参考文献

张曙光.中国制度变迁的案例研究:第3集[M].北京:中国财政经济出版
　　社,2002.

张曙光.中国制度变迁的案例研究:第4集[M].北京:中国财政经济出版
　　社,2005.

保罗·萨缪尔森,威廉·诺德豪斯.微观经济学[M].19版.萧琛,译.北京:人民
　　邮电出版社,2012.

余晖.管制与自律[M].杭州:浙江大学出版社,2008.

植草益.微观规制经济学[M].朱绍文,等译.北京:中国发展出版社,1992.

科林·斯科特.规制、治理与法律:前沿问题研究[M].安永康,译.北京:清华大
　　学出版社,2018.

王俊豪.政府管制经济学导论:基本理论及其在政府管制实践中的应用[M].
　　北京:商务印书馆,2001.

谢地.政府规制经济学[M].北京:高等教育出版社,2003.

文学国,何辉.政府规制:理论、政策与案例[M].北京:中国社会科学出版
　　社,2012.

陈庆云.公共政策分析[M].2版.北京:北京大学出版社,2011.

王军.为竞争而管制:出租车业管制改革国际比较[M].北京:中国物资出版
　　社,2009.

N.格里高利·曼昆.经济学原理:微观经济学分册[M].5版.梁小民,梁砾,译.
　　北京:北京大学出版社,2009.

黄新华.公共部门经济学[M].厦门:厦门大学出版社,2010.

交通运输部道路司.中国出租汽车发展问题理论研究[M].北京:人民交通出
　　版社,2013.

罗纳德·哈里·科斯,王宁.变革中国:市场经济的中国之路[M].徐尧,李哲
　　民,译.北京:中信出版社,2013.

彼得·罗希,马克·李普希,霍华德·弗里曼.评估:方法与技术[M].7版.邱
　　泽奇,等译.重庆:重庆大学出版社,2007.

俞可平.治理与善治[M].北京:社会科学文献出版社,2000.

徐德信,曹世华,虞维华.规制的经济、法律和政治维度[M].合肥:中国科学技

术大学出版社,2020.

W.基普•维斯库斯,小约瑟夫•E.哈林顿,约翰•M.弗农.反垄断与管制经济学[M].4版.陈甬军,覃福晓,等译.北京:中国人民大学出版社,2010.

史蒂芬•布雷耶.规制及其改革[M].李洪雷,等译.北京:北京大学出版社,2008.

约瑟夫•E.斯蒂格利茨.公共部门经济学[M].3版.郭庆旺,等译.北京:中国人民大学出版社,2013.

保罗•萨缪尔森,威廉•诺德豪斯.萨缪尔森谈效率、公平与混合经济[M].萧琛,译.北京:商务印书馆,2012.

罗伯特•鲍德温,马丁•凯夫,马丁•洛奇.牛津规制手册[M].宋华琳,等译.上海:上海三联书店,2017.

理查德•施马兰西,罗伯特•D.威利格.产业组织经济学手册[M].李文溥,等译.北京:经济科学出版社,2009.

陈富良.规制政策分析:规制均衡的视角[M].北京:中国社会科学出版社,2007.

约瑟夫•E.斯蒂格利茨.政府为什么干预经济[M].郑秉文,译.北京:中国物资出版社,1998.

史际春,邓峰.经济法学评论:第5卷[M].北京:中国法制出版社,2004.

G.J.施蒂格勒.产业组织和政府管制[M].潘振民,译.上海:上海三联书店,1996.

迈克•费恩塔克.规制中的公共利益[M].戴昕,译.北京:中国人民大学出版社,2014.

安东尼•奥格斯.规制:法律形式与经济学理论[M].骆梅英,译.北京:中国人民大学出版社,2009.

托尼•普罗瑟.政府监管的新视野:英国监管机构十大样本考察[M].马英娟,张浩,译.南京:译林出版社,2020.

乔治•伯恩,等.公共管理改革评价:理论与实践[M].张强,等译.北京:清华大学出版社,2008.

梁树广.中国发电行业规制效果评价与发展研究[M].北京:经济管理出版社,2020.

贠杰,杨诚虎.公共政策评估:理论与方法[M].北京:中国社会科学出版社,2006.

威廉•N.邓恩.公共政策分析导论[M].4版.谢明,等译.北京:中国人民大学出版社,2002.

卡尔•帕顿,大卫•沙维奇.政策分析和规划的初步方法[M].2版.孙兰芝,等译.北京:华夏出版社,2002.

张金马.公共政策分析:概念・过程・方法[M].北京:人民出版社,2004.

陈振明.政策科学:公共政策分析导论[M].北京:中国人民大学出版社,2003.

宁骚.公共政策学[M].2版.北京:高等教育出版社,2003.

杨宏山.公共政策学[M].北京:中国人民大学出版社,2020.

谢明.公共政策导论[M].4版.北京:中国人民大学出版社,2015.

郭俊华.知识产权政策评估:理论分析与实践应用[M].上海:上海人民出版社,2010.

郭蕾.城市水务产业规制改革对公共福利的影响效应研究[M].北京:对外经济贸易大学出版社,2016.

王志刚.面板数据模型及其在经济分析中的应用[M].北京:经济科学出版社,2008.

白仲林.面板数据计量经济学[M].北京:清华大学出版社,2019.

高世楫,俞燕山.基础设施产业的政府监管:制度设计和能力建设[M].北京:社会科学文献出版社,2010.

顾大松,苏奎.网约车:移动互联网时代的治理挑战[M].南京:东南大学出版社,2019.

陈奇星.创新地方政府市场监管机制与监管方式研究[M].上海:上海人民出版社,2020.

肖兴志.现代规制经济分析[M].北京:中国社会科学出版社,2011.

姚志刚,袁球明.出租汽车客运服务质量管理理论与实践[M].北京:中国经济出版社,2012.

韩彪,聂伟,何玲.出租车市场体系研究:理论与实践[M].北京:人民交通出版社,2010.

杨开忠,陈良文,等.出租汽车业规制:国际经验与北京改革[M].北京:中国城市出版社,2008.

米尔顿・弗里德曼,罗斯・弗里德曼.自由选择:个人声明[M].胡骑,等译.商务印书馆,1982.

兰迪・T.西蒙斯.政府为什么会失败[M].张媛,译.北京:新华出版社,2017.

任其亮.新旧业态融合发展视角下大城市网络约车规制研究[M].成都:西南交通大学出版社,2018.

朱春奎.公共政策学[M].北京:清华大学出版社,2016.

王俊豪.管制经济学原理[M].2版.北京:高等教育出版社,2014.

查尔斯・沃尔夫.市场,还是政府:市场、政府失灵真相[M].陆俊,谢旭,译.重庆:重庆出版社,2009.

凯斯·R.桑斯坦.权利革命之后:重塑规制国[M].钟瑞华,译.北京:中国人民大学出版社,2008.

冯中越.社会性规制评论:第 2 辑[M].北京:中国财政经济出版社,2014.

奥斯本.新公共治理:公共治理理论和实践方面的新观点[M].包国宪,等译.北京:科学出版社,2016.

张红凤.西方规制经济学的变迁[M].北京:经济科学出版社,2005.

张红凤,等.西方国家政府规制变迁与中国政府规制改革[M].北京:经济科学出版社,2007.

张红凤,等.制度禀赋视角下中国政府规制政策选择及治理结构重构[M].北京:经济科学出版社,2020.

经济合作与发展组织.OECD 国家的监管政策[M].陈伟,译.北京:法律出版社,2006.

段礼乐.市场规制工具研究[M].北京:清华大学出版社,2018.

SUCHAROV L, BREBBIA C A. Urban transport Ⅵ: urban transport and the environment for the 21st century[M]. Cambridge: WIT press, 2000.

MITNICK B M. The political economy of regulation[M]. New York: Columbia university press, 1980.

NOLLR G. Regulatory policy and the social sciences[M]. Berkeley: University of california press, 1985.

CHEN H T. Theory-driven evaluations[M]. Thousand oaks: Sage publications, 1990.

MADAUS G F, SCRIVEN M, STUFFLEBEAM D L. Evaluation models: Viewpoints on educational and human services evaluation [M]. Springer science & business media, 2000.

DONALDSON S I. Program theory-driven evaluation science: strategies and applications[M]. New York: Psychology press, 2007.

SUSSMAN S Y. Handbook of program development for health behavior research and practice[M]. Thousand oaks: Sage publications, 2000.

PATTON M Q. Utilization-focused evaluation [M]. Thousand oaks: Sage publications, 2008.

FROMM G. Studies in public regulation[M]. Cambridge: the MIT press, 1981.

SUNSTEIN C R. After the rights revolution: reconceiving the regulatory state[M]. Cambridge: Harvard university press, 1990.

SUCHMAN E A. Evaluation research: principle and practice in public service and action problem[M]. New York: Russell sage foundation, 1967.

POISTER T H. Public program analysis: applied research methods [M].
　　Baltimore: University park press, 1978.

BALDWIN R, CAVE M, LODGE M. Understanding regulation: theory,
　　strategy, and practice[M]. London: Oxford university press, 2012.

BALLEISEN E J, MOSS D A. Government and markets: toward a new
　　theory of regulation[M]. New York: Cambridge university press, 2010.

ANSELL C, TORFING J. Handbook on theories of governance [M].
　　Cheltenham: Edward elgar publishing, 2016.

胡仙芝,马长俊.治理型监管:中国市场监管改革的新向标[J].新视野,2021
　　(4).

孙翊锋.出租车行业政府规制效果研究进展与前瞻[J].中共福建省委党校学
　　报,2015(5).

孙翊锋.部门利益理论视角下出租车行业政府规制效果评价研究:以长沙为例
　　[J].湖南行政学院学报,2017(6).

孙翊锋.出租车行业政府规制政策变迁轨迹与逻辑:基于间断—均衡理论的解
　　释[J].湖湘论坛,2021(4).

孙翊锋.湖南出租汽车行业发展现状、问题与对策研究[J].武陵学刊,2021(5).

陈明艺.出租车数量管制的合理性分析及评估机制研究[J].中国物价,2006
　　(8).

王家永.出租车行业改革:理论辨析与实践构想[J].财经问题研究,2012(11).

韩萌萌.浅议我国出租车行业行政管制的必要性与适度性[J].管理观察,2009
　　(4).

蒋洪,陈明艺.我国出租车行业价格管制的必要性及模式选择[J].中国物价,
　　2005(4).

商晨.出租车数量管制、经营模式与专车规制[J].财经论丛,2016(7).

张月友,刘志彪,叶林祥.出租车运营模式之争:北京模式或温州模式[J].上海
　　经济研究,2012(12).

劳潮惠,吴群琪.城市出租客运行业特性与政府规制分析[J].公路交通科技,
　　2013(6).

唐睿.北京市出租车政府管制分析[J].国家行政学院学报,2005(2).

宣喆,何敏.放宽出租车市场准入和价格管制的经济法学分析[J].价格月刊,
　　2016(6).

庞世辉.政府在出租车市场的管制缘何失效[J].中国改革,2006(12).

常健,饶常林.城市客运出租汽车行业的政府管制及其改革:兼论"十一五规
　　划"指导下的管制创新[J].法学评论,2007(3).

刘乃梁.出租车行业特许经营的困境与变革[J].行政法学研究,2015(5).

孔繁斌,孟薇.公共利益实现的"情境—行动"逻辑:基于成本—利益分布结构理论的阐释[J].中国行政管理,2020(7).

王智斌.出租车数量管制模式之探讨[J].行政法学研究,2005(3).

王斐民,申嘉.论城市出租车业的竞争与管制[J].法学杂志,2007(3).

庄序莹.出租车特许经营权管制评析[J].城市问题,2011(1).

于左,高玥.出租车行业规制的困境摆脱及其走势判断[J].改革,2015(6).

黄新华.政府规制研究:从经济学到政治学和法学[J].福建行政学院学报,2013(5).

江琳.出租车数量管制的行政法分析:以北京市出租车行业为例[J].行政法学研究,2010(3).

杨萌,郑志柱.论出租车经营中的垄断问题[J].政法学刊,2010(2).

张树全.政府管制动机对出租车经营模式的影响[J].云南财经大学学报,2009(6).

罗清和,张畅,潘道远.我国"约租车"规制研究:兼及国外经验[J].北京交通大学学报(社会科学版),2016(3).

蒋岩波,黄娟.网约车行业规制路径的选择:从行政规制走向合作规制[J].江西财经大学学报,2020(3).

金通,朱晓艳,郑凌浩."互联网＋"下的出租车:市场演化与嵌入式监管[J].财经论丛,2017(10).

魏巍,张慧颖.互联网专车矫正出租车行业市场失灵的机制分析:以易到用车等为例[J].新疆大学学报(哲学·人文社会科学版),2017(5).

唐清利."专车"类共享经济的规制路径[J].中国法学,2015(4).

王静.中国网约车的监管困境及解决[J].行政法学研究,2016(2).

张效羽.试验性规制视角下"网约车"政府规制创新[J].电子政务,2018(4).

赵光辉,李玲玲.大数据时代新型交通服务商业模式的监管:以网约车为例[J].管理世界,2019(6).

郭锐欣,张鹏飞.进入管制与黑车现象[J].世界经济,2009(3).

郭锐欣,毛亮.特大城市出租车行业管制效应分析:以北京市为例[J].世界经济,2007(2).

丁元竹.我国准公共服务管理体制的完善:以出租汽车行业管理为例[J].人民论坛,2010(9).

陈明艺,熊红星.出租车市场组织形式管制效果分析:上海市出租车市场调查[J].城市问题,2012(6).

翟翌.中国出租车行业的行政法分类规制:以"行政特许"和"普通许可"的区分

为视角[J].政治与法律,2017(10).

陈明艺.国外出租车市场规制研究综述及其启示[J].外国经济与管理,2006(8).

萧冬连.放权、让利和松绑:中国经济改革的起步[J].中共党史研究,2018(3).

郭文玲.出租汽车行业的政府规制1978—1999:北京市出租汽车行业案例研究[J].生产力研究,2000(3-4).

国务院发展研究中心发展战略和区域经济研究部课题组.我国出租汽车行业管理和发展面临问题及对策建议[J].改革,2008(8).

杨海坤,郭朋.公用事业民营化管制与公共利益保护[J].当代法学,2006(5).

章亮亮.对出租车行业特许模式的经济学和行政法学分析[J].上海经济研究,2012(2).

杨仁法,杨铭.基于服务质量招投标的出租车市场准入与退出机制[J].交通运输工程学报,2006(2).

王军,李静,沈鹏.管制政策下的北京出租汽车业[J].比较法研究,1999(3-4).

陈明艺.进入限制、价格管制与黑车泛滥:来自北京、上海出租车市场的经验分析[J].山西财经大学学报,2007(11).

黄少卿.互联网专车兴起语境下,出租车监管改革的思路与建议[J].互联网金融法律评论,2015(2).

杨向前.中国特大型城市出租车行业管制改革研究:以交通可持续发展和公共福利为视角[J].国家行政学院学报,2012(6).

于立,肖兴志.规制理论发展综述[J].财经问题研究,2001(1).

顾昕.俘获、激励和公共利益:政府管制的新政治经济学[J].中国行政管理,2016(4).

陈明艺.出租车市场限制进入的理论与经验分析[J].生产力研究,2005(2).

苏奎.移动互联网时代出租汽车行业管制改革[J].城市交通,2015(4).

许明月,刘恒科.网约车背景下地方出租车市场法律监管的改革与完善[J].广东社会科学,2016(5).

高俊杰.论民营化后公用事业规制的公益目标[J].现代法学,2014(2).

曹然,徐敏.公共利益:英国传媒规制的一条主线[J].苏州大学学报(哲学社会科学版),2020(1).

胡平仁.政策评估的标准[J].湘潭大学社会科学学报,2002(3).

向小丹.关于建立公共政策评估标准的若干思考[J].湖南社会科学,2009(4).

高兴武.公共政策评估:体系与过程[J].中国行政管理,2008(2).

何颖.论政策评估标准的设定[J].中国行政管理,1996(5).

王春福.试论政策评价及其标准[J].学术交流,1993(3).

谢明,张书连.试论政策评估的焦点及其标准[J].北京行政学院学报,2015(3).

王芬,王俊豪.中国城市水务产业民营化的绩效评价实证研究[J].财经论丛, 2011(5).

肖兴志,孙阳.中国电力产业规制效果的实证研究[J].中国工业经济,2006(9).

肖兴志,王靖.中国电信产业规制效果的实证研究[J].财经论丛,2008(3).

肖兴志,韩超.规制改革是否促进了中国城市水务产业发展:基于中国省际面板数据的分析[J].管理世界,2011(2).

郭蕾,肖有智.政府规制改革是否增进了社会公共福利:来自中国省际城市水务产业动态面板数据的经验证据[J].管理世界,2016(8).

赵建国,李自炜.政府医疗服务价格规制是否提升了公共福利:基于中国省际动态面板数据的实证研究[J].财贸研究,2019(7).

肖兴志,齐鹰飞,李红娟.中国煤矿安全规制效果实证研究[J].中国工业经济, 2008(5).

肖建忠,黎明,王小林.中国民用天然气价格规制的公共福利效应与阶梯定价优化情景分析[J].中国地质大学学报(社会科学版),2019(1).

徐天柱.网约车崛起背景下出租车规制制度改革探讨[J].新疆大学学报(哲学·人文社会科学版),2018(1).

王学成,荣朝和.出租车行业管制下的出行服务平台发展研究[J].经济与管理研究,2016(6).

王军武,冯儒,吴阳芬.我国出租车行业新模式与发展路径及其政府规制改革[J].贵州社会科学,2016(4).

张羽琦."互联网+"背景下传统出租车改革与网约车发展[J].当代经济管理, 2018(4).

范逢春.国家治理现代化:逻辑意蕴、价值维度与实践向度[J].四川大学学报(哲学社会科学版),2014(4).

陈时国,曹旭东.规制空间、规制过程与规制失灵:基于出租车数量规制的分析[J].山东大学学报(哲学社会科学版),2019(4).

韦长伟.强化出租车行业的政府监管:基于24起罢运事件的分析[J].理论探索,2012(5).

杜亚霏.基于协商民主理论视角的政策制定研究:以"重庆出租车事件"为例[J].云南行政学院学报,2010(5).

尹华容,晏明科.出租车准入歧视与比例原则[J].湘潭大学学报(哲学社会科学版),2016(4).

范永茂.政策网络视角下的网约车监管:政策困境与治理策略[J].中国行政管理,2018(6).

方建敏.对公民有效参与公共决策的制度分析:以温州出租车司机的"罢运"事件为例[J].天府新论,2010(6).

邓纲,周璨.出租车市场的政府管制及其完善[J].经济法论坛,2011,8(00).

肖赟,魏朗."互联网+"背景下我国出租车运价体系改革路径研究[J].价格理论与实践,2016(7).

欧爱民,杨艳.我国出租车准入制度的宪法学检验[J].湖南科技大学学报(社会科学版),2011(2).

蒋红珍.论协商性政府规制:解读视角和研究疆域的初步厘定[J].上海交通大学学报(哲学社会科学版),2008(5).

孟天广.政府数字化转型的要素、机制与路径:兼论"技术赋能"与"技术赋权"的双向驱动[J].治理研究,2021(1).

黄新华.从干预型政府到规制型政府:建构面向国家治理现代化的政府与市场关系[J].厦门大学学报(哲学社会科学版),2017(3).

马英娟.监管的概念:国际视野与中国话语[J].浙江学刊,2018(4).

胡承华.城市出租车经营组织形式规制的经济法学分析[J].兰州学刊,2013(5).

王太高,任海青.客运出租汽车经营权立法规制之构想[J].山西大学学报(哲学社会科学版),2015(3).

张树全.出租车数量管制对社会福利的影响[J].城市问题,2011(4).

王军.出租汽车经营行政许可之合宪性分析[J].行政法学研究,2016(2).

邵燕斐,王小斌.基于博弈论视角的出租车价格管制困境破解[J].开发研究,2014(2).

李玉娟.出租车行业经营模式与管理制度存在的弊端及其治理见解[J].现代财经(天津财经大学学报),2010(8).

陈东进.互联网专车时代政府管制的范式变迁[J].浙江社会科学,2016(6).

易婷婷."互联网+"时代出租车行业政府规制研究:基于打车软件应用的分析[J].价格理论与实践,2016(1).

李豪,彭庆,高祥.基于互联网新技术的出租车行业多方博弈与管理创新[J].广西社会科学,2018(7).

贾国强.31省会城市出租车现状:21城万人拥有量不达标 重庆"份子钱"超万元为最高[J].中国经济周刊,2016(31).

胡税根,黄天柱.政府规制失灵与对策研究[J].政治学研究,2004(2).

张庆霖,苏启林.政府规制失灵:原因与治理[J].经济学动态,2009(4).

张红凤.西方政府规制理论变迁的内在逻辑及其启示[J].教学与研究,2006(5).

李郁芳.政府规制失灵的理论分析[J].经济学动态,2002(6).

张军扩,侯永志,刘培林,等.高质量发展的目标要求和战略路径[J].管理世界,2019(7).

姜长云.服务业高质量发展的内涵界定与推进策略[J].改革,2019(6).

杨炳霖.从"政府监管"到"监管治理"[J].中国政法大学学报,2018(2).

俞可平.治理和善治:一种新的政治分析框架[J].南京社会科学,2001(9).

俞可平.中国的治理改革(1978—2018)[J].武汉大学学报(哲学社会科学版),2018(3).

鲍勃·杰索普.治理的兴起及其失败的风险:以经济发展为例[J].漆燕,译.国际社会科学杂志(中文版),2019(3).

俞可平.治理和善治引论[J].马克思主义与现实,1999(5).

格里·斯托克.作为理论的治理:五个论点[J].华夏风,译.国际社会科学杂志(中文版),1999(1).

薛澜,张帆,武沐瑶.国家治理体系与治理能力研究:回顾与前瞻[J].公共管理学报,2015(3).

薛澜,李宇环.走向国家治理现代化的政府职能转变:系统思维与改革取向[J].政治学研究,2014(5).

袁长伟,吴群琪.国际出租车管制模式与改革启示[J].经济体制改革,2013(6).

雷晓康,贾明德.市场经济中的政府管制及其创新[J].北京大学学报(哲学社会科学版),2003(1).

黄少卿,程若楠.移动互联网技术与城市出租汽车行业监管改革[J].上海城市规划,2018(2).

杨欣.经合组织国家管制改革的新发展[J].开放导报,2008(4).

袁训国,陈伟.OECD国家的监管体制改革[J].经济研究参考,2005(68).

黄新华,赵荷花."更好规制":规制治理的新理念与新追求[J].天津行政学院学报,2021(1).

樊继达.发挥中央和地方两个积极性重在"五个精准"[J].中国党政干部论坛,2021(8).

廖卫东,何笑.我国食品公共安全规制体系的政策取向[J].中国行政管理,2011(10).

刘鹏,王力.回应性监管理论及其本土适用性分析[J].中国人民大学学报,2016(1).

陈水生.什么是"好政策":公共政策质量研究综述[J].公共行政评论,2020(3).

区耀荣,蒋敏娟.当代中国公共政策科学化面临的问题、挑战与改革途径探析[J].行政论坛,2015(1).

李卫华.公共政策民主化、科学化、法制化的实现条件及其内在关联[J].理论
　　探讨,2015(1).

黄维民.论公共政策的科学化与民主化[J].西北大学学报(哲学社会科学版),
　　2001(2).

应飞虎.规制工具的选择与运用[J].法学论坛,2011(2).

郑翰献.加快推进杭州出租车治理现代化的思考[J].杭州,2020(1).

DOUGLAS G W. Price regulation and optimal service standards: the taxicab
　　industry[J]. Journal of transport economics and policy,1972, 6(2).

SHREIBER C. The economic reasons for price and entry regulation of
　　taxicabs[J]. Journal of transport economics and policy,1975(3).

CAIRNS R D, LISTON-HEYES C. Competition and regulation in the taxi
　　industry[J]. Journal of public economics,1996,59(1).

FLATH D. Taxicab regulation in Japan [J]. Journal of the Japanese and
　　international economies,2006,20(2).

VERKUIL P R. The economic regulation of taxicabs[J]. Rutgers law review,
　　1969(24).

WILLIAMS D J. The economic reasons for price and entry regulation of
　　taxicabs:a comment [J]. Journal of transport economics and policy,
　　1980,14(1).

DALY J. Taxi deregulation: three years on[J]. Student economic review,
　　2004(18).

LEPHARDT B G P, JOSEPH L B. The economics of taxicab deregulation
　　[J]. Heartland policy study,1985(3).

GAUNT C. The impact of taxi deregulation on small urban areas: some New
　　Zealand evidence[J]. Transport policy, 1995,2(4).

MARELL A, WEATIN K. The effects of taxicab deregulation in rural areas
　　of Sweden[J]. Journal of transport geography 2002(10).

GÄRLING T, LAITILA T, MARELL A, WESTIN K. A note on the short-
　　term effects of deregulation of the Swedish taxi-cab industry[J].Journal
　　of transport economics and policy, 1995,29(2).

BARRETT S D. The sustained impacts of taxi deregulation[J]. Economic
　　affairs, 2010,30 (1).

GAUNT C,BLACK T. The economic cost of taxicab regulation:the case of
　　Brisbane[J].Economic analysis and policy,1996,26(1).

ÇETIN T, ERYIGIT K Y. The economic effects of government regulation:

evidence from the New York taxicab market[J]. Transport policy, 2013 (25).

ÇETIN T, ERYIGIT K Y. Estimating the effects of entry regulation in the Istanbul taxicab market[J]. Transportation research part A: polity and practice, 2011(6).

LAGOS R. An analysis of the market for taxicab rides in New York city[J]. International economic review, 2003, 44(2).

SCHALLER B. Entry controls in taxi regulation: implications of US and Canadian experience for taxi regulation and deregulation[J]. Transport policy, 2007, 14(6).

FOERSTER J F, GILBERT G. Taxicab deregulation: economic consequences and regulatory choices[J]. Transportation, 1979(8).

TONER J P. The welfare effects of taxicab regulation in English towns[J]. Economic analysis and policy, 2010, 40(3).

ÇETIN T, OĞUZ F. The effects of economic regulation in the Istanbul taxicab market[J]. Economic affairs, 2010, 30(3).

TEAL R F, BERGLUND M. The impacts of taxicab deregulation in the USA [J]. Journal of transport economics and policy, 1987, 21(1).

FLORES-GURI D. An economic analysis of regulated taxicab markets[J]. Review of industrial organization, 2003(23).

WORTMAN P M. Evaluation research: a methodological perspective[J]. Annual review of psychology, 1983, 34(1).

COLE G E. Advancing the development and application of theory-based evaluation in the practice of public health[J]. The American journal of evaluation, 1999, 20(3).

CHEN H T, ROSSI P H. The multi-goal, theory-driven approach to evaluation: a model linking basic and applied social science[J]. Social force, 1980, 59(1).

CORYN C L S, NOAKES L A, WESTINE C D, SCHROTER D C,. A systematic review of theory-driven evaluation practice from 1990 to 2009[J]. American journal of evaluation, 2010, 32(2).

LEEUW F L. Linking theory-based evaluation and contribution analysis: three problems and a few solutions[J]. Evaluation, 2012, 18(3).

WEISS C H. Which links in which theories shall we evaluate? [J]. New directions for evaluation, 2000(87).

HANTKE-DOMAS. The public interest theory of regulation: non-existence or misinterpretation? [J]. European journal of law and economics, 2003, 15(2).

COCHRAN C E. Political science and "the public interest" [J]. Journal of politics, 1974, 36(2).

DJANKOV S, MCLIESH C, RAMALHO R M. Regulation and growth [J]. Economic letters, 2006, 92(3).

CHEN H T. A theory-driven evaluation perspective on mixed methods research [J]. Research in the schools, 2006, 13(1).

GUASCH J L, HAHN R W. The costs and benefits of regulation: implications for developing countries [J]. The world bank research observer, 1999, 14(1).

CUTLER L N, JOHNSON D R. Regulation and the political process [J]. The yale law journal, 1974, 84(7).

HÄGG P G. Theories on the economics of regulation: a survey of the literature from a European perspective [J]. European journal of law and economics, 1997, 4(4).

KEELER T E. Theories of regulation and the deregulation movement [J]. Public choice, 1984, 44(1).

DONADELLI F, HEIJDEN J. The regulatory state in developing countries: redistribution and regulatory failure in Brazil [J/OL]. Regulation & governance(2022), DOI: 10. 1111/rego. 12459.

DEMPSEY P S. Taxi industry regulation, deregulation and reregulation: the paradox of market failure [J]. Transportation law journal, 1996(24).

FARREN M D, KOOPMAN C, MITCHELL M D. Rethinking taxi regulations: the case for fundamental reform [J/OL]. SSRN electronic journal, 2016, DOI: 10. 2139/ssrn. 2838918.

HUTTER B M. Understanding the new regulatory governance: business perspectives [J]. Law & policy, 2011, 33(4).

ZHANG Y F. Towards better regulatory governance? Regulatory reform in selected deve-loping countries over the period 2003 — 2007 [J]. Public management review, 2010, 12(6).

RHODES R A W. The new governance: governing without government [J]. Political studies, 1996(4).

RHODES R A W. Understanding governance: ten years on [J]. Organization studies,2007,28(8).

TONER J P. English experience of deregulation of the taxi industry[J]. Transport reviews,1996,16(1).

MIYOSHI Y,HARUHIKO T,HIROAKI I. Empirical study on the effects of deregulation in the Japanese taxi market[J]. International journal of Japan association for management systems,2020,12(1).

徐康明,苏奎.出租车改革当借鉴国际经验[N].南方日报,2015-05-14.

黄少卿.专车兴起背景下出租车监管改革的思路与建议[N].东方早报,2015-06-23.

张卿.出租车市场准入许可制度的经济学分析[N].经济观察报,2006-05-15.

李志明,邢梓琳.国外如何规制出租车行业[N].中国经济时报,2015-10-12.

徐康明,苏奎.出租车特许经营体制该打破吗:美国出租车管制体系发展历程的启示[N].中国青年报,2015-10-12.

徐康明,苏奎.出租车改革必须面对两个机制失灵[EB/OL].[2022-01-10]. http://www.zgjtb.com/zhuanti/2015-10/12/content_53163.htm.

CHOONG-HO K. Taxi deregulation: an international comparison [D]. Leeds:Institute for transport studies in the university of Leeds, 1998.

FRANKENA M W,PAUTLER P A. An economic analysis of taxicab regulation[R].Bureau of economics staff report,1984.

HO L S. An optimal regulatory framework for the taxicab industry[R]. Departmental working papers,1992.

PRODUCTIVITY COMMISSION. Regulation of the taxi industry[R]. University library of munich, Germany,2002.

STERN J,CUBBIN S J. Regulatory effectiveness:the impact of regulation and regulatory governance arrangements on electricity outcomes: a review paper[R]. London business school regulation initiative working paper,2003.

GWILLIAM K M. Regulation of taxi markets in developing countries:issues and options[R]. World bank other operational studies,2005.

BEKKEN J T,LONGVA F. Impact of taxi market regulation: an international comparison[R]. TOI report,2003.

LEVI-FAUR D. Regulation & regulatory governance[R]. Jerusalem papers in regulation & governance, working paper,2010.

SAITO K. Deregulation and safety:evidence from the taxicab industry[R]. Department of economics,Meiji gakuin university,2013.

VISSER J, RIENSTRA S, BAKKER P. International comparison of taxi regulations and Uber [R]. Kim netherlands institute for transport policy, 2015.

HEIJDEN J. Regulatory failure: a review of the international academic literature [R]. State of the art in regulatory governance research paper, 2022.

BERGANTINO A S, BILLETTE de VILLEMEUR E, LONGOBARDI E. The taxi market: failures and regulation [C]. 11th world conference on transport research world conference on transport research society, 2007.

ROUWENDAL J, MEURS H, JORRITSMA P. Deregulation of the Dutch taxi sector [C]. Public transport planning & operations seminar F held at the European Transport Conference, 1998.

后　记

　　本书在我的博士学位论文和国家社科基金项目结项报告的基础上修改而成。2012年我进入厦门大学公共事务学院攻读博士学位，有幸拜入黄新华教授的门下。在黄老师的指导下，我开始关注出租车行业政府规制问题，并以"出租车行业政府规制效果评价研究"为题完成博士学位论文。2015年毕业后，我进入湖南省委党校公共管理教研部工作，踏上新的人生征程。入职以后，我以博士学位论文为基础申报了国家社科基金青年项目，并获得2016年的立项资助。这意味着我可以沿着博士论文的方向继续做一点拓展研究。对于一个学术新人来讲，何其幸哉。遗憾的是，这几年我在向党校教师身份转型的过程中，未能对课题研究工作进行合理安排，以至于历经五年才结项。课题结项后，我结合博士学位论文再次对课题结项报告进行修改完善，最终形成本书。本书尽管沿袭了博士学位论文的思路框架，但其中大部分章节的内容都作了较大改动，甚至很多部分都进行了重写。从博士学位论文写作到本书成稿，转眼间已有十载。物换星移，韶华已逝，抚思之，实乃饱含太多人的关怀与帮助，在此谨以只言片语谢之。

　　饮其流者怀其源，学其成时念吾师。感谢我的博士生导师黄新华教授。他的慷慨接纳使我有机会进入"海上花园学府"学习，领略"南方之强"的独特风采。求学期间，黄老师在忙于繁重的行政事务和科研教学任务的同时，总是不会忘记给予我谆谆教导和殷切关怀。特别是在博士学位论文写作过程中，从论文选题到谋篇布局再到文字凝练，每一个环节他都倾注了大量的心血。工作以后，每当我遇到困难向他求助时，他总是不厌其烦地及时给予我建议、指导和帮助。随风潜入夜，润物细无声。恩师学富五车的专业知识、高超独到的学术造诣、严谨踏实的工作作风、兢兢业业的进取精神、精益求精的治学风格、宽以待人的高尚品德都深深感染和影响了我，这必将成为我一生感动不已的情愫，激励和指引我不断进步和成长。

　　天涯海角有尽处，只有师恩无穷期。感谢我的硕士生导师李金龙先生。2010年秋，我进入湖南大学学习，承蒙先生不弃，忝列门墙。求学期间,先生不仅在学业上给予我悉心教导,引导我走上学术之路,而且在生活中给予我慈父般的关怀爱护,教导我为人处世的道理。工作以后,更是深深受益于先生的鼓励和鞭策,我在工作和生活中才能够始终保持向前探索、不断奋进的姿态。先生德高博学,作为师者,他传道受业解惑,让人如沐春风;作为长辈,他总是关怀备至,让人感念至深。得遇良师,何其有幸,唯有砥砺前行,才能不负师恩。

片言之赐,皆事师也。感谢一路以来所有给予我关心、帮助和教导的师长们。他们不仅教给我知识学问和做人道理,而且总在我迷茫之际给予无私帮助和尽心指导,使我在人生道路上不至于迷失方向。感谢单位的领导和同事们。他们给予我指导、帮助和包容,我才能顺利完稿。

前生回首今生缘,数载同窗情义坚。感谢一直伴我成长的同窗挚友。正是他们的热心帮助和鼓励,我才能够顺利完成学业并走上工作岗位。感谢所有同门师兄师弟和师姐师妹。一直以来,他们在学习、工作和生活等各方面给予了我大量的帮助、支持和鼓励。与他们结下的深厚情谊,是我人生道路上一笔最大的财富。

一路走来,更离不开家人的支持和理解,他们的默默奉献、无私关怀和全力支持是我前行路上的坚强后盾。特别是我的妻子、父母和岳父母,他们承担了料理家务、照看孩子的重任,让我在工作之余还能安心地进行阅读和写作。幼子锦航的到来,给原本枯燥和乏味的科研生活增添了许多乐趣,他的健康成长给了我潜心写作的不竭动力。

2022 年 7 月

于岳麓山脚下